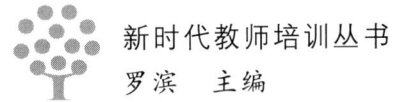

丛书编委会

教师研修2.0：
理念、路径与方法

张铁道 著

教育科学出版社
·北京·

微信扫码，加入本书读者圈，
分享作者更多关于教师研修的实
践与感悟，向作者提问，与大家交
流，互动你我他

教育工作者只要能在理论与实践的结合上做出一定的有创新意义的贡献，那就是在育科学研究。科学研究并不是少数人的专利。

李秉德 二〇〇四年六月
于北京

丛书序一

新时代需要建设好两支教师队伍

《中共中央 国务院关于全面深化新时代教师队伍建设改革的意见》（简称《意见》）是新中国成立以来党中央出台的第一个专门面向教师队伍建设的里程碑式政策文件。出台《意见》，是以习近平同志为核心的党中央高瞻远瞩、审时度势，立足新时代做出的重大战略决策，将教育和教师工作提到了前所未有的政治高度。

过去我们只提培养合格的教师，这次《意见》中提出要培养造就高素质、专业化、创新型教师。这是新时代对教师提出的高标准、新要求。当前，中国特色社会主义进入了新时代，开启了全面建设社会主义现代化国家的新征程。面对新方位、新征程、新使命，教师的思想政治素质和师德水平需要提升，专业化水平需要提高。高素质，就是如习近平总书记讲的，要有理想信念、道德情操、扎实学识、仁爱之心。专业化，就是要掌握教育规律和青少年儿童成长发展规律，因材施教，为学生提供适合的教育。创新型，就是要求教师有创新精神，勇于改革，在教育教学改革中创造新的经验，培养创新人才。

培养高素质、专业化、创新型教师，无疑首先是师范院校的任务，但光有高质量的职前教师教育还不够，必须同时加强在职教师的继续教育。师范生不可能一毕业就成为一名成熟的教师，他需要在教育实践中不断反思、不断学习、不断提高。

中国有两支教师队伍，一支队伍是在一线从事教育教学的教师，还有一支队伍是教研机构的教研员。教研员队伍是一支很重要的队伍。新中国成立以后，我们国家学习苏联，在各省成立了教育学院，在各县成立了教师进修学校。目前，全国的教研机构已经有近十万的教研员。教研员大都来自一线，具有很丰富的经验，很多是特级教师，对教育质量的提高起到了非常重要的作用，对帮助教师特别是青年教师的成长起到了非常重要的作用。上海的PISA（Program for International Student Assessment，国际学生评估项目）测试一直名列前茅。外国人总结其中的成功经验，有一条就是有教研室、有教研员来帮助教师成长。新时期，国家要更加重视教研队伍建设，用相应的政策和机制促进教研员队伍发展；教研员自身也要不断提高水平，适应时代的要求。

中国教育学会成立教师专业发展研究中心是非常必要的。只有不断推进教师专业发展的理论研究和实践探索，探究教师专业发展规律，分享教师专业发展经验，创新教师研修模式，才能为教师专业发展提供方向引领和专业支持，从而为两支教师队伍的建设提供丰富的养料。

北京市海淀区的基础教育在全国处于领先地位，北京市海淀区教师进修学校在教师教育领域也做了很多引领性、示范性的工作。作为中国教育学会教师专业发展研究中心的秘书处单位，北京市海淀区教师进修学校与教育科学出版社合作，牵头组织编写和出版"新时代教师培训丛书"，是非常有长远眼光的基础性工作。

我期待，丛书的出版能够很好地支持到新时代的教师队伍建设，使两支教师队伍都能够发展壮大，把中国的教育质量提升一个台阶，真正迈向教育的现代化！

顾明远

（中国教育学会名誉会长，北京师范大学资深教授）

丛书序二

新时代教师培训：提升教师课程育人能力

百年大计，教育为本。党的十九大报告指出，"建设教育强国是中华民族伟大复兴的基础工程"，这是党中央发出的建设教育强国的动员令，也是新时代社会主义教育事业发展的重要指南。教育大计，教师为本。《中共中央 国务院关于全面深化新时代教师队伍建设改革的意见》强调："造就党和人民满意的高素质专业化创新型教师队伍"，"开展中小学教师全员培训，促进教师终身学习和专业发展"，"建立健全地方教师发展机构和专业培训者队伍"。这是新中国成立以来党中央出台的第一个专门面向教师队伍建设的里程碑式政策文件。

教师的地位，是一个国家文明的标志之一。新时代，教师质量关乎国家战略。国家宏伟目标的实现，关键在人才，基础在教育，根本就在教师。面向未来，社会经济的高速发展、科学技术的迭代进步，都对基础教育提出了巨大的挑战。在基础教育领域，对教师素养有了新的要求，对教师的职后发展有了新的定位。

面向学生的未来，提高育人质量，教师发展就要从研究"课堂教学"转向研究"教育教学全要素"。2018 年 1 月颁布的《普通高中课程方案（2017年版）》和普通高中各学科课程标准（2017 年版），凝练了学科核心素养，优化了学科教学内容，补充了学业质量要求，增强了教—学—评的一致性指导。那么，学校课程供给如何转型升级？学生学习方式如何丰富多样？学生学业水平如何测试评价？学生学习环境如何满足需求？教师学科教学如何顺应改革？教研如何为新时代教师服务？这些问题就成为教师专业发展的主要问题。

教师素养要从提升"教学技能"转向提升"课程育人的能力"。课堂是教师成长的主要场所，是育人的主阵地。培养学生的核心素养，就是培育学生适应终身发展和社会发展需要的正确价值观念、必备品格和关键能力。课程育人能力是一种实践性很强的学术能力，是教师在教学实践中表现出来的素质，是促进学生学科核心素养发展的学术能力。教师的教学具有现场性、独特性、不确定性、主观性等特征，教师的工作场所个性化，是具有创造性的工作。教师要通过学习和研究，在课堂教学实践中不断改进教学，以此来获得课程育人能力的提升，这是解决问题的能力，是带得走的能力。

新时期，教育领域的深化综合改革，为区域教研带来新要求、新挑战，这就需要教研员这支专业队伍站出来，通过教研创新、教研转型来做好专业服务。教研员就是国家课程方案和课程标准的解读者、细化者、执行者，是学校和教师工作的问题发现者、指导者、解决者，是学校和教师实践经验的发现者、总结者、推广者。他们是教师群体中的"关键少数"。

要通过研修转型提升教师的课程育人能力。在教学理念上，从"学科教学"转向"课程育人"；在教学目标上，从"知识获得"转向"素养发展"；在教学内容上，从"教师的教"转向"学生的学"；在教学方式上，从"认真倾听"转向"深度互动"；在教学改进上，从"基于经验"转向"基于证据"。

教师研修要以满足需求、引领需求和创造需求为目标，凸显现场性、生成性、体验性和研究性，是教研员和教师团队开展学习、研究、实践、改进等解决问题的过程，帮助教师在基于实践的体验感悟中建构起新的学科课程育人的理解，找到新的策略，实现专业发展。这也是教研员与教师共同实现专业成长的过程。

本丛书立足北京市海淀区教师队伍建设的鲜活经验和理论探索，对全国教研和教师培训同行的智力成果保持开放，努力呈现新时代中国教师专业发展和教师培训的最新理论成果与实践经验。丛书由北京市海淀区教师进修学校组织编写，与教育科学出版社合作出版。

北京市海淀区教师进修学校作为海淀区的课程指导中心、教学研究中心、质量评价中心、资源建设中心和教师发展中心，服务教育行政决策，助力一线学校课程供给的转型升级，支持学生学习方式的转变和丰富，帮助教师基于评价改进教学，实现教育资源的共建共享，构建研修课程体系，引领不同发展阶段教师的专业需求，是保障海淀基础教育质量不可或缺的专业机构。

中国教育学会教师专业发展研究中心（简称"中心"）秘书处设立在北京市海淀区教师进修学校。中心顺应时代发展、教育改革对教师素养提出的新要求，采用公益性、学术性、协作性的组织形态，凝聚专家和一线研修机构、学校力量，研究教师专业发展的基本规律，构建教师专业发展课程，创新教师研修模式，探索教师教育资源建设机制，致力于解决教师专业发展面临的重点问题和难点问题，为全国教师专业发展提供方向引领和专业支持，是全国教师专业发展的研究平台、交流平台、成果推广平台和服务平台。中心自 2017 年 1 月成立以来，成功举办了四届全国教师专业发展学术会议、四届教师专业发展专家研讨会、两届全国课堂教学研讨会，还举办了系列核心素养与学科教育论坛，深入研讨、分享交流教师专业发展领域的新观点、新实践、新成果、新预见，充分发挥了中心对于全国教师专业发展的引领和辐射作用。

本丛书拟分为三个子系列：一是教师专业发展的理论、政策类，如《教师研修 2.0：理念、路径与方法》和基于全国教师专业发展学术会议的研究成果集等；二是教师培训的策略、方法与工具、技能类，以及和培训需求调研、培训课程设计、培训成效评估等主题的图书；三是针对特定教师群体的理论与实践相结合的教师培训研究成果类，如《中小学新任教师培训指南》和中小学骨干教师研修、工作坊坊主研修等方面的图书。

我们衷心地希望，教师教育领域的同行能为丛书献计献策，并将自己的研究与实践成果通过丛书进行传播。我们期待，丛书对于增进大家的深度交流、合作，分享教师专业发展的成功经验和实践研究成果，促进全国各地教师的专业发展，发挥重要的作用；期待通过多方基于实践的研究、累积，逐步形成中国特色的学术概念和分析框架，推动中国教师教育研究的范式转型，为国际贡献中国教师教育的知识与经验。

新时代，教师教育面临新挑战，担负新使命，相信在我们大家的共同努力下，必将有新突破、新发展！

罗 滨
（中国教育学会教师专业发展研究中心主任，
北京市海淀区教师进修学校校长）

张铁道教授基于深厚的教育基本理论功底以及对终身学习理念和立德树人根本任务的重要建树与把握，包括长期潜心于促进一线教师群体的共学、共创的独特经历，系统提出了"教师研修"的理念和实践模式，为我国教师教育与专业发展做出了独创性贡献。

国家教育咨询专家、北京教育科学研究院原院长　季明明

人们都说：家有百万是富翁。我要说：能够赢得千万教师信任并善于激励大家努力改进自身教学，才是取之不尽用之不竭的"点金术"。张铁道所拥有的点金术，源自他对于教育理想的执着追求和在促进教师发展实践中积累的智慧。

原甘肃省教育委员会副主任
联合国教科文组织首届辛格教育革新奖获得者　马培芳

张铁道博士针对推进课程与教学改革的需要，带领北京市很多中小学开展了形式多样的教师研修活动。他主持的"孩子心目中的好老师"专题研修，有效地引导基层教师更加注重自身人文素养，积极回应学生需求，为广大教师的专业发展提供了新的方向。

北京市教育学会原会长、北京市教育委员会原副主任　李观政

作为填补"教师研修"学术空白的作者，张铁道先生集教师研修的设计者与践行者、组织者与研究者等诸多角色于一身，30年持之以恒，坚守教育科研与教师专业发展一线阵地，真真沉下心来追求教师研修实践探索。

教育部教师工作司教师培训专家组组长、北京教育学院原院长　李　方

这是一部教师教育的优秀成果。系统的论述具有思想性和科学性，鲜活的实践案例具有可读性和可操作性。它所呈现的丰富的实践案例与研究成果，

是给学校校长和教学管理干部，给区域教研和培训部门的教师及行政领导、业务领导的研修大餐。

北京市海淀区教师进修学校校长、北京市化学特级教师　罗　滨

铁道老师多年来勇于变革，积极实践，不断探索，形成了自身独特的教师研修的理念和方法。我非常欣赏他在教育变革中所倡导的"引导者"的角色定位——不再仅仅是领导者、讲课人、研究者，而是一个专业能力发展促进者。在每个教育实践活动现场，都能感受到他那种尊重学习者需求和经验，激发他们参与构建培训理念和积极践行改革的自觉意识，并形成持续努力的动力。

甘肃省教育厅师范处原处长　白克利

张铁道博士和他指导的教师团队坚持在成人教育理论视野下，进行多样本、多地区、多学科、多需求的教师教育实践探索和实证研究，探索通过教师研修，提高教师的群体实践智慧。这项持续 30 年的行动研究取得了重大突破，其成果具有重要的里程碑价值。

中国教师研修网培训总监
上海教育科学研究院教师发展研究中心研究员　周　卫

通过和铁道校长的合作和通过研究这本书，我觉得他带领着北京市，甚至全国的中小学在进行教师研修方面有以下三个特点：在研修当中把知识转化成智慧；使经验上升为学术；特别注意把过程梳理成成果。这本书会成为中小学教师研修的助推器、加油站。

北京市海淀区中关村第一小学校长、特级校长　刘　畅

张铁道博士深入我校为教师专业发展把脉、诊断、施治，不仅带来了教师研修的新理念、新路径和新方法，更激发了教师自主发展的内驱力。他倡导的团队研修方式深受一线教师的欢迎，尤其是在疫情期间为教师有效开展在线教学提供了引领。

北京市朝阳区实验小学教育集团总校校长、特级校长　陈立华

张铁道博士提出并且创造了教师研修的理念与实践策略，引领教师在参与富有挑战性的问题解决和资源开发任务中积累经验，发展能力，树立自信。他和我们共同创建了北京小学数学教师团队研修课程与实施机制，为新时期的骨干教师培养与教研工作开辟了新路。

北京市数学特级教师　吴正宪

我们在参与张铁道主持的教师研修中发现：原来每个人的实践都有一定程度的片面性，犹如"盲人摸象"，你摸到的可能只是象牙、象腿、象尾，得到的结论可能都不是"象"。但若把大家的发现集合起来，得到的就能是一头完整的"象"！原来，教师研修是一件多么艰辛又有趣的事情。

北京市地理特级教师　王能智

新疆和田地区幼儿园的老师们会永远记住，有这样一位来自北京的张铁道博士，带着他们研究儿童需求与教学改进。他和老师们共同合作创建的、别具一格的研修现场带给大家以深深的震撼，激励每个人以更大热情投身教育事业。

北京教育科学研究院早期教育研究所原所长　梁雅珠

30 年来，铁道老师一直不断自我超越，不断创新教师研修方式。他的热情感染了许许多多研究者、校长和老师。我们开始模仿他，追随他，并渐渐地发现，原来最有力量的研修方式，不是告诉，不是灌输，而是倾听基础上的互动建构。

天津市教育科学研究院研究员　陈雨亭

教师研修是专业，有其自身的规律性和特性，需要凭借专业的努力去探寻；教师研修是事业，需要借助感情、热情和激情去推动。在这本书中，最能让人受益的是作者数十年坚持不懈地将教师研修作为自身专业和事业追求的历程。

西北师范大学教育学院原院长　李瑾瑜

我们与铁道院长围绕课例研修方法与小学语文骨干教师具体实践主题约定的"二牛抬杠"，得以促成两个相互联系、分中有合、互动发展的教师研修团队，并形成操作性较强且具一定传播价值的研修成果。

北京市西城区教育研修学院原院长、历史特级教师　齐渝华

张铁道博士是我学习教育引导专业实践的导师。你会发现他笔下的教师研修活动是那样深刻而灵动，经典而富有教育意义！每一个研修案例都会为你打开一扇教师学习之窗。在这里，他演绎着教师与学生共同成长的故事，表现出他对教师教育的深爱与执着。他总在以这样的教育之爱鞭策和激励我不断超越自己，奋力前行！让我更深地体会到他写此书的深意：在引导他人从事有意义的学习过程中提升自身的价值！

贵州省特级教师、教育引导师　杨咏梅

多年来铁道老师一直与我互动切磋。他总是用睿智的火种发动我的行动引擎；他总是在恰当的时机看似轻而易举地推我走上新的自主奋斗的征程！

北京市门头沟区大峪中学校长、特级校长　曹彦彦

作者所探索的教师研修无论是在设计上，还是实施上，都非常富有创造性和开拓意义；不仅指向实践中的问题解决，还指向研修对象的能力提升，同时又具有极为重要的示范价值。

北京市海淀区教师进修学校师训部副主任　张　晓

张铁道博士所做的一个个回应教师专业发展需求的研修故事，跨越了学科、学段和教师成长阶段。参与者在承担挑战性的任务中，互动建构，获得深刻理解与能力迁移的专业体验。

北京市数学特级教师　张秋爽

目 录
CONTENTS

本书序一

　　每每阅读张铁道博士的论文、报告等作品，总会激起我高昂的阅读情绪和极大的阅读兴趣，使我获得意想不到的启迪和多种受益，因为这些作品充满了智慧和创新。谁会想到："盲人摸象"的老故事会有新解？孩子心目中的好老师可以用儿童画来表达？澳大利亚教育管理学理论能本土化为中国教师研修的实践？这"盲人摸象"的新解、《孩子心目中的好老师》童画集、外国的教育理论本土化为中国的实践等方面，都蕴含着张铁道博士对教师研修的本质、原理、内容、实践方式和评价等方面的全新解读和建构。

　　何谓"教师教育"？仁者见仁，智者见智。我认同这样的观点：教师教育是对教师培养和培训的统称，就是在终身教育思想指导下，按照教师专业发展的不同阶段，对教师实施职前培养、入职培训和在职研修等连续不断的、可发展的、一体化的教育过程。本书的书名虽涉及的是教师在职研修，但我认为，张铁道博士在书中对教师研修所强调的最突出的三项原则——务必注重教师的实践，务必持有儿童（学生）的视野，务必拥有国际先进教育思想和理论并使之本土化，同样适用于职前培养和入职培训两个阶段。张铁道博士所强调的这三项原则及在这些原则指导下其本人所开创的教师研修实践，恰恰击中了我国当前教师教育的软肋，成为我国今后教师教育发展领域的一面引领方向的旗帜。

　　务必注重教师的实践这项原则，不仅明确指出了在教师教育中应持有的正确的教师专业发展观，而且反映了教师专业学习的基本规律——成人学习的规律和有效学习的规律，更关系到整个教师教育体系的建构。教师的实践，既是教师研修的起点，又是决定教师研修内容和方式方法以及建立研修机制的出发点，也是评价教师研修成效的落脚点。张铁道博士的教师研修实践以无可辩驳的事实证明了，加强教师研修中的实践取向，有利于提高教师的实践能力和培养他们的创新意识。这正符合教育部颁布的《教师教育课程标准（试行）》和中小学及幼儿园教师专业标准中所提倡的，要进一步突出实践取向、能力为重的理念。

务必持有儿童（学生）的视野这项原则，就是要求教师从儿童（学生）的角度想问题、看问题，同时在教师研修中必须有研究儿童（学生）的内容，使教师成为儿童（学生）研究者。在教育教学活动中，教师心中是否有学生，已成为传统教育观、教学观与现代教育观、教学观的一个分水岭。现代观念认为，教育教学不再是单向活动，而是教师与学生的双向协调活动。教师不仅要把学生看成教育教学的对象、学习的主体，还要把学生看作教育教学资源的重要构成和生成者。在国际上，教师应成为儿童（学生）研究者，早已成为共识。但我国的教师研修对儿童（学生）的研究经常缺失。从根本上说，了解儿童（学生）、研究儿童（学生）、分析学情等应该是教师实践的题中之意。严格来讲，缺乏研究儿童（学生）的教师实践是不完整的实践。张铁道博士的著作，开辟了一条在教师研修实践中注重研究儿童（学生）的新道路。

务必拥有国际先进教育思想和理论并使之本土化这项原则，是在当今世界多元文化并存的格局中所必须做出的正确选择。这就是在学习、借鉴国际先进教育思想和理论时，要处理好国际化和本土化的关系，既坚持本国的优秀教育传统，又善于根据本国的实际吸纳和融化外来文化的精华。张铁道博士在这方面具有特殊的优越条件。他本科的专业是英语，1986 年赴澳大利亚昆士兰大学攻读教育管理学硕士学位，后又师从西北师范大学李秉德教授和李定仁教授攻读教学论博士学位，在工作岗位上又参与了多个国际合作项目。所以，他的国际视野比较宽广，理论功底比较好。他留学回国后就将在国外学到的理论运用到他在国内创造和组织的各种教师研修项目实践中，在本土探索教师研修工作 30 年。从这部著作中，我们可以明显感悟到：教师研修的指导思想、理论、内容、实践模式、评价等方方面面都有国际背景，但又都是本土化了的。张铁道博士在教师研修实践中处理国际化与本土化关系的正确做法，为我们树立了一个好榜样。

总之，这是一部具有鲜明导向性、科学揭示了一定规律、创建有实践操作体系并拥有生动具体案例的，集思想性、科学性、实践性、可读性于一体的教师教育杰作。

卓晴君

(原中央教育科学研究所所长)

本书序二

张铁道博士将他题为《教师研修 2.0：理念、路径与方法》的书稿发给我，让我为他这本 30 年的实践探索基础上的研究成果作序。然而乍看书名，我有些犹豫，不晓得该如何着笔。因为，即使不考虑历史上的"举一反三""切磋琢磨""教学相长"之类的传统的教育学习观念和方式，仅就新中国的教育历史看，"教研组建制""集体备课"以及长期存在的对教师全方位的培训制度等，已经说明中国一直存在着有效的教师教育制度，那么，又何来"教师研修"的必要呢？

怀着这种疑问，我开始阅读书稿，大约只读了 1/2 篇幅，前述疑点涣然冰释，自己开始赞同，至少是不反对作者的提法。因为，在教师教育，或者说在教育研究的根本问题上，张铁道博士所倡导的做法，确乎有与传统教育不同的突出特点，而这些长处又恰恰是在借鉴国外教育和教师教育理论、概念、思想、方法的基础上，一点一点地在本土实践的过程中加以吸收、移植、改造的，从而为从根本上提升或改造中国基础教育现状贡献了力量。

在我看来，本书对中国教师教育的贡献之一，是倡导了这样一种现代教育新理念，即不把接受培训的教师只看成受教育者，而是首先承认他们是有理念、有思想、有方法、有经验的教育实践工作者，所以一切"教育"他们的企图，都必须建立在他们自身主动学习并力求改变自己的意愿的基础上；一切"教育"他们的活动，都必须基于他们自身的实践经验与学养基础，而不能企望于"上行下效"，或者"改造""说服"之类的举措。

这样一种认识，其实就是现代社会"以人为本"认识的基础，是我们尊重活动主体发展权、选择权、决策权的前提，也是中国传统社会中长期不受关注的个人的基本权利，又是以"培训""加工"为己任的传统教育的行为盲点。所以，"教师研修"与传统的"教师教育"有本质性的差异。不过，尽管"教师研修"作为教育科学的新概念，确实诞生于海外学界，但是不排除国内也有与之相近的思路、方法。例如，王能智老师在野外地质、地理考察研究中提升教师专业水平的做法，就与"教师研修"理念暗合，有某种异曲同工的味道。提示这一点，并不是要争取什么"知识产权"或"发明权"，而是一切真有道理、真切合实际的发现或创造，必定有十分广阔的生发土壤——"捷足先登"的人，是因为功夫下得深，问题想得透；"响应者众"，是因为许多人已有所觉察，心中早存疑惑，于是顺风驶船，欣然接受新解。

本书还有一个显著特点，就是全书大多篇章，都是从教育、研究实践而来，伴有许多鲜活的案例与研究过程的生动记录。本书也有理论阐释，但最引人注意、发人深思的，则是用学生、教师发展的实际经验去说明作者对学生、教师发展规律的认识。

长期以来，人们，尤其是中国，大多比较强调教育的意识形态特点，甚至只关注教育的政治品性，却有意无意地忽视了教育的群体性社会实践活动的本质特征。有些教育研究常常偏重理性思辨，争论的焦点多是教育应该如何，而不是教育实际怎样。这种研究偏好，当然有理论与现实的多种原因，但是，它会影响教育科研在基础教育实践中发挥效用，也会妨碍教育理论自身的突破或发展。正是在这一点上，本书为教育和教育研究做出了又一个贡献。

总体上看，本书并不以"教师研修"概念或理论阐释为主，也没有太多繁复的演绎推理或华美的高头讲章。作者只是通过自己 30 年来支持、参与、指导诸多儿童、教师教育的实践经验的思考和总结分析，让我们了解一个有理想、有明确目标的教育科研工作者，应该怎样在与"教育对象"共同实践的基础上，帮助他们，引导他们，让他们自己求得持续发展的机会、路径与方法。从这个角度说，本书作者所展示的教师研修的理念、路径与方法，不但切合教育的本质，而且抓住了当前教育科学研究的关键。因为，比起学校教育来，现代意义的教育科研的历史还太短，似乎还未形成严格的科学术语与方法体系，坚持深入教育实践，力求全面把握教育现象，积累更多有深度的教育认识，或许是教育科研发展的根本要求。

张铁道博士以本书证明他是一位能把握科研发展之路的教育理论工作者。当代中国，还有许多教育学者一直在坚持或正准备在深入实践的道路上发展理论。作为一个比铁道老弟痴长几岁的老教育工作者，我向他，向所有坚持实践第一的教育学者表示钦羡与祝贺，我相信他们会为中国和世界的教育发展做出有特色的贡献。

文　喆

（北京教育科学研究院原副院长）

前　言

　　教师研修遵从成人学习规律和他们的既有专业知识与实践经验，力图在教师群体中创建互为资源、汇聚共识的学习过程，激发他们改进自身教学的持续努力，并有效增强他们专业发展的能力。

　　还在 20 世纪 80 年代中期，我有幸受国家选派赴国外学习。其间，本人有感于当时存在的农村中小学校长专业素养与管理能力低下的现实问题，聚焦中小学校长专业发展主题，对国外实践与研究进行了深入学习和考察，由此积累了对于成人学习及其实践能力发展相关理论和实践方法的初步认识。此后 30 年，本人结合自身承担的教育工作持续开展了丰富多样的本土实践，并与众多合作者一起摸索出具有一定普适性的教师研修的理念与方法。

　　2015 年，教育科学出版社出版了我的《教师研修：国际视野下的本土实践》（简称《教师研修》或"1.0 版"）一书。该书问世之后得到很多学术前辈、教育领导和从事基层教研及教师培训工作同道的认可和鼓励，并入选中国教育报"2015 年度教师喜爱的 100 本书"。过去的 5 年，教师研修的理念与制度已经开始深入人心，而我自己在教师研修实践探索与研究方面也有了许多新的进展。因此，便欣然接受教育科学出版社的邀约，完成了全新的一版——《教师研修 2.0：理念、路径与方法》（简称《教师研修 2.0》或"2.0 版"）。与 1.0 版相比，2.0 版在很多方面进行了大幅度的更新和修订，无论是内容选材，还是文字表述，以及可读性与专业含量等方面，都有了较大幅度的提升。

　　首先，为了回应教师研修专业实践的需要，主题更加聚焦理念、路径与方法，力图为实践教师研修提供方向与脚手架。这不仅体现在本书第一部分"专题研究"中，还体现在一篇篇实践案例以及新增的"研修工作札记"中。

为此，2.0 版将与主题不直接相关的专题研究文章、附件译作及图片都忍痛割舍了，对实践案例也进行了更新（好在之前那些珍贵的文献已经在 1.0 版中问世了）。同时，2.0 版对"专题研究"和"实践案例"部分的文章进行了补充和更新，体现了有关教师研修的最新的认识和发展。另外，2.0 版还特别增设了"研修工作札记"部分，主要从过去 5 年探索过程中与同事交流或个人思考所产生的大量反思里，精选一部分按类别梳理、展现，力图原生态地呈现本人从感性体验向理性认识提升的持续努力及其结果。

其次，为了使读者朋友更好地理解教师研修的操作方法，我在每个实践案例中都力图还原当初的设计思路，并以二维码的形式对部分实践案例补充呈现后续实践案例或评估报告，以方便读者了解更多。1.0 版中的附件是关于儿童如何学习等重要主题的译作，这次虽然没能收入正文，但在第三部分"研修工作札记"中会以二维码的形式呈现，以方便读者查阅。

最后要特别说明的是，2.0 版保留了恩师李秉德先生 2004 年应我请求拟写的对于教育科学的题词和原中央教育科学研究所所长卓晴君、北京教育科学研究院原副院长文喆两位前辈撰写的序言。此外，本书还汇聚了教师研修领域相关领导、学术研究人员及合作者对于这项实践及其创新价值的评论。他们的鼓励既是对于本书价值的肯定，也是对于我继续探索教师研修的期许。

与其他形式的教师教育方式相比，教师研修更加注重教师群体自身既有教育教学实践知识的创建，主张教师群体开展经验分享、同伴交流、共识建构并开展有目的的实践改进，以促进教师专业学习并从中获得更大的职业成就感。因此，在教师教育百花园里，也就有了教师研修存在的理由和教师研修自身专业发展的价值。

实践显示，教师研修坚守的"把体验的功夫做足"也可以做剥洋葱式的分类分层，凸显出"从实践中来，再到实践中去"这样一个资源加工与能力发展过程。（见下页图）

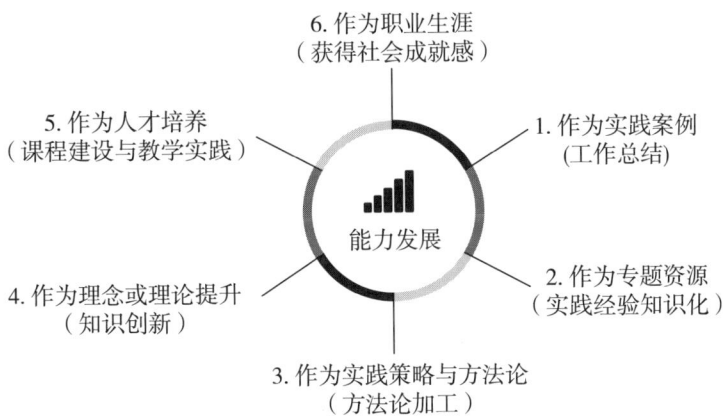

多年前，我与几位朋友分享研修故事，即兴写了这段感言：

年少时，我们分享他人的精彩故事，

长大了，我们书写自己的故事。

作为一名成人学习促进者，

多年来，

我和许多教师朋友共同创造了一个个鲜活的研修故事，

并从中一点一滴地积累了促进成人学习的经验。

当我终于有机会加工、分享这些故事的时候，

一个同伴合作互动学习的主题逐渐显现，

那就是：把体验的功夫做足！

原来，教师研修的魅力全在于，

在帮助、引领他人从事有意义学习的过程中，

获得自身的社会价值。

历久弥新的教师研修实践探索与理论研究，也促使我不断深入认识和建构以"成人学习"与"实践能力发展"为主旨的教师研修的理念、路径与方法。最让我欣慰的是，本书所呈现的教师研修的理念、路径与实践策略已经显著推动了越来越多一线教育工作者的专业学习，并带给他们独有的职业成就体验。而且，在教师研修的道路上，我们已经聚集了一支志同道合的专业团队！

展望未来，我和许多同伴围绕教师研修所做的探索与研究还仍然处在发展初期。作为教师教育的一个实践与研究领域，教师研修无论是在实践创新、制度建构，还是理论建设以及人才培养等方面，都还有很长的道路要走，还需要更多同志砥砺同行，不懈努力。

张铁道

2020 年 12 月

TEACHERS' INTERACTIVE LEARNING 2.0:
Concepts, Approaches and
Strategies

教师在职学习与专业发展的主要目的在于，增强教学能力，提升职业精神与人格境界。教师作为肩负繁重教学责任的专业工作者，具有各自不同的专业知识与实践经验，也有不断更新教学知识与教学能力的需要。但他们仍然主要借助日常实践积累各自的教学专业知识，没有多少与同行交流分享教学经验的机会且没有质量与成效的保障。因此，如何应用成人学习的理论与方法，以教师研修实践活动为载体，促进教师专业实践能力发展，就成为一项富有挑战性的创新探索领域。

　　教师研修的实践主张回归成人学习基本特点及其本质属性，借助教师同伴研修机制引导教师反思自身实践经验，与同行之间开展交流分享和集体共识建构，并由此激发教师的自主实践改进与能力发展。为此目的，从事教师研修活动的专业人员（包括教研员和教师培训者）必须成为教师互动学习过程的设计者、同伴交流与共识建构的引导者以及教学实践改进的推动者。

让教师发展回归成人学习本质：
探索教师研修 30 年

对外开放驱动变革，是我们所处时代发展变革的一个重要特征。我对于教师研修的追求也不例外。那还是 1985 年夏秋之交，我有机会陪同世界银行基础教育贷款项目专家组深入甘肃省农村中小学进行需求调查。所到之处，学校校舍简陋、教学设备奇缺、投入严重不足让人震惊，但让我们更为震撼的却是校长管理水平低下、教师教学能力无法胜任教学的普遍困难。于是，改善基础设施条件与开展能力建设就成为贷款项目的重点。之后，我又有机会深入学校，进一步了解到，基层学校校长及教师群体的能力建设常常得不到应有的重视，针对教师教学能力发展的教研与教师培训工作通常都是以领导和专家报告或优秀教师现场教学观摩为主，而常常忽略教师自身经验反思、同伴分享及实践改进的能力发展。

20 世纪 80 年代中期，我作为甘肃省教育厅的一名青年业务人员有幸受国家委派，前去澳大利亚昆士兰大学攻读教育管理学硕士学位。基于之前自己形成的问题意识，我选择将国外中小学校长专业发展的理论与实践作为自己的研究主题。为此，我在导师奥格尔维博士（Doug Ogilvie）、劳根先生（Lloyd Logan）两位先生指导下，利用一年半时间高强度的理论学习、培训现场的参与式体验以及专题调研，积累了相关理论与方法方面的知识，并设计了回国解决本土教育问题的初步计划。上述学习促使我发现了"成人学习"这把开启包括校长、教师群体专业学习与能力发展大门的钥匙，为我日后探索"教师研修"的本土实践找到了方向。

1993 年至 1997 年，我还根据改进实践的需要，在西北师范大学李秉德、李定仁两位先生指导下，围绕"教学论"专业开展了较为系统的博士课程学习，从中获得了课程规划与教学设计的理念与方法。这对于我后期的教师研修实践提供了教学理论及方法论支持。

现将本人对于成人学习理论的学习心得、针对教师专业发展所开展的本土实践探索及其反思，做一个梳理和总结。

一、初识成人学习及其价值

教师的在职学习与专业发展的主要目的在于，增强教学能力，提升职业精神与人格境界。教师作为肩负繁重教学责任的专业工作者具有各自不同的专业知识与实践经验，也有不断更新教学知识与教学能力的需要。但他们仍然主要借助日常实践积累各自的教学专业知识，没有多少与同行交流分享教学经验的机会且没有质量与成效的保障。因此，如何认识校长、教师作为具备一定专业知识与实践经验的成人学习者的需求与特点，便成为改进实践的着力点。

为此，我聚焦成人学习理论与实践开展了较为全面的考察。特别是美国学者诺尔斯对于成人学习特点及其规律性的揭示带给我深深的影响。他将成人教育学定义为"帮助成人学习的艺术和科学"。他所做的成人学习的研究显示，成人学习的主要动机在于更好地适应自身承担的社会角色需要；成人学习者具有很强的自主性和独立性，有能力根据自身发展需要选择学习内容和学习方式。他还有一个重要发现，那就是成人的社会生活经验为其学习提供了丰富的资源，因此他们的学习不适宜以知识的传授为主要途径，而应更多地借助他们自身既有的经验来建构认知，并借此发展实践能力。①

除了上述理论学习之外，我还以澳大利亚昆士兰州校长专业发展的具体实践为对象开展了实证研究。我全面考察了该州教育厅关于中小学校培训与专业发展的政策、标准与培训规划。我还全程参加了一起校长培训，追踪观察其中5位校长的工作现场，并对他们进行了实地访谈。在上述调研基础上，还对培训小组专家进行了深度访谈。从中，我获得了对于在职成人群体的基本学习特征及实践策略的一般性认识：

成人的社会生活经验为其学习提供了丰富的资源，因此他们的学习不适宜以知识的传授为主要途径，而应更多地借助他们自身既有的经验来建构认知，并借此发展实践能力。

第一，在职成人参与专业学习一般都具有明确的动机。他们希望通过学习，有机会接触新知识，分享他人经验，反思自身实践，以此增强自身实践能力，并借此获得更大的职业成就感。

第二，他们作为具有一定专业知识和实践经验的成人学习者，期待所学内容及学习方式与其既有知识基础和实践经验及面临的问题相联系。唯此，才能唤起他们的有效参与，并更可能转化为他们的知识与行为。这一学习过程包括"需求诊断—行为引导—实践改进"等基本环节。

第三，除参与必要的知识讲授之外，成人学习者应有尽可能多的机会交流分享各自经验，并借助案例分析和实践改进规划，获得高质量的共同学习体验。

第四，在职成人借助专题学习所获得的新知识、新技能，需要经过他们自觉的、持续的后续实践，方能内化为他们自身新的实践能力。

第五，在组织、引导在职成人开展专业学习过程中，活动组织者肩负重要责任，主要包括切合学习者的"最近发展区"，创设平等、宽松的人

① 我在完成"校长专业发展"主题研究过程中努力寻求理论依据，特别受到诺尔斯先生成人学习理论的深刻影响。（KNOWLES M S. The Modern Practice of Adult Education：From Pedagogy to Andragogy. 2nd ed., New York：Cambridge University Press.）借助他提出的关于成人学习的基本理论与方法，我才找到了校长专业发展乃至以后更广泛实践的教师研修的依据。

际氛围，设计和组织富有挑战性的学习过程。

第六，外部提供的专业学习对于在职成人学习者而言只是一种客观条件，实现能力发展目标的关键还取决于，学习者自身的自觉努力和来自管理制度的保障及专业支持。①

在完成硕士学位论文的基础上，我还结合回国后的本土实践拟订了《甘肃省中小学校长培训工作的项目设计》，从项目准备、自发性专业学习活动、非正规培训活动、正规课程及运行机制五个方面做出了具体规划。"项目准备"包括项目设计、校长专业发展需求调查、项目方案评估、项目管理。"自发性专业学习活动"包括个人自学和成立区域性的校长协会。"非正规培训活动"包括校长流动督学制度的建立、培训人员的准备、校长短训班的开展等。"正规课程"拟由本地师范院校与教育学院作为基地提供专业培训。另外，在运行机制方面就启动实验研究以探索有效方式，借助开展国内外合作利用外部成功经验与优质资源等方面提出了具体建议。②

上述对于本土性能力建设的需求意识与专业学习，便成为我日后探索教师研修作为促进教师群体专业学习与发展的理论基础与实践指南。可以说，教师研修的实践与研究实际上成为我以问题解决为驱动的长期学习与探索过程。

二、基于成人学习的本土实践

在过去 30 年间，我应用所学专业知识，回应教师专业发展方面所面临的需求与困难，与不同机构的专业同行合作开展了长期的实践探索。

---

① 参见我的教育管理学硕士学位论文：*Improving Primary Schools through Professional Development of Principals: Practices in Queensland, Australia and Implications for Gansu, China*（《借助校长专业发展提高学校的绩效水平：澳大利亚昆士兰州的实践及其对于中国甘肃省的借鉴》），1987。

② 本方案原为我的硕士学位论文的一部分。中文刊于《甘肃高师学报：甘肃省世行贷款项目小学骨干校长培训班论文专辑》（1998）。参见《教师研修：国际视野下的本土实践》"专题研究"中的《中小学校长培训工作的项目设计》。

（一）教师研修本土实践的初期尝试

有了专业学习的初步知识和实践动机，如何付诸教育的现场还需要机遇。1988年4月，我有了第一次校长培训的体验。为了解当地校长工作，我提前一天到了张掖市，骑着自行车一连走访了5所小学。我按照事先设计的一组问题与校长开展了对话：

"您当校长几年了？"

"您愿意当校长吗？"（回答居然都是"不愿意"！）

"既然不愿意，为什么您还在当校长？"

"您当校长有什么难忘的故事吗？"

"您当校长的主要经验是什么？"

在上述采访基础上，我补充了当地相关素材。

第二天，当地教育局组织了近百位中小学校长来听报告。我先简要介绍了国外中小学校长专业学习与培训的基本做法，而后援引当地几位校长的管理故事和成功经验说明：校长调动教师积极性、创设和谐人际关系与利用外部资源改善办学条件，也是十分重要的领导能力。我分享了当地校长不愿辜负上级领导、老师和家长的期待，以奉献精神努力做好学校管理工作的真实故事，包括青西街小学张校长借助电力局支持，为全体教师配备了液化气罐和炉盘；回民小学韩校长争取社区群众资助，帮助学校更新了学校校舍与教学设施……。大家都十分惊奇，听得也格外专注，被提及的几位校长也十分欣然。

在结束报告时，我借用几位校长的实践经验说明，在教育系统经费有限的情况下，校长如果能够凭借学校在当地社区的口碑以及校长自身的社会交往能力争取外部资源，也可以在很大程度上改善教学环境。大家听了，不由地兴奋起来。同时，他们也觉得十分诧异，没有想到一个从未谋面的青年居然知道这么多当地的故事。他们更没有想到，处理好学校与社区的合作关系、争取社区资源支持，居然也可以是校长学校管理工作的一项"正差"！活动之后，我还应张掖市教育局邀请，与部分学校校长一起就开展校长定期交流活动进行了讨论，提出了系列建议。

1988 年 10 月，我调任甘肃省教育科学研究所副所长。当时，甘肃省正在实施与联合国教科文组织亚太地区提高小学教育质量联合革新计划（"JIP 计划"）。该项国际合作项目尝试从加强儿童入学前有效准备、增强课程教学适切性、加强教师培训与教学评价、吸引家长社区参与这四个行动领域入手，试图借此为提高儿童学习成就水平创设一个不断改善的教育生态环境。投身这一教育革新实践后，我便尝试应用参与式学习和行动研究等方法，和同事们共同针对"开展校本教师培训""制订推广教学改进行动计划""总结成功实践经验""研制儿童学业成就及教学成效评价指标"等主题，举办了一系列项目管理人员、校长、教师参加的专题研修活动，取得了良好效果。[①]

1992 年年初，我们又借助联合国教科文组织亚太地区办事处支持，启动了"甘肃省改善处境不利地区农村女童教育实验研究"。当时，我们确定在三个具有代表性的贫困县的 15 所小学开展旨在促进女童就学和提高学业质量的行动研究。项目伊始，我们进行了现状需求调查，发现当地的适龄女童入学率仅为 50% 左右，教学质量难以保障。除了经济困难原因之外，一个重要原因在于很多教师不具备规定学历，教学方法十分落后，导致学校没有吸引力，入学儿童辍学流失现象十分严重。

面对教师普遍面临培训需求而项目经费又十分有限的两难困境，我和特级教师谢瑞、陈锡萱、马钧、杜淑玉等几位熟悉基层情况的老教师，共同设计了"女童教育项目流动教师培训队"构想。项目采用"需求调查—现场指导—集中培训"工作流程。流动培训队由项目人员、特级教师和青年教师三类人员共同组成。我们先后深入三个县的 15 所实验学校听课，了解教师的教学现状与培训需求，并给予现场教学指导。在实地考察基础上，我们针对

---

① 参见：甘肃省教科所. 初等教育革新的实践与研究［M］. 兰州：兰州大学出版社，1990；甘肃省联合国教科文组织协会. 教育革新之路：回首 JIP 在甘肃［M］. 兰州：甘肃文化出版社，2020.

教师普遍面临的问题集中备课，切合当地教师的实际需求安排了培训内容。

在当地教育局支持下，利用当地学校大礼堂或电影院举办项目培训会，面向全县小学教师开设公开课，接受当地教师评议提问，并由教学专家针对教学难点和教学能力有关问题进行现场辅导。在县城集中培训那三天，全县教师们自带干粮从四乡八里汇拢过来，戏台变成了师生互动和同行交流的特殊课堂，会场气氛活跃、高潮迭起，深深吸引了所有参会人员。就这样，我们先后用 1 个月时间，培训基层教师 2300 名，而人均培训成本仅有 10 元人民币！流动培训队的活动调动了基层教师的教学积极性，为吸引当地女童就学，提高在校儿童学习质量发挥了积极促进作用。当地教师和领导对这次全新的教师培训给予了极高评价，多年之后在当地教育界仍被传为美谈。①

通过上述本土性实践尝试，我积累并验证了开展教师研修所需要的需求调查、本土成功案例资源发掘、项目设计与实施、团队合作以及与教育行政部门合作的初步经验。

（二）引导教师通过认识学生需求，反思自身发展需要并改进教学实践

学生历来被视为"教育对象"，然而他们的学习需求及其在学校真实的生活体验却历来未能引起教师的体察。因此，引导教师借助儿童视角反观自身教学方式并激发他们积极回应儿童需求，成为教师研修的一个重要契机。这项探索源于联合国教科文组织 1995 年出版的《什么造就了一名好老师？》（*What Makes a Good Teacher?*）。我使用这本小册子组织教师开展教学反思，激发了参训教师热烈的回应。2003 年，我与《班主任》杂志社合作，会同联合国儿童基金会北京办事处在全国范围内开展了以"让我们倾听儿

> 引导教师借助儿童视角反观自身教学方式并激发他们积极回应儿童需求，成为教师研修的一个重要契机。

① 张铁道. 甘肃省女童教育项目教学流动培训队报告［J］. JIP 在中国：初教革新与实践，1992（2）：23-24.

童的心声"为主题的征文征画活动，获得了来自 20 多个省份 3000 多幅（篇）中小学生的作品。

借助这项探索，我们发现：教师实践因材施教原则的前提在于深切了解儿童的需求，而要有效满足儿童学习需求又要求教师必须具备人文关怀素养。鉴于此，我们便应用来自儿童的反馈作为资源，激发教师的深刻反思。我们先后在北京、甘肃、青海、内蒙古、四川、上海、云南、河北、重庆、西藏、新疆等地开展了以"认识和回应学生需求"为主题的教师研修活动。学生们发自肺腑的对于教师人文关怀的热切期待让老师们惊叹不已。他们痛楚地发现，自己居然并不完全了解学生的真实需求！很多人开始跃跃欲试地要做"儿童心目中的好老师"。

此项实践使我们体会到，认识学生需求及其学习体验可以成为激发教师反省自身教学行为与教育理念并开启教学改进实践的有效策略。若没有来自学生作为教学服务对象的真实体验与反馈，教师一般不会主动反思自己习以为常的教学价值观和实践方式；而只有那些"熟视无睹"的学生体验带给他们足够强烈的刺激时，他们才会重新审视自己的教育观念和实践，并焕发出变革自身教学行为的内在动力！

让我深受鼓舞的是，联合国儿童基金会会同教育部师范教育司、北京教育科学研究院于 2004 年出版了中英文双语版《孩子们说的好老师》，并与世界各国分享；华东师范大学出版社也出版了更为翔实的专集①。

（三）总结与推广优秀教师的成功教学经验

应用成人学习理念与方法，促使教师将个人化的实践经验转化成更多教师同行的优质资源，是我多年来探索投入精力最多、也是成效最为显著的实践领域。30 年来，我经常深入基层中小学和幼儿园去亲眼观察不同校长、园长的管理现场，亲身体验不同学科、不同教师的教学活动，并有

---

① 参见：张铁道，苏学恕. 孩子心目中的好老师 [M]. 上海：华东师范大学出版社，2012. 详见本书"专题研究"中的《学生视角中的为师之道》。

机会倾听他们的实践心得、面临困惑和发展诉求。基层校长和教师的经验与诉求成为我认识教学本质、理解校长和教师发展需求最重要的资源。我也发现，不同学校的校长、不同学科的教师大都在单兵作战、各自探索，彼此之间缺乏高质量的交流、分享和相互借鉴；他们平时大都忙于自身工作，无暇关注他人的实践经验，对于总结升华自身实践经验也常常感到束手无策。于是，我就尝试与周围有意愿的同志合作，借助同伴研修方式，促进一线教育工作者开展经验分享、专项总结和成果推广。

北京市小学数学特级教师吴正宪是一位深受广大儿童和基层数学教师喜爱的优秀教师。她的教学示范课、教学指导与教学研究成果都是各地数学教师热切向往的专业学习资源。自 2002 年以来的 10 余年间，我与吴正宪老师及其领导的"吴正宪小学数学教师工作站"合作，以发展小学数学教师教学能力为主线设计了专业发展课程规划，引导团队成员聚焦数学教学，聚焦儿童的需求，聚焦吴老师"儿童数学教育"理念与实践经验，聚焦新课程实施，聚焦团队成员自身资源和团队专业工作体验。此外，我们还带领吴正宪小学数学教师团队加强对于各自教学实践的研究和同伴分享。我们践行"在为基层教师提供高质量教研服务中培育优秀教师"这一发展理念，激励团队成员通过亲身参与促进基层教师发展的实践来提高自身专业能力。在面向基层教师的教研服务过程中，我们创造了"巧在设计、重在实施、成在后续、落在资源"的团队研修策略和"1+5+N"（即吴正宪及其团队+5 个区县分站+广大教师）的辐射推广机制，培育了一大批具有专业精神、善于教学实践、善于开展专题研究、深受学生喜爱、同行认可的优秀教师。在系统总结吴正宪小学数学教师团队成长经验的基础上，我们还借助北京师范大学出版社、华东师范大学出版社和教育科学出版社，出版了吴正宪小学数学教师团队研修的系列成果，如今已成为受基层教师欢迎的专业阅读课程资源。[①]

---

① 参见：张铁道，吴正宪. 来自吴正宪小学数学教师工作站的报告[M]. 北京：北京师范大学出版社，2010；张铁道. 支持能力发展的教师研修制度的构建[J]. 中国教师，2018（6）：87-91. 详见本书"专题研究"中《构建支持教师能力发展的研修制度》。

(四) 以同伴研修为机制的校本教师发展

教师专业学习与能力发展的目标不可能仅靠一次活动就能取得成效，而需要持续连贯的行为干预与引导。我与时任北京航空航天大学附属中学 (简称"北航附中") 执行校长罗滨及科研室主任王玉萍合作开展的"北航附中高中课改教学改进系列教师研修"就是一个典型案例。

2008 年，北京市启动普通高中新课程一年之际，中国人民大学附属中学 (简称"人大附中") 副校长罗滨被任命为北航附中执行校长。她到任后很快便发现，老师们的教学理念开始发生变化，但也听到一些师生对于新课程的抱怨和不理解。罗校长觉得自己需要判明："新课程实施一年来师生对于新课程的真实感受是什么？""他们目前面临的问题有哪些？""上述情况对于做好第二年新课程实施有哪些启示？""学校需要从哪些方面提供管理保障？"

带着这些问题，罗滨校长邀请我一起规划了 2008—2009 年连续 5 次的专题研修，分别涉及：

"我们怎样走过高一？"（师生反思真实体验）；
"首次活动成效评价与跟进"（确定聚焦学法指导）；
"新课程师生恳谈会"（了解新进入高一年级师生的教学体验与需求）；
"语文学习需求与教学改进"（聚焦一个学科学生学习反馈与教师实践改进行动）；
"基于学生需求的教学改进：全学科跟进规划"（以语文学科组的实践为范例引领各科教学改进）。

这项以学生需求驱动的教师行动性质的系列研修，不仅促进了全校师生有效适应新课程的需要，也证实了校本教师研修作为一个问题解决与能力建设的途径，需要一个连续干预、不断延伸的干预和引领过程。[①]

---

① 详见本书"实践案例"中的《校本研修：北航附中教师系列研修》。

（五）以现实问题与实践经验为研修资源，推动中小学校长领导力发展

校长、教师作为教育工作一线的专业人员，各自都具有程度不同的实践经验，也面临难以独立化解的实践困难。因此，如何汇集基层校长的经验并作为校长分享和研修的资源，就成为增强校长领导力建设的重要策略。

1997年10月，我应兰州师范专科学校邀请，主持了80位甘肃省农村小学校长参加的"农村小学校长管理培训"。我先采用头脑风暴方法，鼓励校长们列举出最困扰他们的管理问题。校长们反映，经费短缺固然是每一所学校普遍面临的困难，但更大的困扰却是各种复杂的人际关系。于是，我便组织大家就校长提出的主要人际关系问题进行分类，梳理出"学校领导之间关系""学校领导与教师关系""教师之间关系""师生关系""教师与家长关系""学校与社区关系""学校与上级行政部门关系"等主题，并组织大家分别聚焦不同专题开展研讨。

为了获得有价值的讨论结果，我要求各组结合自身主题分别从"面临的问题""原因分析"和"改进建议"这三个维度形成讨论，然后进行大会交流分享。在大家分专题讨论期间，我抽空写了本次活动的背景与过程以及关于后续活动的建议。报告的主体部分就依次列出有关人际关系的讨论结果。各小组完成讨论开始发言过程中，我对每个小组的发言逐一进行评论和归纳。于是，我们用一上午就形成了《农村小学校长改善人际关系的实践研究报告》的基本提纲。

至今，我还清楚地记得，活动结束宣布下课时已是午饭时分，可是，没有一位校长挪动脚步。他们都站在那里，用异常兴奋的眼光看着我。"快走啊，不然食堂就没饭了。"我笑着催促他们。可是大伙就是不动，静静让出一条道，执意要我先走。其中，一位校长盯着我，憨憨地笑着说："你讲得真好！"我笑言："没有啊！我没咋讲，都是你们在讲啊！"他顿了顿，又接话："那是因为你引导得好！"

2017 年以来，我应邀以理论导师身份参与河北省保定市吴姓校长工作室业务，并与领衔校长共同设计、实施了一系列旨在发展校长领导力的特色研修活动。其中，我以教育部 2017 年 12 月颁布的《义务教育学校管理标准》为依据，组织 20 位校长分组分专题对北京市广渠门中学的办学水平与特色进行系列评估，并形成了《保定市中小学校长对广渠门中学办学特色考察报告》。由此，全体校长在历时两周的调研过程中，亲身体验了从"文本"（教育部新颁标准）到"事本"（实地考察分析广渠门中学）到"话本"（专题交流），最后再形成"文本"（调研报告）的问题解决学习过程。[①]

北京市海淀区中国人民大学附属小学（简称"人大附小"）郑瑞芳校长工作室启动之后，我们以校长领导力发展为主线，充分利用校长自身实践资源，聚焦每所成员学校办学特色，依次举办专题研修，还组织大家到其他区特色学校实地考察。我们要求每次活动都要聚焦专题、充分准备、群体参与、形成成果，以保障校长研修的针对性和成效性。2020年 3 月，为交流各学校应对突发新冠肺炎疫情开展"停课不停学"的实践进展与经验，我们借助远程技术平台实现多点互动研修，总结各成员学校的进展与经验，也取得了相互借鉴并彰显特殊时期校长领导力的学习效果。[②]

（六）借助网络平台开发教师研修课程

如何利用网络及信息技术，将面对面的教师研修实践拓展为线上线下相结合的教师能力发展课程，也成为我们的新探索。自 2012 年以来，我们在北京市教委资助下，先后开发并实施了 11 期、每期 3 个月的"北京市小学数学教师专业发展混合研修课程"和"北京市幼儿园新入职教师教

[①] 详见本书"实践案例"中的《领导力发展 1：吴姓校长工作室的若干探索》。

[②] 参见：郑瑞芳，朱郁，刘芳，等."停课不停学"，危机应对中的校长领导力："危机时期的校长领导力"网络主题研修侧记［J］. 开放学习研究，2020（3）：14-22. 详见本书"实践案例"中的《领导力发展 2：郑瑞芳校长工作室的新探索》。

学能力发展研修课程"。我们回应基层教师改进自身教学的实际需求，应用成人学习规律创建系列模块课程、教学制度及混合学习路径与学习成效评估机制，并借助网络及移动技术研修机制，将网络学习、分组指导、现场观摩、微信分享、模块作业、个体教学实践等要素，整合成为支持教师教学能力发展的混合课程。先后有 8600 多位北京市远郊区县一线教师参与上述课程学习，并获得北京市教委人事处颁发的专业资格证书。

（七）教师研修的专业能力建设

创新实践仅靠一个人努力既不可能发生，更难以持续，只有拥有一支志同道合的队伍才有希望。所以，我总是不遗余力地以教师研修的实践经验和活动现场资源带动更多志同道合的同志。这方面的实践主要包括：利用每次开展教师研修活动机会，尽量与相关同事共同设计、合作实施并做后续跟进。令人欣慰的是，他们在亲身参与中也获得了对于教师研修理念和方法的深刻体认，其中许多人如今已经能够独立承担教师研修活动的设计与实施，并从中获得了全新的职业成就感。

> 创新实践仅靠一个人的努力既不可能发生，更难以持续，只有拥有一支志同道合的队伍才有希望。

我应西北师范大学教育学院邀请，在承担"国培计划"讲课任务中，应用研修活动的理念与方法开展体验式培训者培训，组织各省市 50 位教师培训机构负责人和我一起，聚焦教育部颁布的教师专业标准与《教师教育课程标准（试行）》展开了专题学习，并根据后续培训工作需要，分组设计系列教师研修方案，还在全体会上逐一交流接受大家评议，促进了各个方案之间的相互借鉴。①

---

① 详见《教师研修》"实践案例"中的《研修课程规划与实施：教师培训管理者的研修实践》。

三、对于教师研修及其实践的基本认识

实践出真知。多年以来，我们结合自身工作将国际知识与本土实践相结合，结合中国实际开展了持久不懈、丰富多样的实践探索，并开展了深入研究，取得了丰硕的成果。① 我们借助实践主动应用成人学习的理念与方法，初步创建了教师研修的基本理念、路径与方法，并以此为突破口和基本特点对教师研修进行实践规划。在上述探索过程中，我们逐步积累和形成了以下认识。

（一）回归成人学习是深刻认识教师研修的现实起点，也是有效开展教师研修的基本前提

教师肩负着繁重的教育责任，他们可用于专业培训与学习的时间有限，希望自身既有经验与面临的问题能够得到专业人士的回应和指导，因而具有很强的自主性和成就动机；他们作为具有专业背景的实践者，都拥有较为全面的学科知识和程度不同的教学经验，有十分明确的学习动机，希望自身既有经验得到同行认可，也希望通过同行分享学习他人的成功经验，从而获得不断演进的职业成就感。

因此，"教师研修"就成为回应教师（包括校长及其他教育工作人员）作为有一定知识、经验的成人学习者，针对教育教学实践及自身发展中面临的实际问题，为教师与同行开展多种形式的经验分享、相互学习及实践改进活动，并借此提升教师自身专业水平、增强自身实践能力的学习过程与发展机制。我们所追求的教师研修，既体现了对于将教师既有知识经验作为资源的尊重，彰显同伴研修有助于促进参与者梳理实践知识、解决面临问题、发展实践能力的成人学习理念，又促进了多方参与、共同受益的学习制度的建设。

---

① 2008年，我在总结多年实践经验基础上撰写的《将个体经验汇聚为群体资源——教师同伴研修的理念与实践策略》于《人民教育》2008年第12期刊发，并荣获"第四届全国教育科学研究优秀成果奖二等奖"（2011）。我和吴正宪等人合作完成的"提高农村教师执教能力的团队研修实践——吴正宪小学数学教师工作站的五年探索"荣获首届基础教育国家级教学成果一等奖（2014）。

（二）教师研修的价值在于追求"能力发展"

有意义的教师研修离不开基于对象群体能力发展所需要的问题解决、共识建构、行动规划、实践改进。而要达成这些发展目标，就需要构建团队学习文化，具体而言就是要形成学习群体参与的"专题学习共同体"和连贯接续的"能力发展连续体"。前者主张要努力调动每位教师的个体资源价值，并在合作学习中建构资源互补的团队；后者则强调专业能力发展是一系列相互递进不断强化的结果，进而带给参与者胜任工作、超越自我的职业能力成长体验。

我们的实践表明，教师研修所体现的是在职教师围绕特定教育实践问题，以个体经验作为资源开展深度交流，并努力将个人知识转化为集体的、更为理性的教学知识与实践能力的学习理念与实践改进过程。为此，教师研修就需要实践"多本迭代学习"理念，即借助"书本"（知识学习）、"事本"（个人实践）、"话本"（同伴分享）、"文本"（书面表达）和"人本"（认识他人和自我）的相互迭代强化，以达到促进自身实践能力发展的目的。

> 教师研修就需要实践"多本迭代学习"理念："书本"（知识学习）—"事本"（个人实践）—"话本"（同伴分享）—"文本"（书面表达）—"人本"（认识他人和自我）。

（三）充分尊重和利用教师既有经验的资源价值

教师研修充分尊重每一位参与者的资源价值和变革潜能，并致力于创设有意义的问题情境、集思广益的共识建构与自主实践改进，以创设相互依存的学习过程。为此，旨在促进实践能力提升的教师研修就需要依据"脚手架预设＋体验式学习"理念创设开放式学习过程，即依据对象群体的实际需求及具体研修主题与目标，预设相应的课程规划、研修主题、学习资源、学习预期结果、学习质量保障与成效评价机制，并借助技术的力量兼融多种学习方式，以满足参与者多层次、差异化学习需求。

（四）利用多种策略促进教师成为真正的学习者

在教师研修实践与研究过程中，我们探索并不断完善了以下主要实践策略。

首先，确保研修主题及活动过程对于对象群体的适切性。组织者应当深入对象群体的管理或教学生活，判明他们的既有经验、面临问题与发展需求，并以此为依据设计相关的研修主题、实施过程与预期产出结果。

其次，在教师研修过程中，教与学双方需要重新确立各自角色。对象群体从先前的"接受者"变成参与问题解决、互为资源、合作共建、自主改进实践的"自主学习者"；而教学组织者则变成依据对象群体实际需求的学习主题及学习过程的"设计者"、互动研修过程的"引导者"、帮助参与者获得学习成效的"促进者"。在开始任何一项教师研修的初始阶段，实现这种角色转变往往都是参与者最大的挑战。为此，应当尽量贴近对象群体最为迫切的实际问题，激发他们参与的动机，鼓励他们分享自身经验并及时建构共识。

最后，要始终聚焦教学实践能力发展主旨。应用问题解决"脚手架"理念，依据参与者既有经验及面临的实际问题，设计研修主题、实施过程、预期成效及后续实践全过程。为了确保参与者获得成就体验，我们逐渐摸索出以"巧在设计，重在实施，成在后续，落在资源，赢在成效"的策略：

"巧在设计"主要指依据成人学习与能力发展的基本理念，设计研修活动全过程。

"重在实施"指在现场实施过程中，主持人要抓好会场准备、技术支持，把握好提出问题、启发个人思考、引导小组讨论、激励成果分享、形成有价值结果等各环节。

"成在后续"指每次活动结束时，要确定后续实践改进的具体措施及对于参与者实践改进的具体要求。

"落在资源"指以专人或团队方式将每次研修结果结构化、文本化，并采集各种视频或图片资料。在有条件情况下，也可以将研修成果与后续实践成果转化为研究成果，并以各种方式加以传播。

当然，最后还需要强调"赢在成效"，即研修活动应该能够给参与各方带来具体实在的实践成效与能力成长。

（五）为教师研修取得成效提供保障

实践表明，教师研修的成效首先取决于教学价值观的转变。我们在实践中倡导以认识和回应儿童学习需求为驱动，激发教师借助教育对象的真实体验及其需求深刻反思自身教学实践，并回应学生需求，开展具有人文关怀特征的教学实践；以注重教师的既有经验、同伴分享、共识建构和实践改进，促进能力发展的研修机制。我们还尝试指导部分骨干教师亲身承担教师研修的需求调查、活动设计与组织、成效评价与案例报告撰写的全过程，以具有挑战性的研修任务作为培养学科带头人的实践载体。

此外，我们也在实践中发现，教师研修实践要取得成功还需要相关各方的共同努力。首先取决于委托单位（教育行政部门或学校负责人）的变革意愿与资源保障；其次还取决于承担教师研修任务人员的综合素养与专业能力；但最根本的还在于参与者群体的变革意识与自主努力程度。

我们的实践显示，要回归成人学习基本特点及其本质属性，借助教师研修机制为教师创设反思自身实践经验、与同行之间开展交流分享和共识建构的过程，并由此激发教师的自主实践改进与能力发展。为此，教师研修要取得成效就需要引领教师群体开展改进教学实践所需要的专题研究、问

> 要回归成人学习基本特点及其本质属性，借助教师研修机制为教师创设反思自身实践经验、与同行之间开展交流分享和共识建构的过程，并由此激发教师的自主实践改进与能力发展。

题解决、共识建构、行动规划、实践改进，并建构专业能力发展目标所需要的"教师学习共同体"和"能力发展连续体"。为此目的，从事教师研修活动的专业人员（包括教研员和教师培训者）必须成为教师互动学习过程的设计者、同伴交流与共识建构的引导者以及教学实践改进的推动者。

TEACHERS' INTERACTIVE LEARNING 2.0:
Concepts, Approaches and
Strategies

我的"教师研修"本土实践从 1987 年第一次提出甘肃省校长专业发展行动建议开始，到如今初步成为实践基本有效、理念上大致清楚的程度，断断续续花费了 30 年时间。这一重要的职业经历，让我有机会亲身体验毛泽东所倡导的"拿外国成功经验之矢，射中国实际问题之的"这样一个将国外教育理念本土化的实践过程，也是一个将教师专业学习与发展回归成人学习的探索进程。在此过程中，我所经历的"认识—实践—再认识—再实践……"过程，也带给我"实践出真知"的成就性学习体验。这既体现在本书"总论—专题研究—实践案例—研修工作札记"的整体编排中，也体现在本土实践中的体验式学习和同伴研修以及基于实践的理性反思等相关篇目中。

　　教师研修的理念路径与方法主要基于这样一个认识：教师是具有一定专业知识和实践经验，却缺乏有效同伴交流机会和教学专业知识建构的成人学习者。他们在培训现场获得的专家讲座、名师示范及各种形式的资源推送，如果没有深度参与的加工与行为化过程，也往往只是停留在感知层面。同时，他们在积累自身教学专业经验的过程中，希望自己的成功实践能够得到同行的认可，同时也希望自己的专业困惑能够借助同伴交流获得澄清。因此，教师研修就可以为经验交流、问题讨论和实践改进提供有意义的同行互助学习平台，以使学习者获得"摸象—说象—成象—抽象—造象"的建构性学习过程。

　　教师研修最具操作性的核心要素及实践策略表现为"巧在设计，重在实施，成在后续，落在资源，赢在成效"，并借此引导参与者亲身实践"在服务他人中挑战自我，在同伴合作中相互学习，在创新实践中发展能力，在实践研究中沉淀资源"。

　　教师研修的专业价值表现在：依据对象教师的实际需求，回应他们的既有知识与经验，创设富有挑战性的研修任务，并借助高质量的实施过程促进他们的专业成长体验。

　　在此学习过程中，研修活动的组织者（有时也可以是相互合作的团队）往往扮演着设计者、引导者和成果传播者等多重角色。

顺应成人学习特点　促进教师专业学习[①]

一、背景

我们在探索新时期促进教师专业能力发展过程中，依据教师作为成人教育对象群体的学习和成长规律的认识，提出以互动构建性"教师研修"的概念取代单一"授—受"性质的"教师培训"。

成人教育理念的要旨在于回答成人学习群体为什么学习、如何学习，以及如何依据成人的特点开展教育教学活动的理论与方法。但是，成人是一个宽泛的概念，同样是成人，不同群体的学习目的与需求并不一样。因此，满足他们学习的方式也必然各不相同。

中小学教师是具有一定专业知识和实践经验的成年人。与一般成人学习群体不同，教师群体一般都有强烈的专业成长的愿望；他们对于学习的主题及内容都有不同程度的了解和亲身体验；他们的时间有限，因而对于参加学习往往具有很高的成效期待；但他们彼此之间通常缺乏交流机会，

---

① 2015 年 7 月 15 日，本人应北京教育学院邀请，面向学院业务人员做了一次专题交流。本文根据交流主要内容编写。本文原载于《北京教育学院学报》2015 年第 5 期，收入本书时有修订。

可用于专业学习的时间十分短促且零碎。因此，对中小学教师进行在职继续教育，就需要回应成人学习的基本特点，针对他们的教学实际需求以及既有的实践体验，以专业发展的具体目标为取向，运用问题解决和互动研修方式，帮助他们总结自身教学经验，分享同伴的成功经验，针对改进自身实践制订行动计划，并在此过程中增强他们的教育教学实践能力，促进他们的专业成长。

二、实践与思考

在多年的教师研修实践探索过程之中，我逐步积累形成了以下认识。

1. 了解教师的实际需求，研修才能具有针对性

要做好教师教育的工作，促进教师的专业发展工作，培训者首先要了解教师的实际需求，判明他们的真实需求。在学校教学过程中，学生的需求以及满足需求的过程就是教师关切的重要内容。同理，教师教育的服务对象的既有经验及所面临的问题，也是做好教师培训的重要资源。因此，培训者常常并不需要在所学主题上比对象群体懂得更多，而是善于在判明对象具体需求的基础上，设计和组织有针对性的学习活动。实践表明，教师培训者要懂得与对象群体共同分享，尊重他们以及他们自身的培训资源，平等地对待他们，最大限度地调动参与者的研修热情，激发他们参与研修的积极性和改进自身实践的创造性。

1988 年 4 月，我首次深入甘肃省张掖市做校长培训。我尝试完成了系列校长访谈，采集了当地校长的成功经验，而后以此为资源向当地校长说明：校长是学校各类人际关系的维持者，他们的一项重要任务就是为全体教师创建一个有凝聚力的、有益于教学工作开展的人际环境。众多校长闻言，都感到很惊讶。他们没有想到，协调人际关系、创设和谐的人际氛围也是校长工作的重要内容；他们更没有想到，原来自己身边就有很好的榜样！我仍然清晰地记得，那五位被例举的当地校长面对大家投来的钦佩目光显现出十分欣喜的样子。会后，我还应张掖市教育局领导邀请，与部分

学校校长一起就开展校长定期交流活动进行了讨论，提出了系列建议。

这是我回国后初次"试水"的经历。其中，难忘的是我在培训之前深入 5 所小学进行需求访谈，还尝试用半结构性"问题链"的方法采集了当地成功经验，使我得以用鲜活的实践案例彰显校长作为内外部关系协调者的专业角色。

2. 利用教师既有经验，也能开展专题研修

教师培训者首先应当是学习者，以此努力判明对象群体最需要什么，以及什么样的供给方式和互动方式才能更加便于教师接受。在研修的过程中，培训者要善于创造一种宽松民主、富于激励性的学习氛围，引导一线教师将自己的需求、实践经验和收获体会与同伴进行分享交流，并学会耐心地倾听其他教师的培训经验和体会。在交流基础上，引导参与者将各自的经验联结起来，逐步形成具有整体价值的研修成果，最终达成相互学习的目的。这一培训或者研修过程的主要目的在于，促进教师个体从感性经验到集体理性认识的转化。

2004 年，北京教育学院开展了大规模的"绿色耕耘——京郊农村骨干教师培训项目"。我应邀去为 5 个远郊区县的初中生物教师做培训。走进教室，我坦率地跟老师们说："我不懂生物。"大家疑惑地看着我，仿佛在问："不懂生物你怎么培训我们？"我先介绍了自己先前在北京农业大学附属中学组织师生合作开展的"我们怎样走过高一？"专题研修案例。有了这段实践做铺垫后，我要求教师们以区县为单位分为 5 个小组，分别讨论：

"我们如何教生物？"

"学生怎样学生物？"

"校长如何管理生物教学？"

"区县教研员如何帮助生物教师？"

"家长如何看待孩子在家做生物作业？"

我要求每个组结合自己的专题从三个层面开展讨论，即"存在的问题主要有哪些？原因在哪里？有什么解决办法？"，并在30分钟内完成讨论，然后将讨论结果归纳出来向全班报告。于是，我和老师们共同合作完成了一份《北京市远郊区县初中生物教学调研报告》。

3. 应用解构的方法，进行有意义的建构

特级教师王能智先生是北京市石景山区一名深受基层教师爱戴的教研员。王能智先生多年潜心钻研地理教学和教师培训，培养了一大批优秀的青年骨干教师，荣获了"首都五一劳动奖章"，他的研究成果还荣获了"第二届北京市基础教育教学成果奖"中唯一的特等奖。于是，如何推广王能智老师的高尚师德和成功教学经验，就成为石景山区教委面临的任务。

为此目的，我应邀与北京教育学院石景山分院地理教研员吴云老师合作，共同设计并实施了"建构地理教师王能智先生的教育故事"专题研修活动。① 我们从中创建了将一位优秀教师的内在品质转化为群体教师自觉意识的学习过程，并在此基础上创建了帮助优秀教师升华自身教育经验的故事。实践显示，这种群体研修方法比通常的优秀教师讲述自己的事迹和心得要来得深刻得多，因而也就更能迁移转化为参与教师的自觉行动。时任石景山区教委主任叶向红感慨地评论说："你们今天用解构的方式完成了一次更为深刻的建构！"

4. 尝试用普通教师的教育经验开展研修

优秀教师都有着丰富的教育教学经验可被用来宣传、模仿、学习和超越。对于基层的普通教师来说，是不是也有可资利用的教育故事或者教育教学资源？建构王能智老师教育故事的消息不胫而走，引来北京市大兴区教师进修学校的刘芳副校长。她找到我说："你不是说每个老师职业生涯中刻骨铭心的故事，都可以成为教师研修的资源吗？那么，普通教师的经验能不能作为研修资源？"我接受了她的挑战，于2008年年初深入大兴区

---

① 详见本书"实践案例"中的《名师资源：王能智的教育故事专题研修》。

第二小学语文教师李淑环的课堂。

记得当时李老师正带孩子们在做并不"出彩"的组词练习。我很快发现，李老师善于鼓励孩子，巧妙地用追问方式鼓励孩子们的优秀表现，还引导学生掌握组词的方法。于是，我们便设计了一次教师专题研修。

在现场，我们将与会人员分成 6 个小组：所教班级组、大学生组（由李老师多年前的学生组成）、语文老师组、其他学科教师组、教研员组、家长组。我们首先播放了 20 分钟李老师的教学录像。之后，便以小组的方式进行讨论和交流。大家对李老师的教学实践以及她对学生发自内心的关爱都给予了高度评价。一轮交流结束后，她所带班级的孩子们举手要求再次发言，他们希望每个人都能单独对李老师说："李老师，我爱你！"会议进入一个高潮。

我问李老师："大家都说了这么多，此时此刻你有什么要说的吗？"李老师朴实地说："我做教师 30 年了。（我）身体也不好。家里人担心我，希望我换个工作。可我舍不得离开孩子们，就一直坚持下来了。我原来班上有位患小儿麻痹症的孩子，那些年我每天放学总是拎着他的书包，拽着他的胳膊过马路，然后看着他回家。今年，我的班级同学们又要毕业了。我为他们每人准备了一份特别的礼物，那就是他们小学一年级第一次考试的卷子和我的评语。"李老师这番平静的话语换来全场一片寂静……

这次实践是基于名师经验的研修向以普通教师实践为资源开展研修的一次拓展。我们所面对的是一位勤勤恳恳、默默无闻的一线老教师，她拥有成功的教学实践，却还难以将自身实践成果转化为研究成果。但是，她却以自己的敬业奉献和个人化的教学智慧为自己的学生提供了实实在在的高质量教学服务。这次群体互动研修有效地彰显了李淑环老师的教育情怀和成功经验，并首次尝试在规划和加工本次活动的基础上形成丰富资料，正式出版了富有特色的教师研修成果。①这次活动得到大兴区教委的高度认

---

① 参见张铁道策划、刘芳主编的《多元互动　同伴研修：以教师经验作为研修资源的实践探索》（中国轻工业出版社，2008）和张铁道策划，王林华、黄晓玲主编的《智慧班主任的头脑风暴：学生需求研究》（清华大学出版社，2009）。

可，在全区中小学正式采用"同伴研修"机制改进校本教研，李淑环老师在退休前夕也破格晋升"中学高级教师"专业职称。

5. 将一流教学经验转化为教师网络研修课程

在教师的培训过程中存在着一个突出问题，即短时间的集中培训，或者一次讲座、一次讨论的培训或研修，如果没有持续改进性实践或者使成果固化，就难以取得促进教师能力成长的成效，教师先前培训获得的感悟就会渐渐淡化。因此，我们认为，唯有将个别化零碎的业务学习活动集成构建一个具有内在联系、相互强化的自主学习网络研修课程，方能期待有价值的能力发展。

三、结语

以上所记述的是我和许多同志合作开展的一些具有特色的教师研修活动。借助多年来将国外专业知识付诸本土教育工作实践的经历，我们逐步积累了许多对于教师研修的认识。

首先，应当依据成人学习特点及其能力发展规律规划和组织研修活动。中小学教师都具有不同程度的专业知识与实践经验，都有强烈的专业成长愿望，但缺乏与同行开展有效交流分享的机会。这一现实就使得开展互为资源的平等交流和专题研修成为可能。同时，教师互动研修实质上是同行之间一种有取有予、有建构价值的合作学习，所以参与学习过程的各方必然要结成互为资源的教育关系。教师研修所要探索的一个关键在于，如何针对在职教师发展所面临的实际问题创建有效的专业学习和能力发展过程。因此，就需要运用成人学习理论，针对在职教师的教学实践和专业发展所面临的实际问题，创设体验式的经验分享、问题解决与资源建构的研修过程，引导他们相互借鉴，取长补短，总结自身教学经验，提升他们的教学能力，进而达到促进他们专业成长的目标。我们把上述理念落实在具体规划与实施教师研修的实践中，具体表达为"巧在设计，重在实施，成在后续，落在资源"。

其次，明确教师研修组织者的角色定位。实践证明，教师研修组织者（培训者）必须善于依据儿童教育学、教师教育学来规划活动。为了确保教师研修的针对性和实效性，组织者要深入了解教师的职业生活及其实际需求。要尊重教师的既有知识与经验及其资源价值，最大限度地调动他们参与研修的热情，在交流和分享个体经验的基础上进行有意义的建构，带给他们有成就感的学习体验。在研修的过程中，组织者要善于创造一种宽松民主、富有激励性的情境，引导一线教师将自己的需求或体会说出来，并能够与同伴进行分享交流，耐心地倾听其他教师的培训经验和体会。在学习过程中，研修组织者既是规划者、促进者、服务者，也是学习成果的共同拥有者。

最后，要开展多方互动、相互学习的研修过程。组织者要带着教师进行问题解决，要面对教师的现实问题并善于解决，还要引导他们学会分享自己的经验和欣赏其他教师的经验。可以说，组织者的任务或者角色定位，就是要引导参与者分享自身经验与问题，并互通有无，相互借鉴，形成一个大家共同学习、改进实践的能力发展过程。

学生视角中的为师之道①

  教师，历来都被视为学校教育中对少年儿童的学习生活和人格成长产生全面影响的关键人物。然而，对教师专业素养的界定及其教学行为的标准，却从来都是由教育行政部门、教育专家、学校管理者或者教师等成人群体来制定的。少年儿童作为"受教育者"，或者更准确地说，作为"学校教育服务最直接的利益相关群体"，长期以来却一直"没有话语权利"。学生们应当学什么？应当怎样学？他们期待什么样的学习、教学、课外活动与管理服务？现在的学校带给他们什么样的学习体验？如果赋予少年儿童评价教师和学校的机会，他们会说些什么？这些基本问题，我们很少想到，甚至也无意顾及。

  长期以来，成人社会理所当然地以为，我们在借助学校教育传承青少年一代所需要的最为精要的知识与经验，而且已经形成了行之有效的教学制度，完全能够代表社会为他们做出理智的判断和决定。似乎少年儿童只需要按照学校的课程要求，认真听老师教导，努力学习，便能逐

<hr />

① 本文选自《孩子心目中的好老师》（张铁道、苏学恕主编，华东师范大学出版社，2012），收入本书时有修订。

步成长为对社会有用的人才。少年儿童难道真的就没有权利和能力对他们天天亲身体验的课堂教学、教师行为和学校教育活动做出自己的价值评判吗?

联合国教科文组织多年前对于这一问题进行了有意义的揭示。该组织于1995年在50多个国家开展了一次"什么造就了一名好老师?"（What Makes A Good Teacher?）主题征文征画活动，试图借助儿童的体验揭示好老师具有哪些特点，后来还选择其中部分优秀作品汇集成了一份特殊的出版物。① 我有幸于1997年得到这本小册子，一打开就立刻就被孩子们对教师的美好情感和热切期待打动。孩子们通过自己的真实感受解读教师的职业素养和教学行为，表达他们对于好老师的希冀。

他们热切期待能够拥有一位好老师。墨西哥11岁的小朋友扎依拉，用一幅荒漠逢甘雨的图画诉说"老师对于学生就如同滋养土地的雨水"，一语道尽了孩子们对好老师的渴求。新西兰9岁的小女孩罗丝充满希冀地写道:"你待人和善友好，充满信任……。你的一点微笑或一句鼓励都会使我高兴不已。"来自非洲乍得的11岁的小朋友法图玛塔写道:"一个好老师待我们就像自己的孩子一样。我们提出的问题，哪怕是很愚蠢的问题，他也能耐心地解答。"新西兰12岁的阿拉泰有自己独特的视角:"教师固然应该努力工作，但如果对孩子没有爱心，他所做的一切都是浪费时间。"来自智利的小罗丝是一位很有天分的小画家。在她的画中，老师夸张地将双臂展开来，用自己的臂膀呵护着一群肤色、穿着、智力各不相同的孩子。（见下页图）"教育公平"这样一个十分抽象的概念就被她极为直观地植入我们的脑际。

好老师总是以自己的言行为孩子们树立良好的榜样。加纳12岁的朱丽叶特指出，"教师必须以身作则，因为他们是孩子们模仿的对象"。智利11岁的玛丽亚希望老师"用自己良好的言行把美好的事物教给我们，因为童年获得的知识会影响一个人的未来"。

---

① Muller, et al. What Makes A Good Teacher?［M］. Paris: UNESCO, 1996.

　　孩子们期望老师不仅善于鼓励学生自主学习、独立思考，还应带给他们快乐的学习体验。摩洛哥 12 岁的纳瓦尔揭示出教师的社会责任："一个好老师能够把她最珍贵的东西传给未来的一代，那就是她的文化和她的教育。"津巴布韦 9 岁的蓬嘎尼说："我喜欢的老师能启发我思考，并自己找到答案。"意大利 12 岁的阿娜贝拉认为，"老师应该知道怎样使学生自立，帮助他们变成一个成年人"。葡萄牙 10 岁的卡特丽娜语出惊人："一个好教师不仅上课，更为重要的是，她带给我们新的思想，帮我们明白很多事情。她能使教室成为乐园，而不是监狱。"

　　孩子们都对老师寄予厚望。各国儿童认为，教师"乐意和我们在一起，哪怕在课间休息时也不例外"（韩国，康大河，7 岁）、"应当精通专业"（坦桑尼亚，卡比艾美拉，13 岁）、"身体强健"（捷克，阿尔布雷特，10 岁）、"愿意做有益于社会的事情"（斯洛伐克，托马斯，12 岁）。

　　由此可见，孩子们对教师角色的感受和理解，有着我们成年人难以想象的独特性和深刻性。时任联合国教科文组织总干事的马约尔先生有感于孩子们的情怀，无限感慨地为该书写了序言。他强调："人类因为有爱心，才有了教育，也才有了教师职业。教师唯有努力实践充满关爱的教育，才能够为青少年带来使其终身受益的学习体验。""世界上只有一种教育，那就是爱的教育。"

捧读孩子们的心语，体察他们的需求，我难抑兴奋心情，立即请兰州市城关区教师进修学校附属小学的美术老师马瑗（现为甘肃省美术特级教师，并担任兰州市一所知名小学的校长），帮助我用彩笔复制成投影胶片。我用这些胶片作为教师培训资料，组织中小学教师们对照反思自身在课堂教学实践中的角色及教学行为，取得了良好的效果。

2002年夏天，我有机会向北京教育科学研究院《班主任》杂志主编苏学恕老师分享了上述儿童画，并谈了自己对开展"孩子心目中的好老师"主题征文征画活动的初步构想。苏老师当即表示全力支持。后来，我们又找到联合国儿童基金会驻北京代表处，负责教育事务的安佳娜（Anjana Mangalagiri）博士和郭晓平博士给予我们热情的支持。我们决定以合作方式开展主题征文征画活动。

2003年元月，我在《班主任》杂志发表卷首语《让我们倾听儿童的心声》，提出"从儿童的视角审视教师素质及其教学行为，无疑是落实教育部倡导的'以学习者为中心'的新教育理念、提高教师专业化水平、改进教师培训方式的务实之举"，殷切邀请各地老师组织少年儿童将他们心目中的好老师用绘画和文字方式呈现出来，寄给杂志社，以便帮助更多的老师深刻认识儿童的学习需求，从而达到为孩子们提供高质量的教学服务的目的。

我们的倡议得到了各地师生的热烈响应。来自全国 20 多个省、自治区、直辖市的 3000 多名中小学生给我们寄来了丰富多彩的儿童画和文稿。孩子们用自己的画笔描绘了他们期盼好老师、感激好老师的心声，画出了他们对于美好学校教育的希冀，也记述了大量感人肺腑的真实故事。这里我与大家分享其中的一部分。

　　江苏省连云港市赣榆城西镇第二小学的孙运芳同学提出了好老师的 10 条标准："不应偏向女孩子；下课铃一响，就让我们出去玩；春游上哪儿去，先问问学生；学生犯了错要请家长，我们干了好事也应该跟家长说一说；能跟学生聊天；要知道学生喜欢什么不喜欢什么；注意自己的外表（头发、衣服）；应当控制自己的情绪；学生参加各种比赛，老师应当在场鼓励加油；课间十分钟，老师应当看看学生们爱玩什么。"

　　孩子们还为我们分享了许多感人至深的故事。江苏省启东实验小学分校的沈虹霞老师给我们寄来了一名小同学记录自己班级生活的几则日记：

　　"春游时，我把食品弄丢了。沈老师送给我一袋面包、两瓶酸奶。其实，她自己带得也不多。"

　　"上次语文考试，我只得了 85 分，很伤心。沈老师借给我 5 分，让我下次考试还给她。"

　　"沈老师买了一个漂亮的转笔机摆在教室的书橱里，我们再也不用担心忘记削铅笔了。"

　　"上星期，我不小心打碎了沈老师的红墨水瓶，同学们都怪我。我哭了。沈老师知道后，没有批评我，反而安慰我。"

　　"生水痘了，我一个人在家，很孤单。沈老师带了水果来看我，还给我补课。"

　　"大扫除时，沈老师不让我们擦天窗，怕我们摔着，自己擦了所有的天窗，累得满头大汗。"

　　看到孩子记述的这些平常的教学琐事，沈老师无比感动。她满怀深情地写道："这是怎样的一份情愫呢？我再也抑制不住，泪水潸然。早已淡忘的小事，孩子却记得如此清晰。我该如何守住那份喜欢，那份源自内心的真诚呢？"

课堂教学是儿童获得知识、发展能力、学习价值观的主渠道。孩子们也描绘了让他们难忘的课堂学习生活。广东省佛山市南海区大沥中心小学五年级的郭彤同学为我们重现了真实的问题解决的教学过程："课上，我们都能畅所欲言，就像朋友在一起交谈。潘老师先让我们读课文，把不懂的地方划出来，再四人小组讨论，自由发言。往日冷清的课堂一下子变得活跃起来。总结的时候，潘老师会根据同学们的想法补充自己的见解将问题解决。"

这不就是一个浓缩了的参与式教学策略的经典案例吗？

浙江省上虞市梁湖镇江山小学四年级的唐一毅同学难以忘怀老师引导大家参与教学的情景："上陈老师的课我们总是无拘无束。他总是有意无意地提些问题；有时，还故意讲错，让我们纠正。我们讲错了，他从不责怪，反而笑着说：'错得好，一错就把问题提出来了！'不久，就连最胆小的同学也能够举手发言了。"

教师拥有幽默感，往往能够给学生带来乐在其中的学习体验："葛老师非常幽默，常常给我们说一些笑话，使死板的数学课变得活跃起来。她说的那些笑话常常让我们笑得前仰后翻。……啊！真是既学到了知识又开心呀！葛老师讲课能使顽石点头！"

甘肃省兰州市万里小学六年级的吴姗姗同学仅用了寥寥数语，就为我们揭示了语言幽默在创设"既学到了知识又开心"的教学场景中所起到的作用。让我们想象不到的是，孩子居然用"能使顽石点头"这样极致的评语赞颂他们热爱的老师！

孩子们还殷切地希望老师能够引领他们成为学习的主人。浙江省杭州市萧山区益农镇小学的金燕写道："我们心中的好老师首先要改革课堂教学，决不能把我们当听书的。他让我们带着'？'去读书，去分析，去思考。让我们质疑问题，也给老师和书本挑刺儿，找碴儿。谁有新的创造，老师就带头为谁鼓掌。他还让我们找'不会说话的老师'（字典）帮忙，养成课前预习的好习惯，引导我们读课外书。"

浙江省宁波万里国际学校小学部五年级的朱晓丹对老师的教学方法表达了由衷的称赞："李老师是一位能走进学生心里的好老师。他有高超的教学方法，让枯燥的数学变得生动有趣，让乏味的课堂变得生气勃勃。他像一位魔术师，让难题变得容易，让调皮变得可爱。更让人惊奇的是，他能看透每个学生的心，及时解开同学们心中的疙瘩，及时为同学排忧解难。"

高中学生也加入了我们讨论的行列。云南省思茅第一中学高一年级的孔照钦写道："一个理想的老师，不要说要有多高的学历，重要的是能赢得学生的心，注重学生的爱好，接近学生，了解学生，能帮助所有学生，能赢得集体的好评。"

可以看出，他不仅以"赢得学生的心"作为好教师的标准，还为老师们提出了具体可行的建议。

孩子们用画笔阐释他们对老师和学校教育的看法，他们的想象和表现能力让我们无比感慨。内蒙古自治区准格尔旗薛家湾镇小学 10 岁的海滨画了一幅极富情趣的母鸡呵护小鸡图。他还不无稚气地写道："老师就像这位鸡妈妈，用自己的双翅努力保护着小鸡（同学）。"（见下图）

北京市延庆永宁小学 10 岁的安泽用他拙朴的画笔勾勒出一张老师的脸:两只眼睛里各有一个开心、郁闷的学生,鼻孔里也有孩子,上、下嘴唇之间还标有"好好学习""I LOVE YOU"(我爱你们)的字样,形象地说明好老师应当关注全班每一个学生,悉心感受他们的情感需求,并在鼓励他们好好学习的同时,让他们体会到老师的关爱。(见下图)

　　孩子们所描绘的教师行为与学生学业进步的关系也给我们留下深刻印象。福建省福州市仓山区时代中学初一年级的黄彬画了一组连环画,图解了好老师与学生学业进步的相互关系。按照他勾画的标准,好老师应当精通所教学科,上好每一节课;道德高尚,事事处处为人师表;教学有方,善于因材施教。在这种好老师的培育下,每个同学都能够"好好学习,天天向上"。

　　北京市顺义区李桥中学初二年级的何畔用一组连环画讲述了她在班主任老师的帮助下获得心灵倾诉、走出学业困难和化解人际冲突的故事。她用自己的故事揭示了好老师的价值，认为"她虽然很丑，但却是我心中的好老师"。

　　湖北省宜昌市盲聋哑学校 13 岁的残障儿童刘潞用一幅感人的《老师教我学说话》的主题图，记录了老师帮助她学习说话的过程。（见下图）师生两人之间那期待和信赖的目光，富有动感的耐心示范和努力模仿，特别是学生用自己的小手，小心翼翼摸索、感受教师声带发音的刹那间动作，以一种无声的震撼，为我们呈现了"教育赋予能力"的深刻内涵。

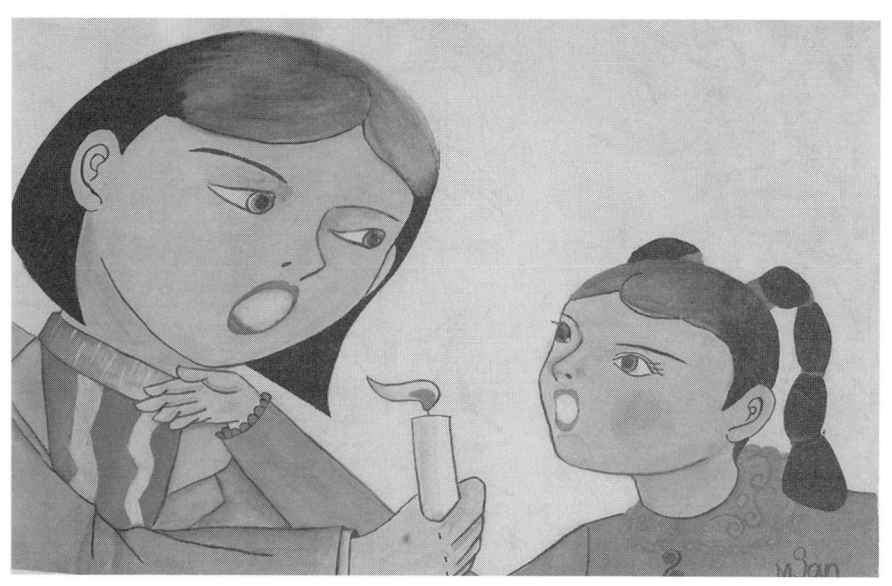

　　山东省滨州市博兴县第一小学五年级的贾乐成，创造性地阐释了好老师与学生所体验到的学校教育之间的关系。他认为，好老师应当具有足够的知识储备；好老师心胸博大，能够包容所有同学；好老师激情似火，能够给全班同学带来温暖；好老师平等待人，没有性别歧视；好老师不仅教书，还引导学生读课外书，上网学习，了解世界，开展丰富的文艺、体育活动。就这样，他用一幅画直观又令人信服地描绘出"一个好老师就是一所好学校""一个好老师能够带给儿童幸福的学习生活"这些我们成年人连篇累牍都难以说明白的教育理念。

多年以来，我们以这些少年儿童对教师和学校的诉求与评价为素材，以聚焦认识和回应学生的学习需求为主线，先后在北京、上海、天津、重庆、甘肃、青海、四川、河北、山西、吉林、内蒙古、西藏、新疆等省、自治区、直辖市开展了参与式教师研修培训活动。我们所倡导的基于儿童需求的教学评价视角，以及由此开展的认识和回应学生需求的校本教师专业发展实践改进行动，得到了各地的热烈响应，许多学校业已取得十分显著的教育教学成效和研究成果。

在实践探索中，我们日益深刻地认识到，在学校教育条件下践行"以人为本"教育理念的一条实践途径就是，关注和回应儿童学校生活的实际体验，并以此作为评价教师教学和学校管理绩效的一项最为重要的考核指标，以及规划学校教师专业发展的重要参照。

在学校教育条件下践行"以人为本"教育理念的一条实践途径就是，关注和回应儿童学校生活的实际体验，并以此作为评价教师教学和学校管理绩效的一项最为重要的考核指标，以及规划学校教师专业发展的重要参照。

通过多年深入研究学生需求并据此开展回应儿童需求的教师行动研究实践，我们形成了以下主要认识。

第一，建立新型的学生观。学生是学校教育和一切教学活动的服务对象群体。在引领学生达成课程规定的知识技能、过程方法、情感态度价值观等方面的学习目标的过程中，教师对学生需求水平的判断，以及满足他们学习需求的方式，会直接影响学生的学习体验。学生在知识学习、技能培养、人际交往和价值观养成等方面的实际需求，以及学校教育满足学生成长需求的方式及其成效，必须纳入学校一切教育活动的规划、实施和成效评价。

第二，实践基于学生需求发展的教学过程观。教师要善于体察学生的学习需求，并据此设计学习主题及教学过程；善于唤起学生的学习需求和参与热情；善于以符合学生认知、情感、体能、交往等特点的方式，去满足他们的学习需求，进而引导他们生发更高层次的学习需求……。由此激励学生投身于有意义、持续的有效学习过程。

第三，学生不仅是教育对象，也是构建富有成效的课堂教学的重要资源。他们的学习体验是我们客观评价教师专业素养和学科教学成效、完善学校管理必不可少的指标。学校为学生发展所做的发展规划和教学改革，都应以能够带来积极的、富有实效的学生学习体验为指向。

第四，建立兼具学科素养和人文关怀品质的教师专业素质标准。在当前教师学科知识水平总体达标的情况下，尤其要关注教师人文素养与人文关怀实践能力的培养。例如，教师对学生希望平等、尊重、宽容、接纳的内心要求是否具有敏感意识？教师是否具有判明和回应学生需求的方法与能力？

第五，关注学生体验及需求具有方法论意义。实践表明，来自服务对象的直接体验与诉求，是我们评价管理、服务及成效最为可靠的事实依据。因此，以"关注学生体验与需求，优化学生体验过程，不断提升学生体验质量"作为构建教师校本研修发展和教学改进的思路，有可能成为造就孩子们喜欢的好老师、创建孩子们喜欢的好学校的一条现实且有效的途径。

事实表明，认识和分析儿童学习需求的根本目的，在于使我们更有效地满足他们学习和发展的实际需要。为此，我们分别针对学校教育中影响少年儿童发展的不同行为群体，提出以下行动建议。

（1）校长和管理者要善于将上述交流作为培养学生的主体意识与学习能力的一个重要环节，以学生在学校的真实生活体验为重要参照，开展对课堂教学绩效、教师综合素质和学校教育工作成效的评价，并参考学生反馈确定改进管理与教学的规划及具体措施。

（2）学科教师和班主任应当充分尊重儿童的发展需求和他们所具有的资源价值。可以积极引导学生总结自己的学习心得，分享其他同学的学习经验，交流各自的观察与诉求；从学生反馈中反思自身教学和班级管理方法的适切性和成效，并借此总结实践经验，判明自身专业发展需求，并在此基础上制订改进计划。

（3）家长及监护人应善于观察、倾听，了解孩子的实际学习体验与需求，引导他们建立良好的学习习惯和日常行为习惯，并与教师保持及时、有效的沟通。

（4）基层教研、科研及教师培训人员应引导一线教师主动认识和回应学生的学习需求，并以此为依据促进自身教学能力的发展，改进学校管理，设计并组织有意义的教学改进和教师研修项目；同时，开展案例研究和专题研究，逐步形成有特色的教学实践课程资源。

（5）各级教育行政人员和督导人员可以借助儿童需求的视角，结合上述成功探索，构建新的、更富实效的教学评价、教师专业能力评价、学校绩效评价、教研工作和教师培训成效评价等方面的标准，开发新的教师培训、校长培训和教研员培训课程资源。

我们的实践表明，《孩子心目中的好老师》所呈现的孩子们的鲜活、丰富、生动的图画和文稿可以作为激发上述各类人员深刻反思和改进实践的基本素材。更为有效的是，教师、校长和教研员可以聚焦更为具体的主题进行收集反馈，如孩子们喜欢的某一个学科、孩子们特别难忘的某一次主题活动、教师眼中的好校长、家长心目中的好学校等。

显而易见，引导广大教师去深刻认识儿童的学习体验，积极回应学生的学习需求，不仅是我们深刻理解自身教育服务工作价值的一个重要的评判维度，也是教育管理者和专业机构引领教师专业发展的一个有效的方法论和行动突破口，更是当前学校教育落实"以人为本"教育理念的一项重要实践策略。

回顾这项持续十多年的国际理念本土化的教育探索过程，我们深切感受到世界各国的孩子们心中都有一个美好的梦想：他们热切盼望拥有一个又一个能够给予他们美好学习和成长体验的好老师！孩子们期盼的好老师富有爱心和责任心、专业扎实、多才多艺、善于教学、幽默合群、身体健康，并且善于和孩子们交朋友。

我们依据儿童需求所开展的大量教师研修也表明，教师只有在亲身体认儿童需求的过程中，才能对自身的教育价值观和教学行为开展深刻的反思，并由此生发改进实践、回应儿童需求的积极意愿。

"盲人摸象"与教师研修[①]

　　人人皆知的"盲人摸象"原本是一则来自佛经的成语故事，说的是古代印度有一个小国的国君镜面王如何利用盲人摸象的场景劝谕臣民皈依佛教的一个情节。当时，国内流行很多神教巫道，多数臣民被他们的说教所迷惑，人心混乱，是非不明，很不利于国家的治理。智慧的镜面王想出一个主意。他吩咐一个侍臣说："你们找一些盲人，明天一早带他们到大象苑去，让他们每人只触摸大象身体的一个部位，然后马上带他们来王宫。"

　　第二天上午，镜面王召集所有的臣民聚集在王宫前的广场上。应召而来的人们交头接耳，谁也不知道国王将要宣布什么重大的事情。不一会儿，侍臣领着盲人们来到了镜面王的高座前，广场上的人们顿时安静了下来。镜面王向盲人们问道："你们都摸到大象了吗？"盲人们齐声回答道："我摸到大象了！"镜面王又说："那好，你们每个人都讲一下大象是什么模样的！"

　　摸到大象腿的盲人首先站出来说："禀告圣明的国君，大象就像一只

　　① 本文原载于《北京教育》2009年第4期。本文写作过程中得到《北京教育》主编王雪莉老师的帮助，收入本书时有修订。

盛漆的大圆桶。"摸到大象尾巴的盲人接着说："大王，大象应该像一把扫帚。"摸到大象腹部的盲人说："大王，大象确实像一面大鼓。"随后，摸到大象牙的说大象像一只牛角；摸到大象耳朵的则说大象犹如一个巨大的簸箕。最后，摸到大象鼻子的盲人说："圣明的大王，大象实在像一根粗绳索。"一群盲人各持己见，争论不休，都说自己正确而别人不对。臣民见状，都大笑不止。镜面王也意味深长地看着众人笑了起来。

智慧的镜面王当时是否达到了他所设计的引导臣民皈依佛教的目的，我们不得而知。但是，盲人摸象的故事从此便传播开来，成为一种世代相传、家喻户晓的处世警喻。那就是：假如我们把对于事物的认识建立在一知半解或浅尝辄止的局部经验基础上，往往容易产生以偏概全的错误。长期以来，我们对此都信以为然，并使之成为世代相传的经典劝谕故事。

2008 年北京残奥会期间，来自世界各国的残疾人运动员以自己的残缺之躯奉献给我们"健全人"许许多多自强不息、超越人类极限的精彩表现，带给我们无尽的感动和激励。彼时彼景，突然使我又想起这则成语故事。我突然惭愧地发现：我们"明眼人"或许误读了故事中的"盲人"！我们在强调盲人认识事物过程中固执己见、失之片面的缺点时，竟然忽略了他们之所以显得可笑的缘由居然全是"被设计"出来的。

"难道那故事中的盲人居然还有什么优点？"

我开始认真地叩问自己，渐渐发现他们至少有让我们"正常人"自觉汗颜的三个优点：首先，他们都非常认真，努力去用自己的触觉和嗅觉感受事物，并在亲身体验过程中形成自己对于认识对象的判断；其次，他们都很诚实，都能够按照自己的真实体会表达自己的感受（也不在意他人的眼光）；最后，正因为他们有了亲力亲为的体验并据此做出判断，所以他们都很坚持各自的观点。其实，这也是他们为什么争吵不休的缘由。

平心而论，我们从这则故事的历史背景中明白：由于国王的条件预设，只允许他们触摸大象的某一部位，进而导致了他们的片面认知。我们却都忽略了这样一个事实，那就是：故事中的每一位盲人都认真地感知了，建构了，也表达了。他们在亲身体验中建立了独立认知，他们的诚实表达和坚守自信都无可指摘。相形之下，我们每一个正常人都明白，如今能够心无芥蒂地做到这一点，不仅需要智商，更需要勇气！

反观我们"明眼人"对于"盲人"的这则并不公正的成语故事，我在与同事们探讨教师研修问题过程中突发奇想：能否从建构性学习角度，从盲人摸象的故事中汲取对于教师互动研修的积极意义呢？经过多次讨论，我们获得了以下启迪。

第一，"摸象"。教师研修应当注重他们对于自身教学工作的亲身体验。在我看来，教师的直接经验可以被视为具有个性化的"摸象"的体验与认识过程。正是这样的"摸象"过程，使得每位教师都能结合自身学科及教学服务对象获得不同程度的经验和认知。尽管他们的个体经验可能并不完全"正确""全面"，更说不上有所谓的"理论价值"，但因为有了反复实践的一再验证，他们的个体经验对于他们自身及其他教学同伴便逐渐具有了一定程度的专业资源价值。这一事实对于在基层工作的教师教育工作者（如培训者、教研员）而言，就意味着只有尊重教师自身既有的实践经验，并深刻认识他们的经验所具有的资源价值，才能够开展有针对性、有实效性的教师学习活动。唯此，我们就不会忽视教师需求，就会自觉尊重教师的实际经验，就会有意识地避免一味地进行布道式的"理念传授"、缺乏师生真心参与的"课堂展示"或训诫式的"满堂灌"等做法。这里就自然涉及教师教育的一条重要原则：将设计"摸象"过程，作为教师个人或者集体获得深刻体验的学习环节。

> 只有尊重教师自身既有的实践经验，并深刻认识他们的经验所具有的资源价值，才能够开展有针对性、有实效性的教师学习活动。

第二，"说象"。教师教育工作者应自觉按照集思广益原则，结合教师增强教学能力的实际需求和现实条件，确定一定专题，并鼓励每个人结合自己的亲身体验及各自感悟进行充分的交流。为了发挥教师个体已有经验的资源价值，教师研修活动的组织者应努力创设宽松和谐、相互欣赏的交流氛围，激励参与活动的每个人都能够畅所欲言，相互理解各自观点，并引导大家汲取各自观点的有益价值。实际上，众人"说象"就是在认真坦诚、充满建设性气氛中发生的，是体现每一位参与者资源价值的互益性对话过程。

第三，"成象"。即组织参与者围绕一定专题，经过充分交流汇集而成的、充分体现参与者成功实践经验的群体认识的建构过程。在这样一个集腋成裘的主题建构过程中，教师教育活动的组织者引领大家针对已有经验进行积极的甄别、梳理和加工工作，进而形成能够体现集体智慧的、具有一定普适性的教学专业知识和方法论认识。借此，便有可能将"众多片面的、局部的象"逐渐汇聚成"一只较为完整的、接近于真实的象"，从而实现由个体相对片面的认识到集体合作构建的对于认知对象较为全面客观认识的过程。

第四，"抽象"。即参与者对于认识对象的概念化过程。在组织者引导下，研修群体在上述对于实践体验的交流建构基础上，将大家对于"一只象"的具体认识转化为对于"象"作为特定动物类别的概念性认识。参与者通过这一认知环节，便可获得由具体事物到抽象概念的认知跨越，从而使得他们无论是对于印度象、孟加拉象还是非洲象，都可以不必亲身逐一辨识，借助概念便可进行认识。

第五，"造象"。即参与者（个人或团队）在经历上述学习体验过程中，借助个人体验和集体共识，再以各种技术、艺术等方式，去超越"这一个"甚至"这一类"的、更具数量规模或更富有个性的、创造性的"象"。我们将这种基于上述认识再输出、再创造的努力称为"创造性学习"。

上述"体验式学习""分享式学习""建构式学习""概念式学习"和"创造性学习"方式不仅有助于我们深刻理解教师学习的多样化，也能在一定程度上揭示教师研修促进其能力成长的阶段性特质。

借助上述对于"盲人摸象"的重新解读，并结合我们多年以来开展教师同伴研修实践探索的体悟，我们从中获得：为帮助在职教师提升自身专业水平所开展的各种形式的交流研修学习，可以借鉴"摸象—说象—成象—抽象—造象"的认知过程进行设计和引导，帮助他们获得由个体经验到集体智慧的有价值的学习体验。明确这一认识，对于我们指导教师个体学习和能力发展，设计并实施有效的教师集体研修活动，都具有积极价值。

我们认为，新时期的基层教师专业发展活动应结合教师教学工作的实际问题，充分尊重教师已有的实践经验，针对他们的实际需求，设计和实施有意义的经验分享、互动建构和资源生成活动，有效地实现由相对片面、肤浅的个人体验到相对全面、理性化的群体认识过程，再鼓励他们将自身所学创造性地用于自身教学，从而达到有效促进教师专业学习与能力建设的目的。

教师同伴研修的理念与实践策略①

基层教研及教师继续教育工作的一项重要职能，在于引导广大中小学教师通过反思自身教学实践、分享同行成功经验、学习教育理论等方式促进他们的专业学习，增强他们的教学能力。然而，现行在职教师的专业学习活动大都仍然以专家或名师为主体，因循专家大会报告、名师课堂展示、师徒结对或者各种渠道的信息提供等形式的知识、经验"传授—接受"范式；"授—受"双方之间的平等交流与互动建构鲜而有之，教师之间的经验分享及教学同行之间的深入讨论也比较缺乏。此外，借助上述方式所传递的教育理念与展示的教学方法，由于缺乏后续专业指导与服务，往往难以内化为教师自身的实践能力。

为此，我们就同伴研修的理念和实践策略开展了探索。

一、同伴研修

研究教师教育离不开对教师职业特点及其学习方式的认识。教师是一

---

① 本文原载于《人民教育》2008 年第 12 期，曾荣获第四届全国教育科学研究优秀成果奖二等奖。本文写作过程中得到了《人民教育》编辑部钱丽欣老师的帮助，收入本书时有修订。

种经过系统专业培训获得任职资格并需要终身学习才能胜任的专门职业。教师承担着十分繁重的教学任务，参与教学研究与培训的机会不多，平时可以自主支配的时间有限而零碎。因此，他们参加教研或培训活动都具有明确的目的性和实效性期待。同时，作为具有知识经验的成人学习者，教师受益的专业学习往往表现为具有问题解决过程的"体验式学习"。

我们将这种"有取有予"的在职教师互助学习称为"同伴研修"。

在学习过程中，教师希望自己的经验能够得到尊重和认可，同时也期望自己能够在与同伴交流和互动的过程中获得新的经验。我们将这种"有取有予"的在职教师互助学习称为"同伴研修"。学校教育情景中的同伴研修，是教师群体围绕大家共同关心的问题，根据自身已有的知识与经验，在组织者的引导下，开展的个人反思、平等交流与后续实践的建构性学习过程。

同伴研修崇尚一种新的"资源观"，坚信每个教师都具有知识、能力、经验等方面的资源价值，因而主张建立相互平等、资源互补的人际关系。

同伴研修崇尚一种新的"资源观"，坚信每个教师都具有知识、能力、经验等方面的资源价值，因而主张建立相互平等、资源互补的人际关系。开展有效的同伴研修有助于教师群体在围绕特定主题相互分享资源、相互启发的过程中，生成新的专业资源，从而实现教师个体实践经验的策略化和知识化。因此，同伴研修过程有助于培养参与者的资源共享意识和团队学习能力。

同伴研修强调教师群体应结合教育教学实践中的真实问题展开学习过程。对于教师而言，无论何种形式的教育与学习，其最终目的都在于增强参与者的执教能力。事实表明，提供真实的问题情境有助于参与者对研修主题及其结果和过程获得深刻体验，因而更有利于促进他们自身能力的发展。

同伴研修主张，研修活动的组织者要具有多种专业角色。他不再是传统意义上的"主讲者""示范者"，而是教师群体学习过程的设计者、促进者和学习成果的加工者。这里所说的"组织者"常常表现为活动的"主持人",在引导研修过程中发挥着决定性的引导和促进作用。他首先要依据对象群体的实际需求及条件,确定研修主题和可用资源(包括专家讲座、教学实践展示、专业阅读及实地考察等);其次,要设计全员参与的互动交流与共识建构过程;再次,要创设宽松和谐的人际关系、富有激励性的学习氛围,引导参与者相互欣赏、分享学习成果;最后,要应用个人反思、小组集中、大会交流和专题归纳等多层互动建构机制,生成有意义的研修成果,并提出后续实践改进行动建议。

在多年的实践探索中,我们逐步积累了同伴研修的实践策略,即:"贵在理念"——珍视教师已有的实践经验以及由此形成的互为资源的潜在价值;"巧在设计"——创设全员参与的问题解决式学习情境;"重在实施"——借助精心组织的互动建构过程,生成有价值的研修成果;"成在后续"——通过连续性的行动干预和强化过程,达到增强教师专业能力的目的。

二、同伴研修活动的设计与实施

开展教师同伴研修,实质上是进行以教师的特定教学实践能力发展需求为起点、以教师群体交流分享和能力建设为主旨的课程设计与实施过程。

第一,要通过需求调查确定实际、可行的目标。这就需要我们深入对象群体所处的现场开展需求调查。例如,北京市一所高中邀请我去做报告,但学校对于讲什么题目没有明确要求。通过与校长事前沟通,我了解到该校正在申办示范性高中,但受生源和师资条件所限,教学水平的提高成为重中之重。而作为一所生源素质相对薄弱的学校,改进教学又必须从源头抓起。为此,我们共同确定开展以"我们怎样走过高一?"为主题的学生教师互动研修活动。

我们先请刚结束高一学年的四个班级的学生代表回顾他们高一阶段最

为难忘的学习经历，组织者根据大家的感受概括出困惑高一新入学学生在学习上存在的主要问题是：缺乏有效的学习方法，不善人际交往，缺乏恰当的自我评价。随后，我们又组织教师依据学生的需求和建议设计了新学年高一年级的教学改进计划，获得了良好的效果。由此可见，需求调查是保障研修活动针对性和实效性的首要步骤。

第二，应根据教师的特定需求，选择有价值的研修资源。受"名人效应"影响，许多教研活动少不了安排"名师作课""专家报告"，以此作为参与者的专业资源。在许多地方，此类活动常常是高规格、大场面地高调进行，动辄数百人，甚至上千人的规模。诚然，从高效率传递信息、开阔眼界而论，这十分必要。然而，由于没有教师的亲身参与和互动交流，也缺乏后续讨论环节，专家的讲授或名师的示范往往成为自问自答的独角戏，难以回应当地教师的自身经验和实际需求。

鉴于此，我们在研修活动中坚持教师参与研修过程的原则。广受各地儿童和基层教师欢迎的北京市小学数学特级教师吴正宪，特别善于创设学生喜欢的数学课堂情境。我们尝试在她的示范课之后，组织听课的学生进行现场评课，交流他们的听课感受。结果发现，学生们除了全面掌握吴老师所教知识外，最为珍视的却是吴老师课堂内外与学生互动交流中所展现出来的"亲切""友善""幽默""有耐心""有魅力"等人格特征。随后，我们又组织教师结合课堂教学和学生反馈两类资源，反思吴老师的教学方法、教师专业素养及其所体现的教育理念。现场所有教师都从中获得了深刻的启迪。

当然，在研修活动中，教师们更多的是要面对"并不完美的资源"——教师个人的经验。我们在实践中发现：充分利用当地真实的教师经验作为研修资源，对于教师更有针对性和激励性。我们曾与北京市大兴区教师进修学校合作，组织当地教师、学生、家长和教研员共同以小学语文教师李淑环多年践行的教学理念为对象，深入研究她注重学习方法的教学、关怀特殊需求学生的经验。让人意外的却是，李老师多少年如一日地对于教学工作的责任心、对于每个孩子的由衷关怀和教学艺术，赢得了一届届学生们的敬爱。此次主题研修活动一反以往"聚焦名师"的常规，取得了意想不到的强烈反响。每位老师都可以成为研修资源的理念，成为每一位研修活动参与者的深刻体验。

第三，创设全员参与的同伴互动学习过程。组织者根据研修主题设计由浅入深、参与者有话可说的问题链，是互动学习得以展开的关键所在。例如，我们为了研究北京市中学地理特级教师王能智的专业发展特点，设计了"以同伴研修方式建构王能智教育故事"活动，引导参与者依次讨论"王能智是一个什么样的人？""他的教学和教师培训有哪些特点？""哪些因素造就了王能智的成功？"。由此线索生成的讨论结果全面而深刻地揭示出王能智的人格与教学特点及其教育生涯发展轨迹，使得每一位参与者都受到启迪。

> 组织者根据研修主题设计由浅入深、参与者有话可说的问题链，是互动学习得以展开的关键所在。

再如，在评价学校教学工作绩效时，我们以学生为服务对象设计了"你最喜欢上的一门课是什么？""学起来比较困难的一门课是什么？""你最难忘的一次课外活动是什么？""你最希望学校在哪个方面做出改进？"等问题。由此得到的不同年级学生的反馈，就成为学校管理者评价和改进教学服务、教师开展专题研修的可靠依据。

组织者（通常也是主持人）应当创设便于参与者充分交流分享的氛围。小组互动讨论是一种行之有效的方法。在小组内，每个人都有机会自主表达个人的想法；通过汇总众多个人的意见，便能在短时间内形成有价值的集体共识。为了达到有效交流的目的，一般情况下，研修以每组 6 人左右、总人数 30 人左右为宜。研修现场的条件设施应当便于参与，便于记录研讨成果。要为每个组提供记录和交流用的大白纸、白板笔、黑板、投影设施等。每个问题给予小组讨论的时间一般不宜超过 10 分钟，而将主要时间放在形成初步小组意见后的集体交流与分享上，以此创造一种互补建构的学习气氛。不鼓励少数人主导讨论进程，以避免形成"话语霸权"。此外，组织者应有意识地创设一种平等、相互尊重、轻松活跃、富有建设性的研讨气氛，吸引全员参与研修过程。

要唤起和保持对象群体的全程参与，组织者除了精心设计巧妙的问题之外，还应善于将研修的进程作为一种专业资源进行加工提炼。研修活动可以以大家感兴趣的一堂课、一则案例故事、一场报告或者一个现实问题为开头；研讨问题提出后，组织者请每人独自思考一分钟形成自己的答案；小组交流汇集大家的意见，达成共识并按主次排序后，由一人抄写到大白纸上；各组代表依次向全体人员报告本组讨论形成的主要观点；每个人发言之后，主持人都应及时进行评论或进行必要补充，并将其中有价值的观点按照一定主题整理到黑板上；所有问题讨论之后，主持人对于大家讨论形成的结果进行概括。像这样经过个体、小组、全体、主持人的四重加工提炼过程，逐层汇聚，便会形成全体人员对于研修主题的共同认识。

像这样经过个体、小组、全体、主持人的四重加工提炼过程，逐层汇聚，便会形成全体人员对于研修主题的共同认识。

例如，我们依据北京市区县学前教育教研员承担园本教研的需求，开展了"如何根据幼儿需求设计有效的园本教研活动"专题研修。首先，我们以"感受儿童的学习需求"为题，用大量来自儿童的绘画和故事展示了儿童对于学校生活的内心体验；而后，组织全体 90 名与会人员分别就"如何认识儿童的需求""如何认识幼儿（学龄前儿童）的需求"进行讨论交流。经主持人概括，大家发现儿童的需求可以分为"一般性生理与心理需求""学习成就需求"和"个别化需求"；幼儿则更具体地表现为对"在快乐游戏中学习"以及相关学习方式的需求。主持人随后从"满足幼儿学习需求"的角度，对教学进行了多种维度的诠释。进入第二阶段，主持人要求大家讨论如何依据幼儿需求设计园本教研的基本思路。已经获得相关经验的全体教研员在主持人的帮助下，很快便形成了较为系统的构想。大家欣喜地看到，在上述问题解决过程中，关于园本教研的专业资源在集思广益的互动建构中迅速生成。

第四，规划同伴研修的预期成果。凡事预则立。设计同伴研修活动之初，就应对研修活动的成效有所预设。我们的实践经验表明，有意义的研修不仅能够帮助参与者获得特定主题的深刻学习体验，还可以获得对于同伴研修理念和方法的体认。研修成果一般包括：全程活动实录（声像和文字）、参与者的心得体会以及在总结活动的基础上所形成的研修案例报告。需要指出的是，在活动和成果之间发生的文本化（或视频化）过程，对于所有参与者而言也是深刻学习的延续，是同伴研修促进资源开发的必要环节，教师参与完成多重成果有助于增强他们对学习的深刻体验和成就感。事实表明，将众多教师结合自身实践交流生成的鲜活"话本"，修订成为具有一定逻辑的"文本"，又是一次深层次的资源开发。

> 研修成果一般包括：全程活动实录（声像和文字）、参与者的心得体会以及在总结活动的基础上所形成的研修案例报告。

第五，同伴研修作为对教师行为的积极干预不可能毕其功于一役。知识获得、观念更新和行为转变等发展目标，都必须依赖学习者主动持续的实践方能奏效。因此，组织者必须为教师们提供后续专业支持。在设计研修活动过程时，应当明确相关人员、机构的后续任务，要求其制订可操作的计划，并且根据进展的需要提供评价、指导和推广。在这方面，当地教育行政部门的政策导向和财力支持，特别是当地教研和教师培训机构人员的跟进服务尤为重要。实践表明，采用"夹心面包式"的研修模式，即"研修—实践—再研修—再实践……"，有助于保持同伴研修活动组织者和教师之间互动发展的持续性和有效性。

同时，应当采用多种方式激励参与者开展后续实践。这包括：结合同伴研修的深刻体验写出参与活动的心得体会；结合自身所学制订自主探索的行动计划并付诸实践；借助网络自媒体、简报或现场会等方式，交流个体开展的后续活动进展及其结果；时机成熟时，可以召开专题会议或出版研修成果。所谓后续实践，就其本质而言，仍然属于通过研修获得的外在知识、他人经验的内化过程，因而也就成为教师专业能力建设的必要环节。由此可见，同伴研修不仅在于构建教师"学习共同体"，还必须形成"实践连续体"，方能达到干预参与者教育理念和行为，促进其专业能力发展的目的。

第六，成功的同伴研修有助于生成具有特色的教师个体学习与团队研修的专业资源。我们的实践表明，凭借同伴研修及其后续实践形成的研修成果经过加工整理形成的案例资源，往往具有更强的实用性、针对性，因而更加受到一线教师的欢迎。因此，同伴研修的一项重要任务还在于实践案例资源开发。

> 同伴研修不仅在于构建教师"学习共同体"，还必须形成"实践连续体"。

总之，教师作为具有专业知识和教学经验的成人学习者，他们既需要吸纳他人的资源丰富自身，他们自身也具有一定的资源价值。他们最为深刻的学习来自真实问题情境中的亲身体验、同伴交流分享、反思建构及后续实践过程。如果我们能够顺应教师学习的需求特点，组织教师群体以同伴研修方式进行资源建构，就可以有效地促进教师群体分享教学经验和智慧，将个体的教学经验升华为群体的专业知识资源，从而有效地增强教师团队的教学专业能力。

促进教师专业发展的策略研究①

如何有效回应教师作为具有一定知识水平和教育经验的成人学习者的在职学习与专业发展需求，是当前教研工作与教师培训需要深刻反思和进行实践探索的一个重要问题。教师专业发展涉及教师队伍建设的诸多方面。这里所谓的教师专业发展主要是基于这样一个假设：教师是一种经过系统训练达到相应水平，并且还必须不断学习才能胜任的专门职业；不断提升他们的专业水平不仅是教师自身的职业要求，也是教育专门机构服务教师队伍建设的一项重要职责。因此，这里拟就教师专业发展理念、教师专业发展实践，以及由实践生发出来的教师专业发展特点和促进策略问题，分别加以讨论。

一、问题的提出

古代大教育家孔子，就以其诲人不倦、因材施教、教学相长的高尚人格与教育经验成为中国社会的"至圣先师""万世师表"。② 伴随着社会的

---

① 本文原载于谢维和教授主编、台湾高等教育出版公司出版的《教育研究杂志》（大陆版）2003 年第 2 期，收入本书时有修订。

② 黄济. 万世师表：谈孔子的教师观 [J]. 教育科学研究，2003（1）：43-46.

发展，科学知识不断更新，学习技术日益变革，教师也被赋予了越来越多的社会教化角色与专业要求。"教师不仅是知识的传递者，而且是道德的引导者，思想的启迪者，心灵世界的开拓者，情感、意志、信念的塑造者；教师不仅需要知道传授什么知识，而且需要知道怎样传授知识，知道针对不同的学生采取不同的教学策略。"① 因而，"教师职业的专门化既是一种认识，更是一个奋斗过程；既是一种职业资格的认定，更是一个终身学习、不断更新的自觉追求"②。毫无疑问，教师是一项具有较高专业素养要求的职业，而教师的专业水准需要不断发展才能保持。也就是说，教师首先必须经过一定期限的专业训练过程才能具备资格，同时还要求从事教学工作的人必须不断学习专业，精益求精，才能保持自身的专业水平。加拿大学者许美德（Ruth Hahoe）以李秉德、朱九思、潘懋元、谢希德、汪永铨、鲁洁这六位教育家为对象所进行的长期追踪案例研究揭示，他们之所以能对中国教育科学做出历史性的贡献，与他们对于教育济世的价值取向以及自身对于专业境界的不懈追求有着极为密切的渊源关系。③ 耄耋之年的李秉德先生也十分关注教师专业问题。他指出，教师是一个特殊的专门职业，需要有特殊的资格和专业发展条件。他倡导追求专业发展应当成为广大教师的自觉行为，强调教师要积极加入教育研究队伍。"一个教师只要经常对自己的工作进行反思，力求向上，就会有所创新"，因此，"教师必须在做一名新型教师的同时，还必须使自己成为一个不断的学习者和一个真正研究者。这是教师这个专业所要求的"。④

然而，教师的专业发展，尤其是培训模式与方法方面，却依然延续了常规教育的范式，缺乏对于教师面临问题与实际需求的专业观照。长期以

---

① 袁贵仁. 加强和改革教师教育 大力提高我国教师专业化水平［J］. 人民教育，2001（9）：24.

② 同①.

③ 许美德. 现代中国精神：知名教育家的生活故事［M］//丁钢. 中国教育：研究与评论 第1辑. 北京：教育科学出版社，2001：1-74.

④ 李秉德. 我对教师专业的一些思考［J］. 教育科学研究，2002（7）：5-6.

来，这一直是困扰我们教师继续教育工作的难题。①②③

考察教师专业发展必须从研究成人学习的特点及其规律入手。多年前，我曾在国外留学期间侧重校长专业发展问题就成人学习的理论做过文献研究，从而对于组织有效的成人专业学习与培训活动形成了以下主要观点：

第一，在职成人参与专业学习具有明确的动机。他们希望能够通过学习，有机会接触新知识，分享他人经验，反思自身实践，以此增强自身实践能力，并借此获得更大的职业成就感。

第二，他们作为具有一定专业知识和实践经验的成人学习者，期待所学内容及学习方式与其既有知识基础与实践经验及面临问题相联系。唯此，才能唤起他们的有效参与，并更可能转化为他们的知识与行为。这一学习过程包括"需求诊断—行为引导—实践改进"基本环节。

第三，除参与必要的知识讲授之外，成人学习者应有尽可能多的机会交流分享各自的经验，并借助案例分析和实践改进行动规划，获得高质量的共同学习体验。

第四，在职成人借助专题学习所获得的新知识、新技能，需要经过他们自觉的、持续的后续实践，方能内化为他们自身新的实践能力。

第五，在组织、引导在职成人开展专业学习过程中，活动组织者肩负重要责任，主要包括切合学习者的"最近发展区"，创设平等、宽松的人际氛围，设计和组织富有挑战性的学习过程。

第六，外部提供的专业学习对于在职成人而言只是一种外部条件，实现能力发展目标的关键还取决于，学习者自身的自觉努力和来自管理制度的保障及专业支持。

---

① 佚名. 教师教育："十五"蓝图绘就 [N]. 中国教育报，2002-04-06 (3).
② 李建平. 热培训后的冷思考 [N]. 中国教育报，2002-09-24 (3).
③ 熊焰. 试论教师专业化与校本培训 [J]. 课程·教材·教法，2002 (7)：49-52.

在此基础上，我也曾就开展小学校长专业发展活动提出了一系列具体建议。① 上述研究为我随后开展校长及更广范围的教师专业发展实践活动打下了理论基础。

二、实践案例

光阴荏苒，我归国投身教育研究事业已有多年。所幸我还有机会结合上述所学，围绕校长、教师专业发展培训开展实践探索，从中积累了一些心得。以下仅就之前完成的若干培训活动手记做一介绍。

（一）案例 1：流动教师培训队②

1992 年，我当时所在的甘肃省教育科学研究所承担了一项旨在改善农村女童教育的项目。项目涉及的通渭、和政和天祝三县地处偏远，经济困难，教育不发达，女童教育尤其薄弱。当年，女童入学率仅为 50% 左右，在校女童留级率、辍学率分别平均高达 9.24% 和 21.44%，一至五年级按时毕业率平均不到 50%；教师中具有合格学历（中等师范学校毕业）的仅占 60.1%；此外，女教师非常少，只占到教师总数的 20%。针对大多数教师需要培训，但经费又十分困难的情况，我们设计了以流动的方式开展大规模教师培训的方案。流动培训队项目的目标是：实地调查基层教学现状，以多种形式为第一线教师提供业务指导和培训服务，针对提高教学质量的需要，提出改进教学工作的建议，完成流动培训队成效评价报告。

培训活动分四个阶段进行。首先，会同甘肃省专业团体共同组成一支

① 详见我于 1987 年 7 月向澳大利亚昆士兰大学提交的教育管理学硕士学位论文（未发表）*Improving Primary Schools through Professional Development of Principals：Practices in Queensland，Australia and Implications for Gansu，China*。关于对校长专业发展活动的建议，详见《教师研修：国际视野下的本土实践》"专题研究"中的《中小学校长培训工作的项目设计》。

② 本案例素材取自我所发表的两篇报告：《甘肃省女童教育项目教学流动培训队报告》（发表于《JIP 在中国：初教革新与实践》1992 年第 2 期）和《以革新的精神和务实的行动发展女童教育：甘肃省女童教育试验二、三事》（收录于杨立文主编的《创造平等：中国西北女童教育口述史》，民族出版社 1995 年出版）。

由特级教师、青年教学新秀和项目人员为主体的流动培训队，并着手开展深入基层前的各项准备工作，包括专题讲座、示范课程设计等。流动培训队于1992年4—5月先后到通渭、和政和天祝三县开展工作。每个县的调研和培训活动为9天。培训队先后深入每所实验学校（共15所），每校一天（上午听课、调查；下午评课、咨询）；每县5所学校实地调查结束后，培训队集中利用一天时间分析研究当地教学中存在的主要问题，进行有针对性的备课；最后集中3天时间对全体实验学校教师（全县小学教师列席）以示范课和专题讲座的形式进行短期培训。

在历时一个月的工作中，流动培训队行程3000多公里，深入地处贫困山区和高原牧区的15所实验学校，先后听课99节，与农村教师和教研人员座谈（包括评课、咨询等）20余次，举办大规模短期培训班3次，进行示范教学12节，开展专题讲座30课时，累计培训教师2300名。

流动培训队的社会效益和经济效益都十分明显。培训队队员中有的先前组织过短期教师培训，参加培训的每位教师要离岗培训3—5天，得花费上百元，但效果往往难以保证。流动培训按集中培训的2300名教师计算，平均一人投入仅有10元人民币！三个县大多数教师能在短短几天里直接听到、看到省内优秀教师的讲座和示范课程，既省时、省钱，又有明显的激励作用。流动培训队的工作得到了有关地县的全力支持和积极配合。为了扩大受益面，三个县的教育局利用流动培训的机会都安排了全县小学的骨干教师（包括天祝藏族自治县民族师范学校全体师生和临夏回族自治州各县教师代表）参加培训班。广大基层教育工作者高度赞扬流动培训队的工作及其工作模式，普遍认为这是一项具有创新意义的教育尝试，针对性强，实效性显著，在贫困地区具有很大的推广价值。事实表明，流动培训队活动对于开展女童教育项目起到了非常积极的促进作用。时至今日，流动培训队的故事仍然为当地教师所津津乐道。

（二）案例2：学校教研怎么办？

2000年秋季开学不久，北京教育科学研究院党委书记朱全俊派我去北京市西城区的一所中学向老师们介绍国外教育改革的情况。为了了解教师们的具体需求，我事先来到学校考察，了解到该校是所"一般"学校，地处在几所市、区"重点"学校之间，最大的困难是缺乏好的生源，师资也不稳定。一年前，学校在校长主导下进行了一次教育思想大讨论，确定了以科研兴校作为学校发展的突破口。校长意味深长地对我说："我们没有优势，所以搞科研也没有失败的顾虑。"就在这种情况下，他带领全体教师结合各学科教学面临的问题，开展了40余项区级、校级以及学科组和教师个人承担的课题研究。校长本人还率先示范，亲自主持残疾儿童特殊教育实验。介绍情况的学校教科室刘主任脸上流露出焦虑的神情，说道："在这一过程中，我们遇到了许多困难。但是坚持一段时间下来，教研课题活动开展起来了，大家的热情都很高。但教师们平时都很忙，加上不懂教育科研，还没有取得多少好的成果。"也正是因为这个原因，他们想到请"专家"来学校指导、规划。

了解情况之后，我相应地准备了讲座的主题和内容。讲课那天下午，我首先利用半小时时间介绍了学校常用的教育研究方法。随后，全体教师（60名）按学科分组进行即兴讨论。三个小时的研讨产生了颇具成效的结果。现将我提出的问题及教师们的讨论意见简列如下。

1. 在学校开展教育教学研究对教师有什么意义？

（1）促进教育科学为提高课堂教学质量服务。

（2）促进教师更新教育思想，提高自身素质。

（3）促进教师总结反思自身实践经验，探索教育教学规律，成为研究型、创造型的教师。

（4）促进教师互相学习、合作，形成团队精神。

2. 教师从事教研工作面临的主要困难有哪些？

（1）时间太少。

（2）缺乏有激励性的管理支持，从事教育实验缺乏安全感（只能成功，不能失败)。

(3) 缺乏教育信息，外出机会和课题机会少。

(4) 缺乏教育科学理论素养和教育技术支持。

(5) 缺乏自我更新意识和团队精神。

3. 当前教学工作中急需通过研究加以改进的问题主要有哪些？

(1) 教师怎样成为教学设计者？

(2) 师生在教学中的角色及其互动关系为何？

(3) 如何激发学生学习的积极性和自信心？

(4) 如何提高教学效率？

(5) 怎样有效地改进教学方法，如依据学生兴趣组织教学、尝试新教学方法等？

(6) 怎样拓宽学生的知识来源？

(7) 如何改进考试与教学评估制度？

4. 怎样以教研为机制改进学科组的教学工作？

(1) 坚持把教师当作专业伙伴进行交流、切磋，提高教研组活动的质量。

(2) 与其他学科教师进行合作互补。

(3) 研究学生的思维规律，并据此改进教学。

(4) 结合教学难题，设计研究课题。

在和老师们完成上述专题研讨的基础上，我尝试着对大家通过讨论所形成的新的共识做简要归纳，其中包括：第一，教育科学与教师的专业发展密切相关，教学研究的过程就是教师自觉探索、运用教育规律的过程，也是学生、教师双方共同受益的过程；第二，提高教学效率需要教师具有更多的人文关怀，努力体察学生的需求，激发他们的学习主动性，帮助他们不断获得学习的成功感；第三，学校要建立支持教研的管理机制，增强教师的自我更新意识，鼓励教师的创造性探索，组织各种形式的教研课题，争取在实施素质教育、提高教学质量方面取得新的突破；第四，本次研讨活动，既是一次针对大家深化教研工作的专题性讨论会，同时也是一次体验式的教师互动学习的教育活动。它表明，教师在反思自身经验的基础上，有能力通过交流合作进行有效学习。

三、案例解读①

通过上述实地工作，我对于教师专业发展的特点形成以下认识。

第一，教师作为具有较高知识水平、专业技能并肩负重要社会责任的专业群体，必须是自觉的终身学习者。教书育人的社会职责、课程内容的更新，尤其是儿童学习方式的不断变化，都要求教师必须不断地学习，改进自身教学方式，这样才能适应全社会的需求。另外，学习也应是广大教师的自觉追求。他们通过学校教育获得相对系统的专业知识和学习技能，并在教学实践中积累不同程度的教育教学工作经验。因此，开展教师在职继续教育，既是教育事业发展的必然要求，也应是广大教师的自觉行动。

第二，教师具有明确的学习目的。他们大都承担着繁重的教育教学任务，学习的机会很少（脱产集体学习的机会则更鲜而有之），能用于学习的时间也有限。因此，只有当学习活动目的明确，能够带来某种可以期待的积极结果（例如，获得新的观念、知识，或者掌握一项新的技能或方法，或是获得更高层次的学历等），才能唤起他们的学习动机和全程参与的积极性。总之，教师期望通过学习，能够不断提高自身的认知水平和实践能力，以便更有效地履行教师专业职责，并获得相应的社会认可。因而，教师专业发展活动必须针对他们的实际需求及学习条件进行设计，才具有适切性。

第三，教师更适合于体验性的问题解决学习。教师无论参加讲座、研讨、自学还是采用其他方式的学习，其学习成效的高低，都取决于这种学习与他们已有经验及面临问题的相关程度。这不仅是因为"就知识的总体

① 张铁道. 关于体验式教师培训方法的个案研究：兼论促进成人学习的若干原则 [J]. 教育科学研究，2001（5）：20-24.

来说，无论何种知识都是不能离开直接经验的"①，"知识只有由学生自己构造出来的才对他们有意义，才变得可以理解"②。我还进一步认为，有意义的学习应该能够验证他们实践的正确性，让他们可以明辨进一步学习的需求，帮助他们重新认识自身实践中遇到的难题或困惑，并从中获得学习的成就感。因此，有意义的专业发展活动必须介入教师的切身体验，并能使他们从新的体验之中获得对于改进自身教育行为的启迪。

第四，教师通过平等的互动交往进行学习会获益更多。丰富的教育经验是他们自身专业发展最为重要的资源。继续教育活动组织者的关键作用，在于为教师参与交流、合作学习创设有利的条件，使他们能感受到自己及他人的专业发展之间存在着相互依存关系。国外学者关于"共同学习方法"的研究指出，当人们为了一个共同目标而工作时，自然形成一种团结的力量。还有学者已经验证，合作学习有助于唤起学习积极性，增强解决问题的能力和决策的能力，激发更大的创造力。③为此，教师专业发展活动应努力创造一种宽松、民主的人际氛围，激励人人都能无所顾忌地在学习过程中，为促进自身专业发展的共同目标做出每个人的贡献并从中获益。

第五，教师肩负着繁重的教学责任，能用于专业学习的时间短暂而且十分零碎。因此，各种学习活动就应具有专题性、快节奏的特点，不仅应注重参与过程，还应注重学习的实效性。这就要求双方事先都应有充分的准备，全身心参与研讨过程，事后能及时形成可以用来促进自身学习、改进教学的成果。

第六，以上这些特点能否用来促进教师的专业发展，在很大程度上取决于组织者的综合素质和专业能力水平。尤其重要的是，他们必须是上述终身学习思想的积极实践者，能够发自内心地尊重教师，愿意平等地与他

---

① 毛泽东. 毛泽东选集：第一卷［M］. 北京：人民出版社，1968：265.
② 胡森，波斯特尔斯威特. 简明国际教育百科全书：教学 上［M］. 中央教育科学研究所比较教育研究室，编译. 北京：教育科学出版社，1990：76.
③ 胡森，波斯特尔斯威特. 简明国际教育百科全书：教学 下［M］. 中央教育科学研究所比较教育研究室，编译. 北京：教育科学出版社，1990：269.

们一起探究共同面临的问题，并借此丰富自己，从而使研讨活动成为全员参与、人人受益的教育过程。

第七，教师专业发展是一个不断持续的过程。教师获得自身专业发展所需要的知识、学习技能和态度价值观念的转变，增强自身的教育实践能力，是一个持续学习的过程。而实现这一目标，就需要借助他们既有的亲身体验开展研修学习，形成实践共识并辅以相应的后续活动才能奏效。

四、促进教师专业发展的若干策略

学习主体的发展水平决定着他们感知事物的方式；对于教师来说，只有亲自参与学习过程，才能更为深刻地认知。因此，如何顺应教师的学习方式，促进他们的专业发展，就成为本项研究的归宿。

基于上述探索，我认识到，在中小学教师继续教育中，尤其是基层学校组织的教师业务活动中，应更多地介入教师的直接体验，即组织教师针对教育、教学工作中迫切需要改进的具体问题开展集体分析、探究，并形成可能的解决策略。

第一，应以教师的教学实际需求为前提，以问题解决为过程。专业发展活动应依据国家实施素质教育的目标、学校教学改革的要求和对象群体已有专业知识和教学实践基础及发展需求来设计。为此，组织者应事先采用多种方法进行需求调查，从中筛选出需要优先解决，并能通过干预在有限时间内产生预期效果的问题作为探究主题。例如，"怎样做一名受学生欢迎的好老师？""如何引导学生获得良好的学习方法？""如何帮助学生适应学习方式的转变？""怎样改进家长会制度？""怎样评价学生更富有激励性？"，等等。所有这些都在于为教师提供自主思考、共同探究、相互启迪的任务情境，并促使他们通过集体努力，获得解决共同问题的可行方案。

第二，教师专业发展活动应有利于全员参与。除了选题有较高的适切性、挑战性之外，还需综合采取一系列支持性的组织手段，使每位教师都能无拘束地参与其中。例如，每次活动的人数以 20—50 人为宜，过少或过多都会影响互动研讨的质量；多种学习形式（如大课讲授、小组活动、个别学习、集中交流等）交互使用，使学习者可以有适合自己的、不同层次的介入；应用多种媒体（如阅读材料、幻灯片、招贴画、墙报、挂图、角色扮演、音像材料等），加强学习者对研讨主题的直观感受和增加信息含量；尽可能鼓励每个人都有平等的参与机会，从而使每个人都能体验到：自身及他人知识经验的价值只有通过平等交流才能共享，只有通过互补优化，才能升华为共同发展的宝贵资源。

> 自身及他人知识经验的价值只有通过平等交流才能共享，只有通过互补优化才能升华为共同发展的宝贵资源。

第三，集体参加的教师专业发展活动应注重成果产出。一项教育活动的成功，不仅在于学习者对过程的参与，也在于由学习过程产生的结果。因此，注重体验的方法应尊重教师个体的既有体验，促进教师群体的经验分享和共识建构，并能形成对特定问题的新见解或改进教育工作的计划方案和实施策略等。这些成果可以是研讨会纪要或是若干专题研究的总结，也可以是后续活动的行动计划等。

第四，教师专业发展活动应纳入教师的已有经验并积极干预他们的实践行为。因而，应强调参与学习双方的前期准备和后续实践。学习者对将要体验的研讨内容要有实践和认识的基础，并有合作的意愿。为此，组织者可以事先向参与者预告研讨的主题，以便学习者做好参与的准备。学习任务完成后，组织者应引导教师及时对已有体验进行归纳，帮助他们深刻体认自身学习的本质。

第五，教师专业学习活动作为群体参与的开放性学习，需要相对宽松的环境和支持性条件（如宽敞的教室、投影设备和各种书写工具），以便分组活动及进行直观的信息交流。研讨的结果，尽管可能会有点粗糙，但最好能尽快整理好，并作为集体成果发到与会人员手中。

第六，学习活动的组织者（也可以是教学小组）的作用至关重要，应从理论与实践相结合的角度选拔、培养教师专业发展业务人员。各级教师培训机构也应鼓励教学人员研究、尝试在职前和在职教师培训中探索有效的方法。

第七，开展关于促进教师专业发展的实践与理论研究。在实践方面，可以从采集国内外大量培训教学个案入手，积累丰富的研究资料。在有条件的情况下，还应借助现代媒体技术对学习过程进行记录。在理论层面，应就教师专业发展所涉及的微观问题，如教师（即学习者）的主体性、组织者的角色、学习内容、学习过程、学习成效评价及后续活动设计等问题进行理论探索。此外，还可以以体验法为突破口，研究教师专业发展的方法论体系。在实践策略层面，应在上述工作的过程中，研制开发多种媒体形式的教学指导书或培训资料，并开展相应的研修专业人员培训。

构建支持教师能力发展的研修制度[①]

北京市吴正宪小学数学教师工作站从 2008 年正式启动至今，已经走过不同寻常的十年发展历程。工作站培养了一大批优秀教师，创建了在服务基层教师发展中发展专业能力的工作理念及建构有成效的教师研修制度等方面的创新成果，工作站探索的团队研修机制已被全国各地 40 余个分站自发推广。工作站的成功不仅得益于吴正宪老师数十年探索积累的儿童数学教育成功实践与理论及她本人的专业影响力，得益于全体团队成员的团结奋进和各方面的支持，还有一个十分重要的因素，那就是我们共同创建和坚持奉行了促进教师教学实践能力提升所需要的团队研修理念、运行机制与实践策略。

一、价值取向：聚焦教师教学实践能力的发展

多年来，我们围绕优秀教师专业特征主题深入基层中小学开展的调研都显示，受学生欢迎的优秀教师一般具有以下特征：他们热爱自身从事的教师职业，愿意将教学作为实现自身社会价值的终身追求；他们具有健康

---

① 本文原载于《中国教师》2018 年第 6 期，收入本书时有修订。

的身心素质，能够承担富有挑战性的、繁重的教学工作；他们具有较为扎实的学科知识，熟悉课程与教材内容；他们了解对象群体身心发展特点，能够主动适应儿童认知、行为与情感等方面需求特点开展教学，善于激发学生的学习兴趣，使之积极投入学习过程；他们具有扎实的教学知识和实践能力，能够按照一定教学主题，有效整合教材内容和儿童需求进行教学过程设计，能够带给学生愉悦而有成就感的学习体验；他们具有较强的教学研究意识和能力，善于借助评价教学成效、总结教学经验，不断建构自身具有应用价值的教学知识与实践研究成果。除此之外，他们还具备鲜明的个性特点和感染力，使得学生能够"亲其师、信其道"。大量事实表明，凡是能够唤起少年儿童高质量学习体验的教师，大都不同程度具备上述优秀品质。①

上述专业素养和实践能力历来也是广大基层教师追求的目标。然而，来自学校领导和基层教师的反馈表明，现行在职教师的专业学习方式还不能有效适应教师的能力发展需求，具体表现在：对于基层教师开展的自主学习和业务交流缺乏有效指导；教师获得的培训和教研服务大都因循相对单一的"传授—接受"范式进行；教师培训对于儿童的学习需求以及教学实践能力还没有给予应有的关注；现有教师培训普遍缺乏"专业学习"与"实践改进"之间的有机互动与能力建构。由于缺乏连贯一致的教师专业能力引导和干预机制，专家所传授的理念、优秀教师所展示的技能往往难以有效地内化为基层教师的专业素养和执教能力。②

上述实际需求与研究基础，就构成本人承担工作站团队研修制度设计的基础。

---

① 参见：张铁道.在儿童体验中感受为师之道［M］//张铁道，苏学恕.孩子心目中的好老师.上海：华东师范大学出版社，2012：3-12；张铁道，梁雅珠，孙璐.提升民族地区教师专业能力［J］.中国民族教育，2015（10）：54-57；张铁道.将个体经验汇聚为群体资源：教师同伴研修的理念与实践策略［J］.人民教育，2008（12）：50-53.

② 参见张铁道策划、刘芳主编的《多元互动 同伴研修：以教师经验作为研修资源的实践探索》（中国轻工业出版社，2008）和张铁道策划，王林华、黄晓玲主编的《智慧班主任的头脑风暴：学生需求研究》（清华大学出版社，2009）。

二、工作站团队研修制度及课程规划

围绕吴正宪小学数学教师工作站的目标定位、运行方式及预期成效等问题，我们针对教师培训及教研工作中普遍存在的专业能力发展缺失问题进行了反复研究，并在此基础上形成了以注重增强教学实践能力为主旨的工作站实施方案。我们提出，设立这个工作站的目标就是充分利用特级教师吴正宪的数学教学专业经验与研究成果，使工作站成为发展北京市小学数学优秀教师的专业资源平台，在培养优秀教师的过程中，开发科学可行的教师研修课程资源，为提高全市小学数学教学的专业化水平提供有效服务。①

教师专业能力发展需要目标明确、内容翔实、过程连贯的课程支持。为此，我们经过反复多次讨论，制订了吴正宪小学数学教师工作站专业学习课程计划。② 其主要内容包括：

第一，引导团队成员聚焦数学教学。团队要求每位成员首先要深入理解数学教育，认真学习国家的课程方案，研究小学数学课程内容与教学标准，分析小学数学教材和相应的数学教学资源，从而不断增强全体成员认识和把握小学数学教学的专业能力。

第二，认识儿童的需求，包括他们的生理、心理特点，特别是儿童学习数学的基本特点及其对于教学方式的需求。我们主张，只有深刻理解儿童学习特点和内在需求，才能有针对性地规划设计和引领儿童体验数学的教学过程和教育价值。

第三，学习吴正宪老师的教学实践及其专业成长经验。以吴老师的教学理念及成功实践为课程资源，就是要探究她的丰富课堂教学实践所体现的教学方法和教学风格，研究吴老师的专业成长过程、她自身的专业素养

---

① 参见：北京教育科学研究院基础教育教学研究中心《关于建立吴正宪小学数学工作站的实施方案》（2008 年 6 月 18 日）。

② 2008 年 7 月 3 日，吴正宪小学数学教师工作站在北京市海淀区中关村第二小学举办了首次主题研修活动。本人在本次会议上首次提出上述课程构想。

以及她自身教学方式所体现的教学价值观。团队成员应以吴正宪的专业发展历程和教学经验作为自身研究主题，从中深刻认识和学习吴老师的教育理念、专业品质、课堂实践和教学策略，并形成有特色的研究成果。

第四，研究新课程。2001 年以来开展的基础教育课程改革的教学经验和教训之中，蕴藏着丰富的教师学习资源。为此，每个团队成员都应当认真总结个人的、所在学校的及区县的小学数学教学实施过程中积累的鲜活经验、成功课例、高质量资源，并且用已有的经验来验证、诠释、完善我们的数学课程方案、课程标准和教材。特别需要大家关注的问题是：教师的教学方式、学生的学习方式在哪些方面发生了变化？这些变化是哪些因素引起的？为了使我们所期待的学生变化能够持久，我们自己的教学方式应该做哪些调整？在教和学的评价标准和评价方式方面，应当有哪些新的、更加符合儿童特点的教学规范？

第五，研究团队成员自身资源和团队专业工作体验。工作站充分尊重每一位教师的实践经验；引导团队成员关注、分享他人经验；并借助为基层学校提供教研服务的社会实践，帮助团队成员在富有挑战性的专业工作过程中获得能力成长体验。因此，团队倡导同伴互为资源、团队合作学习、在成就他人成长过程中丰富自己的学习理念。

> 团队倡导同伴互为资源、团队合作学习、在成就他人成长过程中丰富自己的学习理念。

第六，加强对于实践的研究和理论的学习。工作站的成员都要承担一定主题的研究任务。在入站研修期间，每个人应该至少有一篇体现自身学习、实践努力和研究能力的具有特色的实践研究成果（可以是一堂课、一个课例、一个专题发言、一个 PPT，或是一篇研究论文）。此外，团队还应通过研究和研究成果的传播，提升工作站在全北京小学数学教师乃至全国小学数学教育界的影响力。

第七，探索实践有效的团队研修机制。我们认为，有效的教师团队研修至少包括以下原则：要注重根据团队成员的需求来确定主题；设计全员参与的主题学习与研究过程；注重在富有挑战性的问题解决和资源开发任务中积累经验、发展能力、历练队伍。同时，借助市级工作站和区县分站的互动合作，形成"1+5+N"的形式（即工作站+5个远郊区县分站+广大基层教师），使之成为多方参与、多向受益的研修服务机制。

第八，建立终身学习的共同愿景。工作站倡导每一个团队成员都应践行学习文化，做热爱学习、善于学习并且能够引领基层教师学习的模范，通过两年的研修，成为具有专业精神、善于开展教学实践、善于与人合作、善于总结研究，受到学生认可、同伴认可、导师认可的优秀教师。

针对以上关于促进工作站团队专业能力发展的课程规划，我们构画了以下图示。①

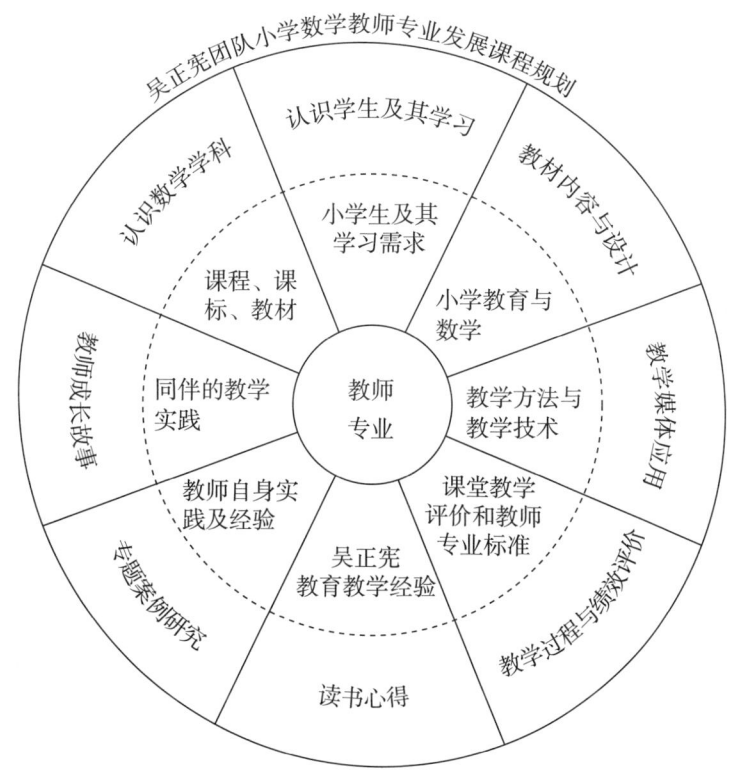

---

① 本图示基于 2008 年 8 月 14 日工作站讨论结果整理。吴正宪、张秋爽、宋燕晖等提供了帮助。

三、专题资源建设与研究制度

在工作站开展创新实践过程中，我们围绕研修活动要素及其成效要求，确立并坚持了"巧在设计、重在实施、成在后续、落在资源"的实践策略。例如，为了给基层农村学校提供到位服务，吴正宪带领团队成员先后五次深入地处北京远郊深山的延庆花盆村小学，开展连续不断的教师行为干预。工作站坚持每次活动之前都开展需求调研，汇集高质量实践创新案例及专家资源。每次活动结束后，都有汇集全部文字、图片和音像资料的资源档案。团队成员边实践边总结，自2010年以来，先后在《光明日报》《中国教育报》《人民教育》等国内学术期刊及新闻媒体（包括自媒体）发布了数以百计的实践案例研究报告。还与教育科学出版社、北京师范大学出版社、华东师范大学出版社等国内一流出版社合作出版了20余种专题成果。

实践表明，引导教师开展各种专题资源开发与专题研究，不仅能够带给他们极大的成就体验，为更多同行提供可资借鉴的专业资源，更重要的是，还可以有效地促进他们从经验型教师向资源型、专家型教师的深刻转变。

以上，我们谨就吴正宪小学数学教师工作站建设过程中所奉行的教师专业能力基本发展理念与具有实效的制度建设做简要回顾。实践过程中，这种注重发展理念与运行制度的做法还有很多。

作为项目的设计者和实施者，我们深切感受到：创建富有成效的混合式研修课程及其实践模式所具有的创新意义在于，有效统合在职教师教学专业实践能力发展所需要的学习、实践与交流、分享与合作机制，共同建构一个个支持教师发展的专业学习与实践改进的社区。

创设有益于教师能力发展的混合课程[①]

教师素养及其工作绩效是保障教育机构教学质量的根本要素。师范教育的系统学习为职前教师打下专业知识基础，而教学实践能力的发展则取决于他们入职后长期教学实践及经验的积累。因此，教师在职专业学习对于促进他们的专业发展和职业成就体验至关重要。

鉴于此，我们于 2011 年开始探索如何将优秀教师的成功教学经验转化为有助于教师群体实践能力成长的网络研修课程，以回应教育行政部门对于扩大优质资源覆盖面与基层学校增强教师教学能力的紧迫需求。为此目的，我们与北京教育科学研究院吴正宪小学数学教师工作站、北京市教育学会陈鹤琴教育思想研究会及北京零度智慧科技有限公司合作，先后开发了"北京市小学数学教师网络研修课程"和"北京市幼儿园新入职教师网络研修课程"。我们的课程项目得到了北京市教委专项经费支持。2012—2015 年，上述两门特色混合课程每期 3 个月，先后共举办了 11 期，8600 多位一线教师高质量地完成了课程学习，完成率高达 95% 以上。这类由学员专业阅读、现场教学、在线课程学习、微信专题交流和岗位实践

[①] 本文原载于《开放学习研究》2016 年第 4 期，收入本书时有修订。

应用等方式共同建构的混合式教师研修课程被教师们誉为"暖心给力"的大课堂。

在过去五年的持续探索过程中，我们自觉遵循成人学习与能力发展的客观需求，确立了线上线下为一体的混合式教师研修的理念及其实践机制，并通过迭代更新方式不断完善了能够彰显"互联网+"潜在优势的教师研修课程与教学制度。

混合式教师研修课程的成功实践使我们积累了对于教师专业能力发展的全新认识。

第一，教师作为具有一定专业知识和教学实践经验的成人学习者，希望能够有机会与同行交流分享自己的教学经验，并在专家和名师指导下解决自身教学实践所面临的实际问题；同时，他们也期望通过参加专题学习开展同伴分享，建立自己的"朋友圈"，并借此寻求有益于自身专业发展的成就体验。我们将这种互为资源、有取有予的在职教师互动学习称为"教师研修"。学校教育情景中的教师研修，主要表现为教师群体围绕大家共同关心的问题，根据自身已有的知识与经验，在组织者的引导下，开展个人反思、平等交流与后续实践改进的能力发展性学习过程。

> 学校教育情景中的教师研修，主要表现为教师群体围绕大家共同关心的问题，根据自身已有的知识与经验，在组织者的引导下，开展个人反思、平等交流与后续实践改进的能力发展性学习过程。

第二，根据教师专业发展的具体需求，聚焦他们教学工作中最为紧迫的实际问题和既有经验。实践证明，充分利用一线实践者的真实经验作为有价值的研修资源，组织互动交流、开展经验总结并组织持续性的实践改进，对于促进教师的能力发展更有针对性和实效性。为此，我们在研修活动中坚持需求调查、能者为师、全员参与、实践跟进的研修原则，力求引导教师更多地关注自身"并不完美的资源"，即自身的实践经验的价值，分享借鉴同伴的成功经验，进而激发他们改进自身实践的积极性与行动能力。

第三，为了实现促进教师专业实践能力成长的目标，我们从课程规划方面采用"夹心面包式"或"脚手架式"的研修策略，即聚焦实际问题或特定任务开展以"研修—实践—再研修—再实践"、以问题解决为能力成长和资源建构的学习过程。

第四，有效的教师研修不仅是一个相互促进、共同进步的学习过程，也是一个专业特色资源创建的过程。实践表明，在教师研修及其后续实践基础上形成的研修成果（如成功的教学方法与教学策略、实践案例与专题研究等），往往具有更强的实用性、针对性和成就体验性。研修过程中形成的，特别是后续实践过程中积累的实践案例，可以成为最有价值的课程成效的评估指标，并由此构建不断更新的专业资源。我们的大量实践表明，在完成有意义的研修任务过程中所形成的学习社群和同伴群体，往往具有很强的团队凝聚力、交流合作能力和实践创新能力。

第五，教师研修活动的规划与组织是创设全员参与互动学习并从中获得能力成长的专业发展过程。为此，研修课程的组织者应当善于根据研修任务或主题和对象群体需求，设计由浅入深的、让参与者有话可说的问题链，并能够在大家参与基础上形成有价值的资源建构和后续实践的建议。参与者结合学习改进自身教学的实践案例，作为课程学习的最终评价依据。此外，我们的实践还表明，研修活动的组织者扮演着设计者、引导者和成果分享者等角色，因而组织研修活动也将成为一项能够带给实践者以高度成就体验的全新专业工作。

第六，应用移动互联技术创建大规模开展混合式教师研修课程的创新实践。在过去五年的实践过程中，我们创建并不断完善了以"现场学习"与"线上学习"相结合的混合式教师研修课程。让我们欣慰的是，在上述实践探索过程中，一大批志同道合的骨干教师和基层中小学校长、教研员

> 研修课程的组织者应当善于根据研修任务或主题和对象群体需求，设计由浅入深的、让参与者有话可说的问题链，并能够在大家参与基础上形成有价值的资源建构和后续实践的建议。

已经自觉成为混合式教师研修理念与课程的积极践行者，其中许多人如今已成为不同学校和不同学科领域开展混合式教师研修的骨干力量。

总结过去五年我们利用远程教育技术创建混合式教师专业学习社区的实践，我深切感受到：应用课程规划和项目机制整合优质教育资源和移动互联技术支持，达成促进教师专业实践能力发展的预期目标，我们在秉持教师研修理念前提下主要把握了以下八个方面的关键要素。

能力定位：基于基层教师群体专业发展的实际需求，以教师面临的实际问题和相关经验分享及实践改进为学习过程，并以教学绩效的提高为评价课程、促进实践能力发展的标准。

制度设计：围绕保障教师教学实践能力成长所需要的相关因素构建基本的研修制度，包括基于专题与实际问题的模块课程与教学制度、能者为师的导学制度、不受时空局限的移动与网络交流制度、注重实践应用的作业制度、重在资源生成的学习与传播制度，以及引导学习者改进自身实践的绩效评价制度等。

专业导学：邀集有成功实践经验和指导能力的优秀教师组成主讲教师和导学教师团队。组织成立学习小组和导师指导下的学习大组。组织学员开展自主学习、小组交流、组际互动，并借助网络和微信群在多层次沟通分享过程中结成指导教师与学员之间互为资源的专业学习社区。

课程资源：针对教师实际问题确定学习主题、预设相关专题资源，借助不同主题研修活动不断吸纳来自学习者的实践案例资源，由此形成借助全员参与的问题解决、众筹学习、互动建构、课程模块建构过程，不断丰富并建成具有专业资源价值的课程。

技术支持：借助专业技术公司支持，创建以自主在线学习、现场教学、微信群交流空间、基于微信公众号的资源推送、微信语音会议和网络视频直播课堂、大数据分析及其他技术手段，共同构成的覆盖全员、不受时空限制的学习空间，实现便捷有效全覆盖的广域学习和深度学习。

作业设计：设计回应学习者实际需求的、能够激发学习者积极参与和实践改进的学习主题与任务；采用问题链引导学习者开展有意义的反思与交流；采用作业任务驱动，促进学习者将感性体验理性化，开展有效的小组合作；以项目学习方式激励学习者应用所学改进自身教学实践，并完成相应实践案例；以导师评价和小组互评相结合的方式引导和促进学习者对作业的改进与完善。

合作机制：面向基层学校开展以教学能力发展为导向的混合式教师研修，离不开教育行政部门和基层学校的支持，离不开专业机构领域专家与优秀实践者的配合，也离不开教育技术机构的保障与服务。此外，还需要充分利用社会专业人士和各种在线的教育资源。因此，混合式教师研修组织者的合作意识与协调实施能力至关重要。我们的实践表明，教师研修课程的提供者必须具备很强的项目规划、社会协调与组织能力，并以自身的专业精神和业绩赢得各方支持。

成就体验：创建和维系教师专业学习社区最关键的决定因素还在于，能够带给所有参与者以成就体验。具体而言就是：教师通过学习能够更加胜任自身教学并从中获得职业成就感；导学教师在帮助他人学习过程中赢得青年同行发自内心的认可和尊敬，也从中梳理自身的实践经验；技术服务与项目服务人员借助学习支持，也从中深切体验到技术助力高质量教学的潜在价值；项目规划与组织者则在各方面的参与支持下，共同创建了具有社会信誉的混合式教师研修课程。实践表明，创建混合式教师研修课程让所有参与者都获得十分难得的专业成就感和团队归属感。

教育引导：一种全新的众筹教学方式[①]

    我参加过许多不同类型的课程学习与创建，但由教育科学出版社（简称"教科社"）主持的"首届教育引导培训师内训营"课程却成为让所有参与者从中获得真实能力成长体验的、最具挑战性也最有实效的课程。我为自己能够有机会加入教科社召集的由如此多优秀同学组成的一个高水平学习集体，能够有幸在极富专业素养和人格魅力的美国引导大师布鲁斯·威廉姆斯（Bruce Williams）先生引导下学习和工作，而感到特别庆幸。我意识到，正是凭借这次难得的学习机会，我们大家接触到一个可能会拓展我们专业能力、改变我们的教育方式，甚至可能会让我们的职业生命焕发出"另一种可能"的重要机会。

    教科社刘灿老师邀请我配合布鲁斯先生共同担任指导老师。其实，在本课程中，特别是在初期阶段，我更多的也是一个学习者，在课程实施过程中向布鲁斯学到了很多。例如他在引导式教学课程设计、引导技能的训练方法，特别是他个人作为示范引导者的专业品质等方面，都让我获益匪浅。

---

    ① 本文原载于《未来教育家》2018 年第 5 期，收入本书时有修订。本文系本人于 2018 年 1 月 21 日在教育科学出版社首届教育引导培训师内训营结业仪式的总结发言基础上充实而成，初稿由张晓老师协助整理。其中，"引导"或"引导式学习"的英文为"facilitation"或"facilitative learning"。

一、体验——能力发展导向的学习方法

来自全国各地的 27 位专职引导师与有志于从事教育引导专业的在职教育工作者，历时一年多，先后完成了 4 期严格的专项培训与专业实践，绝大多数学员最终通过考核获得了"教育引导师"的专业认证。在上述教学过程中，大家接触最多、感受最深的就是"体验"。大家深切感受到，布鲁斯先生之所以认为"体验"是引导的关键，主要在于体验就是一种以对象群体能力发展为导向的学习过程与方法。它不仅代表参与者既有的相关经历及在互动讨论过程中逐步建构的经验，鼓励学习者分享各自体验，借助众筹合作建构更有意义的共识，还能预设未来更有价值的体验（即未来实践）。因而，精心预设并引发参与者获得的"体验"便具备了自主、分享、建构、迭代、实践导向等方面的特征。此外，体验式学习的路径与结果也是可视化的，因而能够带给参与者很大的成就感。

回想我们获得教育引导师资格证书过程所经历的专业学习，各位学员都不同程度接触过引导的概念，有的学员甚至都能够熟练开展不同对象群体的引导式教学活动。我们在连续 4 期课程学习过程中总共开展了为期 12 天的理论与方法的集中学习与练习。另外，大家还在历时一年的学习过程中开展了自主实践，并完成了规定的专业阅读与案例作业。让我们记忆犹新的是，每一期课程都有很多"烧脑"场面，大家在布鲁斯先生引导下开展了许多"焦点讨论"，每一期都发生了大幅度迭代升级，而且越来越接近真实现场。同时，我们除了面对面的现场学习，还利用微信空间及学员之间的多种形式交流，不断增强学员之间的分享交流与团队建设。这种问题驱动的体验式互动学习，从方案设计、教学双方的准备到每一个教学环节的实施，再到学习成效的评估总结，让每个人都不敢懈怠，并通过不懈努力获得了富有成效的学习。

我们的亲身体验说明，精心设计的学习过程及参与引导过程所产生结

果的"可视化",是我们在今后开展引导式教学过程中必须坚持的一条非常重要的原则。因为可视化给了我们看得见的思维,看得见的学习进步,还有看得见的学习结果,并带给学习者和引导者双方更为真实的能力成长的学习体验。

二、引导力发展

我们通过体验深切认识到,引导者为学习者提供了有主题、有结构、有成就预设,充满开放性的学习过程。换言之,引导式教学就是引导者围绕一定话题或任务,组织参与者开展交流与分享,分享个体经验,达成团队共识,研制实践对策的过程。引导式学习是一种有助于参与者(包括主持人)实现多赢学习、能力成长和团队建设的有价值的学习过程,是一种集思广益的可行方法,也是一种暖心给力的众筹学习理念。引导的最大潜力在于,能够有效地增强学习者的自信心和行动能力。

> 引导的最大潜力在于,能够有效地增强学习者的自信心和行动能力。

如今,经过引导师专业资格证书要求的系统学习,我们已经初步获得了引导式学习过程的设计与实施技能,而且每个人都经历了接近实战的考验。回想一下,我们是如何获得引导的初步能力的呢?

一是专业学习。在四期培训过程中,我们有精要的理论学习,也有高密度的技能训练,特别是布鲁斯先生以自己丰富、富有激情的引导实践,为我们自始至终地进行了作为专业引导师所应具备的专业素养的亲身示范。他为我们所展示的不仅仅是教学,更多的是他精益求精的专业精神与极具感染力的人格魅力。

二是自主实践。大家都会结合自身工作以及通过教科社项目进行实践,有设计方案,甚至有实施之后的信息传播分享。其实,我想强调,在成功开展现场引导活动基础上,还应开展研讨过程及其结果的加工整理并编写案例。这是一种需要花费更多精力,但却有助于能力发展并能带给我们持久成就体验的建构性学习。

三是引领他人。帮助或带领他人学习引导实践更是一种有效的输出性体验式学习。我们将来都可能会参与引导式教学活动的专题课程设计与具体实施，或承担今后开展的引导师专项培训和实践指导。实践表明，引导他人往往能够带给我们更为深刻的专业学习。

三、引导的质量

　　引导式教学的质量，在我看来，主要取决于四个因素：设计有价值的好问题，组织有意义的收敛，激发参与者的实践动机，提供后续支持与服务。

> 引导式教学的质量，主要取决于四个因素：设计有价值的好问题，组织有意义的收敛，激发参与者的实践动机，提供后续支持与服务。

　　如何创设一个有价值的好问题？ 从现实需要来看，好问题对于参与者及其所处环境有针对性和可解决的预期。**这就需要开展需求调查，在了解委托单位领导（客户）及参与者的现实关切与现实条件之后协商确定主题**。实践表明，一定主题的引导过程还需要有系列内在联系的小主题（如围绕一定主题，按照相应逻辑结构建构的话题链）。需要补充的是，如果参与人员超出我们的预期，也可以将不同问题分配给不同小组（或几个组），依次交流分享中仍然能够构建完整意义的共识。也可以采取微信群方式，将无法参与小组讨论的对象组织起来，鼓励他们就有关问题发表个人意见，或对小组发言进行补充。实践表明，这些做法也十分有益于开展更为广泛的、吸纳更多反馈的引导式学习活动。

　　有了有价值的问题与丰富反馈，还需要开展有意义的收敛，才能带给参与者应有的成就感。将借助头脑风暴获取的众多信息进行归纳和收敛，是考量引导师专业能力的一项基本功。引导一个群体开展讨论并形成有意义的共识、导向有意义的行动，就需要搭建脚手架式的问题链，涉及活动目标、活动领域、拟采取的行动、工作机制及预期产出等。我的实践体会是，在借助"头脑风暴法"以及"卡片风暴法"等激发参与者贡献经验与智慧前提下，还应采取分类、命名、排序等方法，将来自不同个体的资源进行加工整理，使之围绕一定主题形成内容翔实、逻辑清晰的共识，以便为编制实际可行的后续行动方案创造有利条件。

引导式学习的价值还在于激发行动。作为引导师，我们并不仅仅满足于创建烧脑的现场，还应努力激发起参与者后续实践的积极性。如果对象群体（特别是委托方负责人）愿意在形成共识基础上启动实践改进，那么我们就需要准备开展后续跟进服务。那恰恰是每一位专业引导师最为期待的实现"引导促进变革"的重要契机。借此，我们也就有了赢得客户依赖，确立自身专业口碑的机会。

信息化手段也是引导师维系对象群体建构认知、建立伙伴关系的重要手段。基于对象群体的需求和主题，我们除了现场活动外，还可以借助微信群、网络、电话等多种方式提供专题信息推送，开展非正式的专题交流，保持后续跟进服务与指导。改变，主要取决于对象群体的集体意愿及努力程度。作为引导者，在激发对象群体变革意愿前提下，可以提供持续不断的团队的引导服务和必要的行为干预。

四、引导师的实践能力

不言而喻，教育引导的努力能否奏效，在很大程度上，取决于引导者的专业素养、人格魅力与促进团队学习的实践能力。让我们最为受益的是，布鲁斯先生作为一位令人尊敬的引导大师，自始至终表现出非凡的专业感染力。他的行为昭示我们，一名引导师应该具备较为全面的素养，具体表现为循循善诱、风趣幽默、善于体察、富有感染力、具有超常学习力等。因而，他总能带给对象群体以全感官参与的、有成就感的学习体验。虽然布鲁斯先生所具有的素养与境界我们目前还远不能企及，但还是可以确定，他的专业品质和工作状态是我们努力去达成的目标。例如，具备全面的个人素养，具备设计与组织引导活动的能力，善于实施众筹学习过程，具备较强的表达能力（语言、表情、体态），具备务实的工作作风，具有较强的人际亲和力和幽默感等。总之，作为引导师，我们首先必须成为学习的专家、促进他人学习的专家，这就需要在承担引导师任务的过程中不断地去全面修炼，才能逐步适应承担引导职责所需要的专业能力。

一名引导师应该具备较为全面的素养，具体表现为循循善诱、风趣幽默、善于体察、富有感染力、具有超常学习力等。

为了使教育引导师成为社会认可的专门职业，我觉得每一位引导师都应该努力做到"会引导、有成效、可持续"。

"会引导"指的是：培训者能够依据研修主题和参与者既有经验与需求，设计和实施实际可行的引导式主题及其过程活动。实践表明，能否创设有价值的好问题、引导参与者反馈并实施有成效的收敛，是衡量引导者专业能力的指标。设计内在联系的问题链是保证引导质量的核心要素。同样，善于有效收敛，激励参与者的资源贡献并及时引导生成有意义的产出，也是保障引导富有激励性，带给参与者成功体验的关键。

"有成效"则指：在活动中，参与者能够畅所欲言，彼此之间相互欣赏包容，并通过交流分享获得有价值的收获。在此过程中，引导者与参与者融为一个学习与工作团队，开展有效的共识建构、经验总结或工作方案制订，为后续实践做了有意义的铺垫。他们会发现，互动交流产生的结果是个人单独实践、苦思冥想所不能获得的，因而可以从中体验有引导的团队合作学习的价值。

此外，我们还应特别强调**"可持续"**。人的专业能力成长绝不是听一席话、看一本书、参加一次活动能够奏效的，而是需要教学双方，特别是学习者自身持续不断的努力才能实现的。为此，在参与者后续实践过程中还需要提供必要的、连续不断的支持与服务。"可持续"还意味着应能付诸实践，而且能够推动和促进对象群体（或机构）的发展。因此，我们不仅需要建构"学习共同体"，还需要创建能力成长所需要的"实践连续体"。当然，这里所说的"可持续"能否实现，在很大程度上还取决于对象群体的实践意愿。

每个专业领域都有共同遵从的文化价值观。作为从事教育引导工作的专业人员而言，我初步提出以下几个方面的工作建议：**第一，注重体验**。崇尚体验式学习理念，借助创设问题脚手架引发参与者交流各自既有经验、分享他人经验、建构有意义共识、预设未来行动（体验）。**第二，强调尊重与平等**。引导师与学员是互相尊重的，具有和谐平等的关系。引导过程是引导师与学员之间互相学习与欣赏的过程。**第三，注重成效**。针对所讨论的问题汇集集体智慧，形成有价值的共识，制定务实可行的措施，并为后续实践改进做好准备。

五、引导师专业共同体

在我们的职业生涯中，有机会参加教科社启动的首批教育引导培训师培训，并且得到国际一流大师的亲自面授并获得专业资格证书，的确是一件十分荣幸的事。我们所参加的引导师内训营课程，既是一个专业团队培养的过程，也是一个利用国际优质资源为本土教育革新与能力建设服务的过程。

为此，我谨建议下一步要结合已有培训及社会服务实践成果，构建高质量的教育引导师培训课程，明晰教育引导师专业素养与工作绩效指标，积累丰富多样的引导式教学实践案例，以便培育未来本土性教育引导培训师队伍。从长远看，还需要推动针对不同需求群体（如校长、教师、教研员、培训者等）的引导力发展基地建设，建立适合社会需要的引导力发展专业服务机制，开展引导理论、案例开发、实践创新等方面的研究。

TEACHERS' INTERACTIVE LEARNING 2.0:
Concepts, Approaches and
Strategies

30 年从事教师研修的实践，让我有机会亲身尝试将国际知识与本土实际相结合，为增强教师学习的有效性做出有意义的探索。这段教育经历也使我有机会将国外大学所学成人学习理论和国内大学学习的课程与教学论应用于促进教师专业发展实践，从中体验专业学习与社会实践之间的互动发展，并逐步积累自身专业实践能力。

我在实践中认识到，世间知识或许也可以分为"实践知识"（即个体或社会大众在日常社会实践中积累的经验）、"理论知识"（即人类对于普遍社会实践及其规律性的专题性的、系统的认识）和存在于前两者之间的中介性知识，即"方法论知识"。我的理解是，理论需要借助实际可行的方法才能指导和推动实践；实践也需要凭借科学的方法才能不断提升其理性化程度，并借此为验证、发展理论提供支撑。无论是应用理论还是改进实践的努力，都会因为有了正确的方法论支持而事半功倍。

这里选编的实践案例故事记述了我作为一名身处活动现场的组织者，如何与对象群体共同合作，规划和实施研修活动的基本过程。

实践表明，教师研修是一种资源加工机制，目的在于促进教师对于专业学习与既有经验的深度反思与知识建构，并借此发展他们的实践能力。同时，教师研修也是团队合作性质的互动学习过程。除了要有精心策划的活动设计之外，离开参与研修活动人员的投入性学习、经验分享和互补协同以及对象群体的后续实践努力，缺少相关技术、行政、工勤人员的全力配合，都难以保障研修活动的质量与成效。此外，教师研修实践的文本化、制度化与课程化，也是提升研修实践的成果价值，推动研修后续实践，并增强其社会价值的基本方法。

　　我在实践中深切体会到，教师研修是一种参与各方多赢学习的有意义体验。它的最大魅力在于，能够使组织者在促进参与者开展经验分享、知识建构与实践改进的过程中，帮助大家体验互为资源学习、自我更新的积极体验。在此过程中，彼此之间就变成了志同道合、互济共进的朋友。

多元互动：学生需求与教师发展的专题研修[①]

北京市吴正宪小学数学教师工作站自 2008 年创办以来，以其显著的成效引起了各地教育部门的关注。河北省承德县教育局肖俊泉局长在带队专门来京考察工作站业务活动之后，决定引进吴老师工作站的骨干教师培养机制。为此，该县教育局成立了吴正宪小学数学教师工作站承德分站，并于 2010 年 7 月下旬在承德县隆重举办分站开班仪式并举行系列讲座。出席活动的人员包括来自全国各地的教师、教研人员、进修学校领导、学校校长、教育局局长共 580 人。我有幸应邀参加此次活动，并主持其中的一次教师专题研修。

一、研修活动的设计与准备

提前到达承德后，我便立即前去参观分站工作室，了解工作站的基础设施、人员情况与业务规划，并与首批入站的来自农村基层学校的老师们进行了简短的交流，大致了解了他们的情况。

① 本次研修活动得益于吴正宪小学数学教师工作站和河北省承德县教育局提供的机会。本文拟写过程中参考了河北省承德县吴正宪小学数学教师工作分站负责人李咏梅等老师提供的现场活动素材，特此说明并鸣谢。

随后，我又调整了研修方案，主要如下。

> **设计方案**
>
> **主题**：学生需求与教师发展。
>
> **参与人员**：幼儿园到小学、初中、高中四个学段的学生代表和相应的教师、教研员代表，以及陪幼儿前来的家长，一共 60 人。
>
> **活动安排**：组成 9 个具有显著差异的讨论组，以创设一个真实的研修现场，并以此为与会人员呈现一个体验学生需求的多视角互动研修现场，激发教师们对于如何回应儿童需求的思考。
>
> **场地和物料布置**：根据场地情况在宽大的主席台上紧凑地安排 5 组学生和家长，在台下紧靠主席台处安排 4 组教师和教研员。
>
> 为幼儿组每人准备一张 A4 白纸和一支彩笔；为其余每组准备大白纸和记号笔。主席台上还要准备一幅巨大的屏幕和两块白板。

二、研修活动的实施

2010 年 7 月 22 日上午八点半，研修活动在肖俊泉局长主持下开始。肖局长是一位有着丰富教育经验、善于思考的人。他首先向大家介绍了我的情况以及本次研修活动要涉及的主题。

现场的期待不容我有半点犹豫，我接过话题，向大家问好后就直接进入主题。台上台下迎接我的全是疑惑不解的目光，仿佛在问："你要干什么？""这叫什么报告？"我连忙解释说："今天想用一种新的方式，即非常'60+1'的方式，由我和不同年龄段的孩子们、家长及老师们，一起做一次互动性主题研修。在观众席的各位老师今天也会有机会发言。我之所以采用这种方式，就是要帮助老师体验换位思考，站在学生的立场上来审视我们的学校教育、我们的教学方式及其成效。希望这次研修活动能够有助于大家从另一个角度判断我们教师需要发展什么，需要怎样发展。"

然后，我简要介绍了研修活动的设计思路、活动结构及要求。我注意到，听我简要说明后，大家看上去好像少了些许疑惑。随即我便进入主题，介绍说我想与大家分享我们多年以来采集的中国和外国中小学生眼中好老师的相关资料。

报告伊始，我选取了中外儿童心目中的好老师的图片与文字，以"认识和回应儿童的学习需求"为主题做了简要报告。出自国内外孩子们的率真又不失深刻的表达立刻深深吸引了大家。全场每一个人都屏住呼吸，全身心地随着我的解说感受每一个孩子的感受……

一个小时很快过去，我最后定格在由湖北省宜昌市盲聋哑学校的刘潞同学创作的《老师教我学说话》这幅在我看来最具冲击力的图画上。我将目光转向仍在沉思的大家，缓缓地说："现在我们大家一起来进行讨论。同学们主要讨论'我们喜欢什么样的老师'，家长讨论'我们作为家长希望孩子上学能遇到什么样的老师'，老师们则讨论'我们作为教师怎样回应学生的需求'。我建议大家，讨论之前每个人都想好一个自己的答案；小组汇总后，每组会有一个交流。现在开始讨论。"同时，我也转向台下数百位老师说："你们也可以相互交流，也欢迎你们发表评论和意见。"

事先组织的 9 个小组积极地开始了讨论。台下有近 500 位来自不同地方的老师、校长和教研人员，他们也开始交头接耳……

我首先走到幼儿园大班小朋友这一组。让我忍俊不禁的是，这几个小家伙经过一个小时的听讲，有几个已经坐不住了。见状，他们的家长也开始着急了。我俯下身问孩子们："小朋友们，刚才老师讲的你们都听懂了没有？""听懂了。"孩子们拖着腔回答。"那好。我现在给你们每人一张纸，你们把自己喜欢的老师画出来，好不好？"他们开心地答应了。

10 分钟过去了，我们开始交流讨论结果。考虑到幼儿和他们的家长不能坚持很久，我首先邀请幼儿园的孩子们向大家介绍他们的画。以下便选取了我（以下称"主持人"）和几位小朋友的对话。

小朋友 1：大家好，我叫朱子佳。我的画里有太阳、魔术师，还有小草、苹果树、小鱼、小花。

主持人：你为什么要画魔术师啊?

小朋友 1：因为魔术师能变魔术。

主持人：（评论）她很喜欢魔术师，因为变魔术的人能给她带来快乐。这很符合孩子的心理。

小朋友 2：大家好，我叫陈宇涵。我的画里有老师、小朋友，还有天使在天上飞，太阳在天上照着。

主持人：老师在干什么呢?

小朋友 2：老师领着小朋友在外面玩儿。

主持人：（评论）这孩子画得很好，大家鼓励一下。幼儿教育倡导孩子们在玩中学。老师带着孩子们玩儿，其实也是一种教学活动。

小朋友 3：我叫徐畅。我画了一串鱼。

主持人：（拿起画向全场展示）小朋友，为什么头一条鱼很大啊?

小朋友 3：大鱼就是我们的老师，小鱼就是小朋友们。老师在带着小朋友们一块儿玩。（全场掌声响起。）

主持人：（评论）各位老师，幼儿园的小朋友在用图画向我们介绍他们在幼儿园的学习生活。其中留给我深刻印象的是他们的主要学习方式——玩中学。他们很在意的是老师的陪伴和引领。

接着，我邀请家长代表给大家分享他们的想法。

家长代表：我们希望有爱心、有责任心的老师做我们孩子的老师；希望老师能够平等对待孩子，不把孩子分成三六九等，不按家庭背景分别对待孩子；希望老师善于发现孩子的优点，多鼓励孩子，能够培养孩子的创新能力；希望老师把孩子当成朋友，孩子不愿和家长说的话可以和老师进行交流；希望老师举止文雅、衣着得体、平易近人、为人师表，给孩子做个好榜样。（全场又响起一片掌声。老师们没有想到来自家长的希望是那样真切，又那样具体。）

主持人：我们一起来看来自家长的期待。他们希望"老师有爱心、有责任心"，"平等对待孩子，不把孩子分成三六九等，不按家庭背景分别对待孩子"；对教师素养的要求是"举止文雅、衣着得体、平易近人"；在教学方法上，家长提出要"善于发现孩子的优点，多鼓励孩子，能够培养孩子的创新能力"。

随后，我先邀请与会人员鼓掌欢送幼儿与家长离场，而后邀请小学生、初中生和高中生代表依次发言。

小学生代表：我们心目中的好老师平时工作认真负责，一丝不苟，能够待人平等。我们希望老师把教室变成乐园，把死气沉沉的课堂变成快乐至极的天堂，让我们从欢乐中获得知识、明白道理。还希望老师像妈妈一样照顾我们、呵护我们。

主持人：（评论）各位老师，小学生十分关注老师以什么样的态度对待他们，对待工作。可以看出来，小学生在很大程度上受到老师教学与交往中态度的影响。

初中生代表：希望老师能主动与学生沟通；尊重学生的隐私；建立平等的师生关系，有教无类；因材施教；具有幽默感，善于活跃课堂气氛，不要死气沉沉的，使学生没有学习的积极性。

主持人：大家已经看出来了，初中生和小学生明显不一样。他们希望平等地和老师交流，希望自己的隐私得到老师的尊重，跟老师建立平等的关系，并获得有针对性的教学服务。

高中生代表：希望老师能平等对待每一个学生，不论他家庭贫富、学习成绩好坏；有一定的爱心和耐心，善于因材施教——有些同学可能理解得比较慢，老师讲解的时候要有耐心；多给我们独立创新的学习时间；幽默，能活跃课堂气氛，不带情绪上课堂；严慈得当，课上是严师，课下是益友。

主持人：高中生希望老师能够尊重他们独立自主学习的机会。这反映出高中阶段的学生已经开始自立。此外，他们还希望老师幽默风趣，与学生建立亦师亦友的平等关系。

来自幼儿园、小学、初中、高中不同阶段孩子们对于好老师的看法，让我们意外地发现他们伴随着自身的成长，对于教师教学和人际互动的方式呈现出十分鲜明的阶段性差异。

研修活动进入教师组交流阶段。第一组是初中教师。老师们听了来自学生和家长的反馈，普遍十分感慨。

初中教师代表1：作为教师，我们心里真是感慨万千。感受最深的就是老师真的应该读懂孩子，用心呵护孩子的情感世界，理解孩子，关注孩子的情感需求，深入孩子的内心世界。

如何改进课堂教学，也是老师们深刻反思的主题。

初中教师代表2：吴正宪老师提出并实践了"给孩子好吃又有营养的教育"。做到这一点，就需要我们在课堂上把丰富的知识用幽默、表扬、鼓励、巧妙的设计作为佐料，再用我们的公平、耐心、细心、责任心为烹饪方法，为学生提供"好吃又有营养"的教学服务。

老师们重新反思了"严格要求"。

初中教师代表3：要严在当严处，爱在当爱时。首先，教师在课堂上要爱学生，除了对学生要进行赏识激励外，也不应放弃适切有度的批评。另外，"严"也需要教师有很强的专业功底，教师的知识要博大精深，在课堂上能够旁征博引，在教授学生知识的时候要体现严谨，这是一个"严"。

第二组是小学教师。学生视角使他们更深刻地理解了吴正宪老师的教育观念和教学方式。

小学教师代表：应该从吴老师所说的"传授学生知识，启迪学生智慧，完善学生人格"出发，从以下几方面来改进教学。

第一就是为人师表，以身作则。小学生的模仿能力很强，所以教师就应该注重仪表和自身言行举止的示范作用。

第二就是教书。教书首先就是尊重学生、关爱学生。尊重学生就能得到学生的尊重。其次是博学多才，用教师的人格、学科魅力去感染学生。

第三就是面向全体，因材施教。在我们的课堂教学中，常常会出现顾此失彼的现象。那些被教师认为是"差生"的同学，更需要得到教师的关注。比教学生知识更重要的是要教会学生做人。

主持人：如果说初中老师更多的是在关注孩子们的呼唤，从中感受什么是为师之道，那么小学老师们则进一步揭示：学校教育实际上就是人的社会化的培养过程。这个过程不光要帮助学习者积累社会生活所需要的知识，还要实现育人的目标。

第三组由承德县不同学科教研员组成。

教研员代表：我们感受最深的是教师的能力结构，认为教师首先应该用知识武装头脑，要有不同层次、不同学科的知识。

教师应该学会宽容，把学生当成孩子，允许他们犯错；不能把自己作为标准要求学生，因为孩子的思维和我们成人的思维有许多不同之处。所以我们要学会从孩子的思维出发，去考虑问题、看待问题。要平等对待每一个孩子，对孩子一视同仁，不能偏向。要具有人格魅力，要用心去上好每一节课，像吴老师上课那样与学生进行思维的碰撞、情感与情感的交融、心灵与心灵的接纳，用自己的言行去影响孩子一生，为孩子的终身发展打下良好的基础。我们只有深刻体验做教师的快乐和幸福，并能借助教学向孩子们传递这种快乐，才能带给孩子们快乐的学习。教师要真正读懂学生，说孩子能听懂的话，这样才能走进孩子的心灵，鼓舞孩子努力进步。

最后，作为教育者，教师不仅要学会"蹲下去"，还要学会"站起来"。"蹲下去"就是要从孩子的视角出发，去看问题、想问题；"站起来"则是要会指导学生学会学习、学会发展、学会做人。

主持人：随着大家的交流和分享，我们对于教师职业的概念理解已经越来越深刻而全面了。

三、活动评价与总结

研讨至此，我同大家交流了事先准备的关于本专题报告的结论部分，包括基于儿童需求认识的"学生观""教学过程观""教师专业标准观"和"基于回应学生需求的教师专业发展机制"等主题的主要观点（内容从略）。

上述小结后，研修进入自由发言阶段。

公文华（广东顺德教研员）：今天这种主题研讨、现场互动研修的形式让我耳目一新。这种形式给我们提供了一种教育理念，即"以学生为本"。您（指主持人）今天把话语权还给了原本是听众的孩子、家长和教师。我想这种方式不仅在学术报告中可以应用，回到课堂中我们也可以采用这种互动研修方式。

刘庆济（河北三河教研员）：您引领我们真真切切地读懂学生，特别是学生的情感态度与价值观。以前，我只是把"情感态度与价值观"作为目标，听了您今天的报告，我觉得它更应该是我们教学的起点。教师不光要给予学生科学知识，更应该施以人文的关怀，只有这样才能真正上好课。

罗金成（河北承德教研员）：孩子的视角使我的心灵受到强大的震撼。我深切地感到，孩子眼中的好老师才是真正的好老师。我觉得用程式化的方法去教育孩子，可能会抹杀孩子心中真实的想法；想成为好老师，就应该走进孩子的生活世界，这样才能履行好教育孩子、发展孩子的职能。

肖俊泉局长做了总结。他谈道："今天别开生面的报告带给我们耳目一新的视听冲击。张院长善于现场调研、现场倾听、现场解读；注重用事实说话，用需求说话，用学生的亲身体验说话；注重理论与实际相结合；注重预设与生成相结合。我的反思是：怎样使我们的校本教研或教师研修更有实效？过去，我们更多的是我讲给你听，我做给你看。今天，张院长用自己的鲜活案例告诉我们：教研工作需要发现，发现就需要调研，调研就需要倾听孩子的声音，倾听家长的声音，倾听基层教师的声音……"

校本研修：北航附中教师系列研修[①]

一、需求背景

北京航空航天大学附属中学（简称"北航附中"）是一所全日制的完全中学，创建于1960年。2006年，北京航空航天大学与中国人民大学附属中学（简称"人大附中"）签订了合作共建北航附中的协议，自2007年2月人大附中校长刘彭芝兼任北航附中校长，由人大附中负责北航附中的管理工作。

2007年秋季，北京市整体部署进入了高中课程改革实验。为了使高中新课程得以顺利实施，学校除了安排老师们参加市、区级的相关培训外，还开展了专家讲座、课改联合体的定期研讨等教师研修活动。尽管如此，在实际教育教学工作中，很多老师对新课程仍感到心里没底、不踏实。由于高中课程改革对每一位教师而言都是前所未有的挑战，没有现成的模式可以参照，所以伴随上述课改而来的教学改革需求让很多教师感到不适应。

[①] 本项目系我应时任北航附中执行校长罗滨邀请，与她共同设计并实施。本文由我与罗滨、王玉萍（时任北航附中科研室主任）合作完成。

2008 年 6 月，原任人大附中副校长的罗滨老师受命担任北航附中执行校长。此时，高中新课程的实验已经进行了将近一个学年。罗滨到任后了解到，经过近一学年的课改实践，学校的教学理念开始发生变化，但也听到一些老师和学生对新课程有很多抱怨或者不理解的声音。有的老师反映说：新课改这一年感觉甚至比带高三还要累。摆在罗滨校长面前的问题是，这一学年北航附中的师生们对新经历过的新课程的感受是什么？目前面临的主要问题是什么？新学期即将到来，新进入高一的老师和学生如何借鉴过去的经验和教训？学校继续推进课程改革还需要完善哪些工作？

2004 年，我曾应人大附中的刘彭芝校长邀请去该校向全体老师做《认识和回应儿童学习需求》互动报告。罗滨老师（时任校长助理）负责协助我的讲座业务。此后，我们便有了很多机会交流合作。罗滨被委派到北航附中，了解到上述情况后，便主动联系我，希望我能帮助学校开展教师研修专题活动。当时，我正参与主持北京市普通高中课程改革，也需要有深入学校的机会，便欣然应诺。我首先详细地了解了北航附中的基本情况，然后针对干预教师的教学行为提出了一个工作思路：**将首届学习新课程的高一学生的已有体验，作为评价学校新课程教学现状的尺度和制定改进教学策略的重要参照，用来引导新一届高一教学的行动规划和改进努力**。上述建议得到罗滨校长的赞同。

二、研修活动的设计

2008 年 6 月，我们经过多次磋商，初步确定了以下校本教师研修工作方案。

设计方案

目的：以高一学生对于学校生活的体验为切入点，以学生的反馈为刺激教师反思和改进自身教学行为的参照，经过三年的连续努力，帮助全体教师获得实施新课程所需要的教学能力。

方法：以关注和回应学生的需求为主线，开展全体教师参与的团队行动研究；引导教师们在研究中行动，在行动中研究；通过发现问题，采取对策，达到改进工作以及提高教师反思能力、改进自身教学的目的。

实施过程：在校长及外部专家引领下，教师们紧密围绕学生体验开展有实质内容的个体反思、同伴互助和实践改进；实行渐进性行为干预策略，借助具有内在递进联系的系列研修活动，逐步实现教学改进和能力建设的目标。

预期成效：始终将系列研修所产生的教师的观念和行为变化，特别是学生不断改善的学习体验，作为绩效评估的重要标准。

三、研修活动的实施

（一）首次研修活动："我们怎样走过高一"

2008 年 7 月 11 日，是北京市中小学 2007—2008 学年度的最后一天。为保证活动顺利进行，罗滨校长利用学年工作总结大会对这次研修活动的目的、意义进行了说明，使干部、教师们对研修活动有了一定程度的了解。

按照事先设计，我们将第一次研修活动的目的确定为：通过高一师生回顾一年来的学习和教学生活，梳理反思一年来在高一教与学两方面的收获和困惑，为 2008 年新上高一的学生和新任高一的老师提供可以借鉴的经验，也对新学期高二学生的教学改进进行规划。参加研修讨论的 24 名学生来自高一年级 4 个班，分坐成 4 个讨论组。他们的老师则分为文科组和理科组，从高三下来拟教学新高一的教师也分成 2 组。校长及教学、德育干部列席旁听。

会场设在学校的多功能厅里，会场进门正对的墙壁上挂了横幅，标明此次活动的主题——"我们怎样走过高一"。会场的桌椅被摆成了8组，每组都摆放了桌签。可移动的黑板被摆放在讲台旁；讲台上还准备了大白纸、彩笔、胶条等物品。电教室的老师准备好了录像、照相设备。

罗滨校长简单致辞后，邀请我来主持交流。我首先告诉高一学生们，小组讨论将分三个群体进行。

高一学生主要讨论："回顾高一时光，哪些是我们最快乐、最感动、最郁闷和最困惑的事？""假如时光倒流，重新开始高一的生活，我们将会在哪方面更加努力？"

高一教师主要讨论："过去一年我们观察到学生的学习和以往相比发生了哪些变化？""我们自己在实施新课改教学工作中有哪些困惑和问题？""针对学生们刚刚提出的需求，我们对下届高一的教育教学工作有哪些建议？"

拟任教高一的教师主要讨论："听取了高一师生的发言，我们新高一的工作主要抓什么？""如何开展新学年的教学工作？"

我将学生小组分为"快乐""感动""郁闷""困惑"不同话题组，还建议参与讨论的每个人针对问题只想一条，而后汇总归纳到一张大白纸上。

1. 学生第一轮讨论分享

虽然大家都没有经历过这种方式的互动交流，但是大家和自己熟悉的人讨论自己的亲身经历，使得整个会场的气氛马上就热烈起来了。不到十分钟，每组都完成了自己的任务，并派小组代表同在场所有师生进行分享和交流。

开心组：让同学们最开心的事中第一就是"军训"，因为军训带给大家团队体验和成就感。第二是"选修课"，因为选修课更有意思。第三是"外教课"，因为外教一半时间是带我们做游戏，整个过程都很轻松。第四是各种各样的"社会实践"，大家有机会参与其中，感觉很好。第五是"课间聊天"，这是同学们每天都经历的事情，从中大家可以体会相互之间的友谊。第六是"化学课"，因为有一位青年化学老师讲课很风趣。

感动组：最感动的第一也是军训。大家刚入学，彼此还不太熟悉。在军训中，同学之间互相关心，遇到各种困难的时候尽力帮助解决，也了解了即将进入的新班级，结识了很多新朋友。军训还促使大家团结一致，经过艰苦训练终于坚持到了最后，而且都表现得很好。第二是联欢会和主题班会。活动几乎都由同学们独立完成，老师几乎不插手。大家自己确定主题、主持节目，各自发挥所长，创造了一次又一次的精彩。第三是"5·12"汶川大地震时，大家捐款或做爱心卡，由学校送到灾区去，让灾区的同学们感受到对他们的关心。

郁闷组：同学们对高中以来的学习生活总体感觉很郁闷。首先表现在课时太少，学得太浅，考试太难。其次是新教材编排不系统，知识太杂、太浅，难以深入，考试的时候却很难，大家不太适应。最后是学分制度让大家很困惑，不明白学分与学习目标的关系是什么，所以觉得比较郁闷。

困惑组：最为困惑的是学习方法，大家找不到适合自己的学习方法，所以学习实效性不显著，成绩总是提不上去。另外，对于文理分科、学分的分配都觉得理不清头绪。于是，开始困惑为什么实行新课改？它的目的是什么？

学生们的反馈，特别是郁闷组和困惑组的回答，让在场的老师们感到十分惊讶。

我作为主持人对各组的汇报结果都努力做出积极回应，一边在黑板上进行归纳，一边评论学生的发言。听到学生们倾诉他们对于教学的压抑，我打趣说："让同学们开心和感动的事似乎与学科教学无关。"我解读学生体验时说，当同学们全身心投入体验的时候，当他们有了选择权的时候，当他们感到轻松的时候，以及当他们与同伴深入交流的时候，都会产生愉悦的体验；而来源于学生自己亲身参与获得的深刻体验，往往比书本上的知识更能给学生深刻的认识。倾听了"郁闷组"和"困惑组"的汇报后，我感叹道："老师们，我们成人社会为学生准备了一桌大餐，但是学生们却并没有感受到其中的味道。"事实表明，学生们最渴望的是能有机会把所学的知识与实践结合起来；同时，学生也提出他们最迫切的需求在于学习方法的指导和帮助。

2. 学生第二轮讨论分享

第一轮的丰富讨论和建立共识的体验以及严肃又不乏轻松的氛围让全场师生很受鼓舞，讨论交流的气氛更为活跃投入。第二组问题讨论的效率明显提高。

围绕"假如我们重新开始高一"这一问题，学生们的答案归纳起来主要集中在以下方面：要主动适应课改，调整学习心态——学习不是为了修学分，而是为了自己的学业与发展；课堂上应认真听讲，提高听课效率；要做到按时、认真、独立完成作业；要注重学习方法，合理分配各科时间，按时梳理知识结构，劳逸结合；要更多参与研究性学习、社会实践活动，积极参加体育运动，让自己全面均衡发展。

老师们听取了学生们的发言，都感到他们已经从高一这段并不轻松的学习经历中积累了很有价值的经验。这些经验显然对于入学新生具有很强的指导意义。

3. 老师讨论及反思分享

高一年级组的老师交流了他们的反思。他们认为，一年来学生对课改的认识有一个变化过程，由最初的好奇到后来的疲惫；由于学科多、容量大，所以学生会觉得学得多，但学得浅，考试又很难，于是只得延长学习时间，结果一些学生疲惫不堪，上课时难以集中精力。另外，新课程的理念与学生思维发展水平有强烈的矛盾，有些内容的设置与学生思维发展水平不太衔接，学生努力了还是够不着，所以就比较郁闷。

另一组高一年级老师也表达了类似反思：通过高一阶段的学习，感觉学生们成熟了许多，也懂事了许多；学生处理信息的能力有了一定的提高。但老师们也和学生一样，对于课改由期待变为麻木。例如，新课改、模块、学分，刚开始听时有新鲜感，可是一年下来，发现跟原来预期的差别还是很大的。老师们分析认为，导致大家陷入现在麻木状态的主要原因就是沉重的课业负担和考试压力。对于教师而言，如何在教学中把握学生参与实践、亲身体验与课堂讲授之间的度，成为最困惑的事情。

教师们认为，之所以存在这种现象，很大程度上是大家没有完全领悟课改理念。如果重新教高一，他们会加强教研，精简教材内容，增加学生实践和体验的机会。

高一学生和老师的反思为即将担任新高一教学的老师们提供了很有价值的现实背景和问题需求。他们针对新高一的教学工作提出了教学计划和安排上的应对策略和方法。他们决定要根据高一阶段可能出现的问题提前准备，对学生可能产生的困惑进行有的放矢的指导，使新高一的师生少走弯路，提高学习效率。

4. 活动小结

短暂的讨论很快就到了结束的时候。我结合讨论总结说："今天的研修活动与以往的不同在于，每一个人的体验和思考都可以成为别人认识事物的重要资源。同学们今天给老师们提供了一个显而易见的事实，那就是新课程所谓'新'和'难'，主要源于教师自身的不适应，而不是学生。学生最迫切需要得到'学习方法的指导和帮助'，这一点为老师后期教学改进工作提供了着力点。"

一直在旁边埋头记录的罗滨校长不失时机地加入讨论。她对全体师生表示感谢，她说："一年来参加课改的师生的确积累了很多困惑和抱怨。今天只是一个开始。我们将一起来设计怎样开展高一、高二年级的教学活动，乃至整个高中阶段的体现北航附中新时期教育的教学活动。"她接着说："在一年来的新课程实验中，我们确实遇到了一些困难。遇到困难是正常的。只要我们齐心协力，办法总比困难多。参与活动的师生要尽快整理感受，将自己的改进计划写出来，再和大家分享。相信未来的高一我们会做得更好。"

"我们怎样走过高一"主题活动聚焦高一年级师生的新课程体验，从中我们判明了问题和需求。7月11日的活动拉开了基于学生体验的教师行动研修的序幕，我们从中受到很大鼓舞。**随后的问题是："新高二年级教育教学工作该如何规划？新高一的工作该如何起步？"**于是，就有了我们第二次跟进活动。

（二）研修活动二：首次活动的评价与跟进

2008年7月18日晚上6：00—8：00，我与北航附中学校领导，各部门的管理干部和高一、高二年级组长，研究制订学校高一、高二年级工作计划。

我们此次研修活动的目的为：就首次活动的情况进行交流，研究如何进一步做好新高二教育教学工作和新高一的起步工作。

我们首先听取了每位参会干部对7月11日研修活动的评价和反馈。大家都认为第一次师生合作研修活动引起了热烈的反响。与会的每位同志都踊跃发言，以下是部分老师发言的要点。

王玉萍（科研室主任）：参加了第一次研修活动后我很受触动。张院长采用参与式、互动式和合作学习方法，引导师生说出心里话，客观上进行了新课程实施情况的调查。这种方法很值得组织校本教研时借鉴学习。

谭翠红（高一年级组长）：新高一的工作应充分准备，开展定期调查，及时了解学生需求，对他们进行学法指导。新课程要求教学方法应多样化。教师应当在教学方法上加强研究，多参与相关的研究活动。

杨兆元（教学主任）：我认为新教材的编写还是比较有逻辑性的。教材中的知识是点状的。关键是教师对新课改的理念、方法等把握得还不够，特别是老师们对高考的把握性不强，因此导致教师认为课本浅、考得难，学生受到老师的影响。这说明，教师对新课程的消极评价，也通过课堂等渠道对学生形成消极的心理暗示。

黎健清（校长助理）：新课改对老师的要求更高了。老师除了具有相应的科学素养，还要对学生进行方法的指导；要学会多样化的教学组织形式，应具备课堂驾驭能力。

杨光（高二年级组长）：在新课改中有怀疑、有问题是正常的现象。新课改需要我们开展研究并不断加以改进，因此在实施新课改的过程中应更加重视校本研究。

根据大家的反馈和建议，我对学校的后续研修工作提出了建议：关于新高一学生的入学教育，要把新课程和高中教育加以融合，从高中教育不同于初中阶段的教育以及学生需求的差异的角度来设计好新高一学生的入学教育，总结原高一师生已有经验，改进新高一入学教育。学校要依据学生普遍反映的学生需求，制订班主任工作方案，开展新、老高一的衔接工作。教学方面的建议是：就学生在第一次研修活动上反映良好的化学课进行研究分析，根据高二年级特点进行整体规划，开展高二学习方法的指导。教师应积极鼓励学生参与教学过程，学校要鼓励教师对教学主题采用多种方式表达。教学改进的突破口在于如何变教师"给予知识"为师生共同"建构知识"。还要开展学科建设，在各学科开展三年教学改进的基础上，形成新的学科教学方法与经验。

> 教师应积极鼓励学生参与教学过程，学校要鼓励教师对教学主题采用多种方式表达。教学改进的突破口在于如何变教师"给予知识"为师生共同"建构知识"。

罗滨校长最后总结道："学校的发展、教师的发展离不开学生的发展。要关注高一学生的五项基本需求：未来发展与学习志向、学习方法、人际交往、自我认识与评价、意志品质与内在动力。后续工作是制订高一、高二年级组开学工作计划，尤其是新高一学生入学前的教育计划。"

我们欣慰地看到，这次研修活动之后，学校、年级、老师们纷纷行动起来，改进自己的教育教学工作。特别是新高一年级的入学教育，在学生的培训会上将第一次研修活动的部分录像剪辑给学生播放，让学生提前对高一的学习有所了解，做好各方面的准备。就学生提出的学法问题和如何做好初、高中衔接问题，学校安排了五个学科的教师进行学习方法指导的讲座，还安排了三位高二学生介绍自己高一一年的成长和学习经验。

（三）研修活动三：北航附中新课程师生恳谈会

2008 级高一开学，学校领导和老师们都采取了新的行动。开学两个月后，第一次模块考试也已经结束。为了解研修活动的工作效果，我们开展了第三次研修活动。第三次活动的时间选在了 2008 年 11 月 19 日下午 3：30 举行。

1. 活动目的

在前两次活动的基础上，老师们对新一年的教学工作思路和方法进行了调整。老师的教学工作在前期调整的基础上效果是否理想？在工作中还有哪些新的感受和困惑？本次活动是对前两次活动效果的初步检验，也是对新课程改革的更深入的讨论。

2. 活动设计

活动的主题是"北航附中新课程师生恳谈会"，具体议题见下表。

对象	议题
学生	你觉得高一与初中阶段学习最显著的不同是什么？
	你最开心的事情是什么？
	你现在面临的最大困难是什么？
	你目前最想改变的是什么？
教师	新学期开学初您最关注的工作是什么？
	学生们的体验带给您哪些思考？
	下一步您准备从哪些方面开展工作？

参会人员包括高一年级每班 6 名学生、高一年级全体教师、学校领导和教学德育干部。

新课程师生恳谈会的程序如下：高一学生分组讨论→学生以组为单位汇报交流→教师带着问题倾听、思考并交流（此时学生已离开会场）→张院长（即我本人）点评→罗校长总结。

3. 讨论结果呈现

初中与高中的不同：高中学习难度特别大，老师讲课进度比较快，节奏也特别快，作业增多，高中的题难而且多，知识不是特别连贯，知识多元化，学习方法有了些改变，有了学分制度后学习自主性加强，书文理不能兼顾，心有余而力不足。

开学以来最开心的事：九天的军训，秋游，运动会，班级文化建设——与高二年级的足球赛，充足的睡眠，第一次见面时用自己设计的一幅画进行自我介绍，中秋班会上吃月饼、猜灯谜，拓展训练中的挖萝卜，体育课，锻炼身体，学校组织的各年级篮球联赛。

目前最想改变的：改进学习方法，包括记笔记的方法、听课的状态、提高写作业效率的方法、记忆方法、应试技巧、自我总结的方法、如何预习的方法；要端正对学分的态度，文理学科平衡。

令人兴奋的结果：对学校各类综合实践活动很满意！尽管大家依然有很多困惑和问题，但对新课程的抱怨少了许多。

学生们的发言让老师们感到很兴奋，兴奋之余也带来了深入的思考。

黎健清：这种新课程改革的研修活动，对我们老师教育教学的指导作用很大。有这样一个对比，老师们 7 月 11 日都参加了高一的课改回顾活动，当时大家可能感觉到学生们对课改的怨言或者抱怨显得多一些，而今天我们明显感觉到，学生至少在这一方面与上届学生相比还是平和得多，这与上次的活动和跟进是分不开的。

柴婵娟：（感触更直接）应尽量给学生搭建一个亲身体验和感受的平

台，应进一步从课堂教学环节多动一动脑子。为什么学生最快乐的、最难忘的是那些参与其中的活动？其实就是因为他们全身心地去体验了。所以，我想努力让同学们觉得上历史课也是一件快乐的事。

4. 对学生反馈的点评

我评论说："高一年级的上半学期，对于学生学习困难的诊断、干预和引导，同样是我们初、高中衔接帮助学生顺利适应高一学习的非常重要的方面。我们原来所做的很多研究是基于学科的研究，而今天同学们的体验告诉我们：教师要研究的重要对象就是学生以及他们在学校获得的体验。我们应当分析他们获得了哪些体验；哪些是我们预期的、预设的、经过努力现在已经实现了的；还有哪些是我们没有想到的，或者我们原来想到却没能够实现的，特别是哪些是我们自以为能使他们很快乐、很有进步的体验，但实际上并不是的。这些问题非常值得我们研究。"

> 教师要研究的重要对象就是学生以及他们在学校获得的体验。

我还评论说："这次研讨与上次的确不一样——学生、教师已经有了新的体验，教师们的行为已经有了积极变化。这些新的体验也是重要的教育教学资源。看到师生们的变化，我对行动研究充满信心。"

5. 罗滨校长的总结

罗滨校长说："教师教育最基本的特点就是互为资源，很难说谁就是老师。资源到处都有，随时生成，希望我们能够及时把握。听到学生和老师们的感受，我心里很凝重。我们做过很多的努力，但仍然有问题，那我们就要积极应对。现在看来，指导学生学法、提高学习效率更加重要。我们要敢于面对问题，深入思考。"

通过此次研讨，大家一致认为，系列校本研修活动对于师生们的帮助很大。此次研讨中学生的反应和上一届学生不同，学生的发言中没有了抱怨新课改的声音，学生的更多需求反映在对于改善学习方法、提高学习效率的关注上。两批学生都有强烈的学法需求，各科教师要指导学生掌握学习方法，同时学校也要在这方面支持、引领大家，并急需探索出相应的指导模式。

研修至此，下次研修的主题已经出来了。

（四）研修活动四：北航附中高中语文学习需求与教学改进讨论会

学校选择语文学科作为先行者，各科紧跟其后。但没想到语文学科组的老师们却顾虑重重。他们担心："先选我们是不是我们的教学问题最多啊？是否学生反应强烈啊？"为打消他们的疑虑，罗滨校长与科研室专门为老师们召开了一次会议，先做思想工作，稳定心态，达成共识；然后又一起设计了活动方案：先由老师设计出调查问卷，利用班会调查了解学生们在语文学习上的需求，以年级为单位进行汇总，然后由学校召开交流大会。

1. 活动目的

针对前一阶段研讨聚焦的问题是学生对于学法的强烈需求，基于学生、老师的切身体验和需求，学校计划开展系列学科需求与教学改进的研讨会。本次活动，学校选择语文学科作为先行者，进行语文学法的研讨。通过交流，了解学生在学法上的需求，进一步聚焦关键问题，改进教师的教学，并为学生提供有针对性的学法指导。

2. 活动设计与准备

罗滨校长多次指导高一年级和高二年级设计调查问卷，亲自参与修订语文学习需求汇报课件。

参加本次会议人员有高一、高二每班代表两人（学习委员与语文课代表）、全校语文老师、全体教研组长、学校领导及教学德育干部；此外，还邀请了北京市语文学科带头人、人大附中的王艳老师及北京教育学院时俊卿副教授到现场指导。

此次会场仍设在学校的多功能厅，不过将活动的主题做成了背板，放在会场的正前方，这样显得更正式。桌椅围成了里外两圈，学生代表们坐在里圈，老师们坐在外圈。

3. 活动程序

研修活动的主要流程见下表。

序号	内容	发言人
1	背景介绍	罗滨校长
2	准备工作	科研室主任王玉萍
3	学生代表报告学生对于语文教学的评价、需求与教学改进建议	高一年级陈雪娇 高二年级刘静
4	语文备课组长交流语文老师认为学生语文学习的困惑，反思语文教学	高一年级谭立 高二年级谢珊珊
5	教师与专家互动研讨，形成语文学科后续活动建议	与会专家与教师

4. 学生需求

高一年级陈雪娇同学：同学们认为成绩不好的原因是——没有更好的复习和学习方法，这占到了将近50%的比重。存在的困难主要是在现代文、文言文和作文方面。在语文学习中，我们的最大困难是对内容不感兴趣，还有学习时间不够充裕，具体到现代文部分表现的困难是：答题不到点，答题不准确，分析问题不透彻，答案不完全和对内容不会分层等；文言文部分存在的问题主要是：虚词用法多、记不住，特殊句式不会翻译，翻译时抓不住重点，不准确，断句难，词语也掌握得不好，注释、词语、文章记不住，课外文言文看不懂等；而在作文方面，我们常常因为没有素材、语言平凡以致文章不精彩，内容不丰富，不会选题，不会表达意思，不会点明中心而困惑。而我们心中存在的困惑主要集中在对目前的知识点会不断忘记而没有时间复习，学了很多，考试却发挥不出来。

学生代表还从同学自身、教师及学校管理三个方面提出了改进语文教学的具体建议。

高二年级刘静同学：根据多次调查研究，总结出高二学生目前语文学习问题较大的地方是——有关基础知识及阅读的问题。基础知识方面的问题是——容易忘记很多文学常识及语文基础知识，怎样提高背诵默写效率，经常写错别字怎么办，对作家的了解过少。文言文阅读和古诗鉴赏方面的问题是：对很多文言文实、虚词含义理解不够，很多词的意思记不住；对文言句子翻译总是不够具体，不够贴切，重点实词翻译不恰当；怎样迅速记忆词类活用；文言文语法应不应该学；文言文和古诗鉴赏如何答得更好、更到位。

现代文阅读方面的问题是：加强阅读方法技巧的指导，希望讲一些各类题目可以套用的类似于公式的解题格式；如何分析文章；多讲一些现代文阅读中的修辞手法和对一些修饰词语的分析；平时该如何加强现代文阅读练习——只是每天读一些还是要做得更多，读时要不要做读书笔记，应该如何做笔记才能尽快提高成绩。

作文方面的问题是：议论文如何审题立意，怎样可以将题审清楚，对议论文怎样把握好全文结构以及怎样构思，议论文如何巧妙合适地引用论据，如何有效地积累论据，如何在平时的学习中提高作文成绩，读哪些书有助于积累写作素材——是不是在平时选择读书内容时应侧重中国现代散文，以及在读的时候应如何做才能更有效地汲取文章中精华的部分。

其他方面的问题是：没有时间看课外的文章，文言文和现代文的水平不搭配，如何提高对语文学习的兴趣，如何将所学古诗文运用到文章中去，如何灵活运用背完了的古诗文，如何应对新题型，如何提高语文学习的效率。

对老师的希望是：多讲一些适用于高考的答题套路和固定模式，古诗、词、文的鉴赏与答题方法，避免错别字的方法，应用文写作与提高的方法，现代文阅读与答题方法，以及有意思的故事。

5. 语文教师眼中学生语文学习的困惑

高一语文备课组：背诵太多，文言文文章太密，希望有更多的时间练习作文，现在的学习和未来的考试有什么样的联系，如何提高效率，如何找到学习的乐趣。

高二语文备课组：教学内容太多，要求背得太多；作文练习和讲评太少；留给语文的学习时间太少了，不知道怎样用最少的时间学好语文；现在学的知识跟考试的联系究竟有多紧密；现代文阅读和古文阅读水平如何才能提高。

6. 与会教师的感受

王常海（高二语文）：学无止境！这是我今天坐在这儿最大的感受。之所以这么说，是因为我们在教学过程中总是过于从我们这个角度考虑问题，在预设学案中是我们在想学生有什么需求；而今天呢，学生就坦率地告诉了我们，让我们知彼知己，那我们的教学就会更好！

叶月香（高二语文）：今天听了学生的问题反馈，我觉得这是在做实事，能解决我们的问题。

谢颖辉（高二语文）：研究学生的学习需求，是特别有意义、有价值的一个课题，因为在这个过程当中，我越来越认识到学生是学习过程中的主体。虽然说一直在讲这个理念，但是我们现在是真真正正在这个活动当中意识到了这一点。

随后，许多老师都表达了自己的反思与实践改进建议。

7. 对于上述交流的评论反馈

我提出："从整个年级逐渐聚焦到一个学科，今天是一个重要转折点。今天进行的是学生语文学习需求的集体调查，所有的老师、学生对于语文的期待都出现了。

"来自学生的反映体现出造就一个优秀教师需要五方面的标准：热爱教育、有学科知识、有学生知识——了解学生（群体和个体）、带给学生充实快乐的课堂、不断总结反思使之成为自己提高专业能力的台阶。

"听了学生们对于语文教学的调研分析，我感到非常兴奋。其实，研究我们自身的体验、喜悦、痛苦和期待也是有价值的学习。对自身体验的反思以及同伴之间的相互分享，对于高中生来说完全能够成为富有意义的研究型学习。

"建议将学生们本次活动的报告作为本学年一项重要的研究性学习成果——高一、高二语文学习策略。关注我们自身的学习体验可以帮助我们早日成为学习的主人。"

8. 罗滨校长分享观点

罗滨校长说，希望老师和同学们都关注大家提到的"兴趣"这个词。无论是否有兴趣，大家需要改善的是学习的方法和策略。

她强调说，无论是教学目标的落实，还是课堂学习效率的提高，都应该着眼于人的终身发展。这项研究还会深入下去，在以后的工作中也会顺着这个方法继续深入。这次活动还要进一步跟进，通过多种形式落实对学生学习方法的指导。

罗校长归纳出学科研修的基本模式。（见下图）

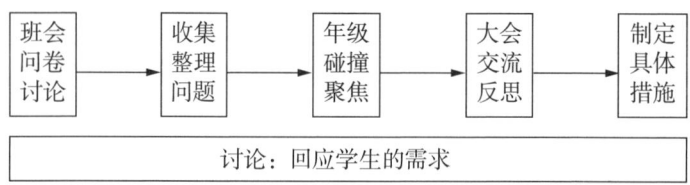

班会问卷讨论 → 收集整理问题 → 年级碰撞聚焦 → 大会交流反思 → 制定具体措施

讨论：回应学生的需求

（五）研修活动五：基于学生需求的教学改进——学科跟进规划

学期初开展的语文学习需求与教学改进研讨会后，学校制订了语文学科的教学改进计划和措施。老师们落实得怎么样了？学生们感受到了吗？语文课堂有没有变化？而且这次会议结束后，有些学科也想尝试用语文组的方法去了解学生的需要，比如英语、历史等学科。语文教改的经验是否可以推广？带着这些需要，学校又组织了第五次校本研修活动。

北航附中高中新课程系列校本研修活动至此已持续开展了一年，最早的一批课改年级如今已进入高三学习，又将有一批新的高一学生步入高中新课程实验，又有一批老师承担起新高一年级的教育教学任务。现在的高中新课程可以说是全校的工作，因此学校在暑期全员培训中安排了此次研讨。

1. 活动目的

为使高中语文备课组关注学生需求、改进教学的先行探索得以总结推广，推动其他学科关注学生需求，改进教学工作，提高课堂教学效率和质量，特举办此次研修活动。

2. 活动设计与准备

我和罗滨校长精心设计了活动的主题，会场设在学校西御苑的大报告厅里，按教研组一共分成了 16 个组（学校共有 13 个教研组，语文、英语、数学各分 2 组）。

2009 年 7 月 18 日召开了筹备会，会上完善了研修方案，确定了教师讨论的问题。在此之前，2 个语文备课组已多次进行资料的收集、总结和归纳。

3. 活动程序

研修活动的主要流程见下页表。

序号	内容	发言人
1	四次校本研修活动回顾	科研室主任王玉萍
2	高一、高二语文备课组研究学生需求与教学改进经验介绍	语文教研组组长谢珊珊
3	高一、高二学生代表反馈效果	高一年级陈雪娇 高二年级王婧祎
4	教师分组讨论并交流	教研组长或代表
5	专家点评	张铁道
6	校长总结	罗滨

学校还确定了学科跟进规划程序图。(见下图)

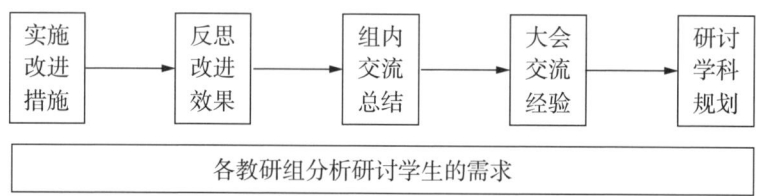

4. 高一、高二语文备课组教师的反思及教学改进

谢珊珊老师汇报说,高一、高二年级两个备课组教师在课堂教学设计中有意识地站在学生的角度考虑课程的难易和趣味性,改变了以往学生对教师讲授的依赖,充分调动了学生小组合作探究、互动交流的积极性。

(1)对学习者进行分析首先带来教师教学心态的调整。

调查结果显示,学生特别希望利用课堂学习内容和课内知识解决尽可能多的考题,这种急于提高学习效率的愿望远比教师想象的更强烈,虽然其中有一些急功近利的色彩,但是这种学习的积极性非常值得教师善待和利用。因为高一、高二不可能像高三那样进行专项辅导,所以教师需要做的事情就是如何把学生渴望得到的知识、应该提高的能力与正在教授的课程融合在一起,打通课程壁垒,落实知识和能力。

谢珊珊老师说,3月18日的活动(指研修活动四)让与会的老师们感到非常震撼:发现自己对于学生的了解比较有限和粗糙。比如说,事先曾经预测学生对于文言文学习的困难较大,但是究竟是什么程度、集中在哪些环节、怎样学习会更有效率，教师并不清楚。在之后的备课中会特别注意弥补不足：一是加强备学生，对学情的把握；二是注意如何落实。

教师教学心态的变化往往带来教学形式的更新，也会带动学生学习心态的变化。教与学双方更加明确聚焦于关注学生的学习需求，以争取提高教学效率。课堂教学中调动语文学习的内动力是教学关键，而这个内动力是建立在学生学习需求基础上的，只有这样才能真正提高课堂效率。

（2）更新观念催生教学方法的改进。

①高一备课组的教学改进。

目标一：改变文言文学习时的沉闷乏味状态

郭颖老师的做法是：学生讨论为主，以小组合作探究为主，组内研究段落意思、重点字词、句式，他们认为重点的就提问其他研究小组，形成小组之间的比赛，营造竞争气氛；在讲授中适当穿插历史故事或者散文。比如在讲《苏武传》的时候，穿插关于苏武的一篇高考满分作文，从而使学生不仅可以真切地感受到苏武对信念与气节的坚守，而且深刻地认识到了课本与高考的关系。

姚孟洪老师的做法是：学习《琵琶行》，请会弹琵琶的学生弹奏一曲，让大家直观感受所谓"轻拢慢捻抹复挑"的神韵；学习小说戏剧单元时，把课本与戏剧表演联系起来，学生参与的热情很高。

目标二：读圣贤书与闻天下事兼得

郭颖老师的做法是：坚持课前三分钟的时事演讲活动，如兽首拍卖、朝鲜发射火箭、世界关灯日、H1N1甲型流感病毒，大家倾听并记录。这样可以培养学生对生活的关注，锻炼表达能力，积累写作素材。

谭立老师的做法是：组织学生开展读报活动，与大家交流自己读报的感受，培养学生良好的阅读意识和习惯。

②高二备课组的教学改进。

目标一：让兴趣在教学内容的延展中滋长

调动学习兴趣的最直接方法是，让课文内容与现实、高考随时接轨，如：《种树郭橐驼传》——爱的艺术；《祭十二郎文》——那些被我们忽略的温暖和幸福；《狱中杂记》——黑夜给了我黑色的眼睛，我却用它去寻找光明；《森林中的绅士》——相处的艺术，距离产生美。

课堂上观念方法的引入、生活中的领悟才是重头戏。人文素养的提高就在语文学习的点滴之中实现。课堂教学的内容永远是有限的，来自积累比来自告知的印象更深刻，同伴互助启发比讲授更有针对性。教师对学生的准确诊断会激发学生的学习兴趣，学生的参与热情会提高课堂效率。读与悟结合的阅读教学着眼于学生的理解感悟鉴赏能力的提高，让学生学会静静感悟、倾听、内化。

还可以开展小组合作探究活动，如举行班级辩论会、班级现代诗歌朗诵和鉴赏会，背默讲解古诗词、文等。

目标二：落实要不断改变策略

重在落实是最有效的方法——早读与早测结合，文言学习字字落实，个别学生个别落实（如"你给我讲""你给大家读"、为同学推荐文章获得意外惊喜、诗歌朗诵会上的节目），把"苦差事"变成很刺激的语文学习活动（如全年级举办诗歌朗诵及比赛活动，也是为满足学生某种需求，把朗诵变成有意思的事情，为高三背诵打基础）。

目标三：定期反思成败促进有效学习

要用数据说话。如对期中考试逐题得分率进行分析，反思语文学习并指导学生改进。备学生是备课的效率关键，老师们会逐题统计数据，发现学生学习上的问题，对学生学习的指导用数据说话。

老师们一致认为，成熟的教师首先应该是善于反思自我的学习者，定期反思的习惯不仅有利于教师的教学效果提高，也会引导学生形成定期反思的学习习惯，这种习惯上的引导应该比学习方法、思维方式的引导更为重要和长久。

5. 学生代表反馈效果

高一年级陈雪娇同学：3 月 18 日，我校就语文学科进行调研。当时我代表高一年级对"高一年级语文学习现状调查"进行汇报。

经过近4个月的努力，在一些问题上已取得显著成效。现在的语文课堂不但让同学们学到更多、更全面的知识，而且还充满了欢声笑语。

记得学习《雷雨》时，老师找来话剧和电影两个版本的视频，让我们对照书中原文找不同，思考哪种表达更好。"视频+原文"的模式让我们更直观地走进了那个"金玉其外"的中国封建家庭。几种版本对比分析让我们从各个方面体会着侍萍的苦、周朴园的冷酷和所有人的悲情。同学们各抒己见，课堂活跃而有序。我们完全把自己融入了书本，融入了课堂。下课了，《雷雨》伴着作者曹禺对中国家庭的情感还在我们心中久久回荡。

"烟柳画桥，风帘翠幕，参差十万人家。"这句话出自柳永的《望海潮》。在这节赏析课上，全班同学一会儿乐得死去活来，一会儿全神贯注、不住地点头，似有所悟。上课前，老师让我们用各种形式体会柳永这首雅致的附庸词表现的情景。有些同学用近乎恶搞的风格画出了卡通版的"市列珠玑，户盈罗绮，竞豪奢"。老师把几幅恶搞画的细节相比较，由小及大，由局部见整体，丝丝入扣，而且直观、生动、深刻、易懂。在《雨霖铃》里我们加入了MV（音乐电视）的形式，自编自演。在讲《琵琶行》时，有的老师更是让同学现场表演了"轻拢慢捻抹复挑"的演奏形式，让我们更深入地参与了课堂。

当然，语文的博大精深在诗词歌赋的背后更有一种呼之欲出的情感，鲁迅先生则把它发挥到了极致。我们从小就能脱口而出鲁迅先生是"文思革"（文学家、思想家、革命家）。然而面对《拿来主义》时，大家心里都是抵触的。冰冷生涩的文锋，真是不喜欢读他的文章，关键是读不懂。课上老师先让我们了解《拿来主义》中说到的"各个时事"，然后引导我们分析文章"先破后立"的杂文形式，接着概括各段段意，再找段与段间的关系，最后和情感相结合。就这样由浅入深，逐步感受到鲁迅先生的伟大。

高二年级王婧祎同学：进入高二下学期的语文学习，尤其是进入选修阶段之后，学习内容的难度和密度都是必修阶段难以想象的。但是经过学期初的语文学习需求调查交流，老师为我们加强了学习方法指导。

课前：我们养成了预习的习惯，并形成了从朗读课文、圈点文学常识、给注释搬家、自主翻译到尝试归纳段意主旨这样一套预习方法，花费时间越来越少，但是学习效率越来越高，面对文言文时心态越来越坦然和感到自信。

课上：经过一年的接触、了解和磨合，我们比高一时更加懂得同伴互助的重要性。长大了一岁的我们，开始懂得关注人文精神和对亲情、友情进行感悟。这个学期，我们经常有机会在课堂上就这些问题进行讨论，不同的个性化见解经常碰撞出火花，课堂讨论的热度明显提高。我们会毫不隐瞒地阐述自己对仁、对无为之道、对孝的看法，在与别人有分歧时也会极有耐心地据理力争。通过小组合作讨论，我们对这些原本抽象的概念有了更深入、更独特的理解。

课后：我们复习的知识结构逐渐从相对松散的点、片，到了更加具体详细的面。例如，在每天的语文早读上，我们从仅仅是正音或背诵，到一边读一边复习其中词的意思。复习的过程也专题化了。从前，我们并不清楚自己的薄弱环节在哪里，经过这一年的学习、测验，我们发现了问题，并能在高三针对自己特别薄弱的项目进行特别训练。

6. 各组研讨交流

在语文教研组组长谢珊珊老师的经验介绍和高一、高二年级学生的感言中，全校教师感受到了研究学生需求和进行教学改进带来的种种变化。各教研组围绕着学生学科学习的需求和自己在教学工作中的困难和困惑展开讨论，气氛热烈，各组代表在汇报交流时积极踊跃（多数老师的发言都超过了规定时间，主持人不忍打断老师们的发言，以至于研讨会12：30才结束）。

7. 主持人评论和提出建议

身处现场感受研修活动给语文教学带来的变化，作为主持人的我不由地喝彩："经过一年的努力，北航附中的校本研修活动逐渐成为一种新的教师发展的教研文化。"同时，我也建议学校建立基于学生需求的教改——学科跟进规划。"学生需求—教学改进—教师发展"的持续干预机制，从而支持学校有效实施新课程。

随后，我还结合编制学科跟进规划需要，向老师们提出了具体的建议：以学生体验与需求作为教学改进的出发点、参照系及评价依据，进行学生需求调研及分析；参考案例经验——我们向语文组学什么；制订学科规划图，研讨开展哪些行动及其方式（措施、分工、时间），教研组的分工及老师的参与方式；确定预期成效——通过教师的引导，在学生的学习，包括教师的教学方面，要达到什么样的目标；预期成果可以是改善了的学生学习体验、变成文本形式的每一个学科经过验证的教学改进规划，具体形式可以是实践案例、专题研究、学科改进实践总结报告、跨学科工作总结研究报告——《如何开展基于学生需求的教学改进：北航附中的实践探索》。

此外，还要建立保障机制，包括领导与规划、科研支持、网络支持、经费支持等。

8. 罗滨校长总结

罗校长非常感慨地说，北航附中的高中新课程校本研修经历了夏、秋、冬、春，又迎来了一个夏天。"事实证明，通过一系列研修活动，学生和老师都少走了弯路，提高了效率。"回首一年的艰苦探索，罗校长很欣慰地说，"校本教师研修伴随我们逐步成为新课程的主人。"

四、研修活动的后续认识

经过一年多的实践探索，北航附中师生的变化十分显著：教师们的教育理念发生了变化，教师"教"的行为发生了变化；学生"学"的方式也发生了变化；新课程实验中的过程性评价促进了学生的全面发展；师生们也更加主动地投入高中新课程的实验探索。我们的研修工作的目的是促成问题的解决，即促进高中新课程的有效实施，促使教师不断反思、改进教学，促进教师发展，最终使学生受益。回首一年来的校本研修历程，付出与成长同在，收获与思考共生。

第一，校本主题研修活动从关注学生的学习体验与需求开始。在研修中，老师们深深地被学生学习方面的烦恼与困惑触动。他们特别震撼地得知：学生最开心和最感动的事情竟与自己的教学无缘！老师们从学生的反馈中还发现，凡是学生感动的、难忘的，都是因为他们能够参与其中并从中获得情感体验的。于是，在实践中培养自己的课堂驾驭和掌控能力，让学生能够体验到学习的快乐，就成为教师们发自内心的追求，这种追求也就成为教师改善教学行为内在的动力源泉之一。因此，激发教师的内在需求是问题解决策略转化为实际行动的第一步。而这种改进不仅促进了教师的专业成长，更使学生最终受益。学校是培养学生的场所，也是教师专业成长的基地，这种基于学生需求的校本研修充分体现了以学生为本，实现了教学相长，实现了师生的可持续发展。

> 基于学生需求的校本研修充分体现了以学生为本，实现了教学相长，实现了师生的可持续发展。

第二，校本主题研修着眼于对教师行为的干预与实践方式的引导。这种干预过程循序渐进，逐渐走入语文学科，积累成功经验后，开始覆盖各个学科。纵观学校聚焦高中课程改革、"关注学生需求"的系列主题研修活动，我们可以看到一条由问题产生到问题解决的清晰路线——最初是从总结工作的角度出发去看高中课改，涉及学校工作的方方面面，如管理、课程、德育、教学等；在经过多次的交流研讨后，大家意识到教学方面的问题是学校目前高中新课程实施中最核心的问题；关注到教学问题之后，学生的学习体验让教师找到其中的关键问题，即教法与学法的问题；最后，研修主题的发展方向走向学科教学的改进。

第三，校本主题研修借助课程改革实践，开展了有效的问题解决性学习。这种模式概括起来就是这样的四步：确定基于问题的研修主题—设计基于真实问题情境的研修方案—生成问题有效解决策略—跟进问题解决的真正行动。在我们的校本研修活动中，最初我们可以听到、看到学生、教师对高中新课程改革存在很多困惑。但在经过多次的交流和讨论之后，一些关键词开始频繁出现在教师和学生的口中——比如"学生的学习体验"，成为关注的焦点。进而教师们发现，造成学生学习上被动、烦恼甚至痛苦的情况又集中在两个方面：一个是教师的教法，另一个是学生的学法。教师比较枯燥、单一的教学，让学生体会不到学习的乐趣；学生没有找到适合自己学习特点的学习方法，造成学习上顾此失彼、疲惫不堪。抛却一些学校、教师本身无法改变的因素，把目光聚焦到了能做和可做的范围内，于是，从教学改进着手就成为教师们的共识。

第四，本项案例实践丰富了我们对校本研修的规划及实施诸要素的思考和认识。我们认识到：校本研修是以促进教师、学生和学校的发展为根本，以结合本校和教师的教育改革实践开展研究性学习为基本方式，以建立教师为主体包括专业人士和学校领导在内的学习型组织为交流平台，以改善教师的教育教学行动为直接目标，以提高教师的专业修养和教育质量为根本目的，促进教师的专业发展的一种教师教育形式。校本研修要实现其价值，其规划及实施中的各个要素都非常重要。这些要素包括校长、外部资源（专家的专业引领）、学生体验、教师参与、创新设计、务实行为（具有连续性）等。其中，学校校长变革的意愿和决心与外部资源的利用决定了项目方案的确定。研修中要

> 研修并不仅仅是学习，更需要的是发现问题之后的实践改进行动。

始终关注学生需求，要体察、唤起、符合、引导学生的需求；要深入教师学科专业生活世界，关注教育教学细节；要不断积累经验，逐科扩大；逐步形成与推进同高中课程改革相适应的校本研修发展机制。

回顾这一段难忘的校本主题研修实践经历，我们深切感受到：学生需求是校长和教师关注的焦点，也是判明改进学校教学着力点的依据。研修并不仅仅是学习，更需要的是发现问题之后的实践改进行动。最终，校本主题研修的长效机制在于加强全体教师依据学生需求，不断改进自身教学实践的专业能力发展。

名师资源：王能智的教育故事专题研修[①]

2004 年，北京市政府开展了"第二届基础教育教学成果奖"评选活动，来自北京市石景山区的地理特级教师王能智老师主持的"青年骨干教师综合实践教学能力培养策略研究"课题，赢得了全市唯一的特等奖。我参与了北京市教委组织的评审过程。不久又读到著名军旅作家王宏甲以王能智教育事迹为素材出版的《中国新教育风暴》长篇纪实报告文学。于是，对王老师的事迹产生了极大的兴趣。他究竟是什么样的人？他有哪些成功的教育经验？如何将王能智老师的成功经验转化为更多教师的专业成长资源？

带着这样的问题，我先后多次深入石景山区了解情况，并提出是否可以在总结王老师教育经验的基础上建构教师专业发展课程的建议。但这却给当地领导出了个难题。我和他们邮件、电话沟通多次，还是没有结果。后来，当时担任石景山区教育工委书记的田利跃提出，希望由我直接来主持设计并实施此项业务。

---

① 本项目及案例与北京教育学院石景山分院地理教研员吴云合作完成。我们以特级教师王能智为对象，首次采用故事建构的方式设计并组织专题研修。专题研修活动得到王能智先生、石景山区教委领导和全体参与研修老师的倾情支持。

于是，我就和北京教育学院石景山分院的地理教研员、王能智老师的助手吴云老师，开始了合作。我们经过多次讨论，制订了王能智教育人生专题研修课程规划。

一、研修活动的设计

王能智先生是首都教育界广大教师学习的楷模。他的教书育人经验是北京市基础教育领域的一份珍贵的优质资源。

王能智老师在几十年教育教学探索过程中，对于学科教学以及对于青年教师的培养，形成了自己的具有较高专业水平的知识系统和突出实践特色的机制。石景山区于 2000 年组建了"王能智青年教师研修工作室"，开展了大量专题研究活动，目前已形成以地理学科为代表的，跨学科、跨区域的青年骨干教师团队。

综合上述情况，我们经过反复研究，对本次主题研修活动做了如下设计。

设计方案

主题：感受教师专业发展之路：王能智老师的故事。

目的：通过研修人员对特级教师王能智的教育生涯特点及其专业发展的多维度考察，探讨优秀教师专业成长的形成过程与内在规律。在此基础上，研究促进石景山区中小学教师专业发展的可行措施。

时间：2007 年 1 月 20 日（周六）。

地点：北京教育学院石景山分院南楼四层演播室。

参与人员：来自石景山区 11 所中小学的多个学科的 28 名教师，北京教育科学研究院、石景山区教委、北京教育学院石景山分院的领导及专业研究人员 9 人。

主持人：张铁道、吴云。

活动材料：

为每组准备大白纸若干张、记号笔 2 支，同时准备黑板 2 块、磁扣若干等；此外，安排录像和摄影人员记录研修过程。

活动程序（见下表）：

单元	活动大概主题
第一单元 （上午）	关于王能智的教育故事； 小组专题讨论： 1. 王能智作为一个人、一个老师，有哪些基本特点？ 2. 王能智老师有哪些基本的教学特点？ 3. 哪些因素造就了王能智老师今天的成就？
第二单元 （下午）	关于课题"新教师职业专业化培训研修课程建构的实践研究"回顾； 小组专题讨论： 1. 课题中最有成效的是什么？ 2. 对我们最有影响的表现在哪些方面？ 3. 我们还有哪些问题或困惑？ 4. 改进建议（主题、形式、过程、成果等）是什么？
第三单元	总结评价并研究后续活动

后续活动：

（1）资料整理：整理加工研修过程中形成的资料，收集参与人员对研修活动的反思，在此基础上形成关于本次教师研修的案例报告；

（2）参与研修人员的后续实践与推广，鼓励每位参加活动的老师在学校和自身学科教研中开展新探索；

（3）以本次活动主题名义在石景山及北京教研网设立专题博客，以支持教师开展后续活动。

二、研修活动的实施

（一）上午单元：关于王能智的教育故事

1. 活动开场

北京教育学院石景山分院地理教研员、教龄 15 年的市级骨干教师吴云老师，代表"王能智青年教师研修工作室"欢迎大家参加这次主题活动，并逐一介绍到会领导。

赵士雪（北京教育学院石景山分院院长）：张铁道博士一直十分关注教师的专业发展，关注我区对王能智老师研究的成果。正好我们石景山教委和分院也正在筹备"王能智教学思想研讨会"，所以我们邀请到张院长来亲自主持今天这次活动。

吴云：今天参加活动的成员，无论是校长还是一线教师，无论是市、区级骨干还是刚工作不久的新教师，都希望在自己的专业成长进程中走得更快一些；今天在座的每个人也都得到了王能智老师倾心的、春风化雨般的教诲和指导。下面请张院长主持今天的活动。

张铁道（以下称"主持人"）：王能智老师是北京市基础教育界德高望重的特级教师，是我们大家学习的榜样。此前，我一直与几位区教工委、区教委领导商讨如何加工、开发王能智老师这样好的教育资源。反复酝酿后，我们一起设计了这次主题活动——"感受教师专业发展之路：王能智的故事"。

上午的话题主要围绕王能智老师本人、他的教育生涯和他背后的故事展开，我们想请大家交流、分享与王老师在一起的真实故事。下午的话题将聚焦在王老师培养青年教师的基本经验方面。为便于交流，先请大家逐一介绍自己的姓名、学科背景和所在学校。

大家依次介绍自己。（略）

主持人：我刚才听京源学校曹彦彦副校长介绍说，他们前不久组织了一次"青年教师沙龙"活动，大家都非常感慨。在我们开始正式研修活动之前，我想先请她给各位分享一下，也为即将开始的研修学习提供一个起点。

曹彦彦（京源学校教学副校长、地理教师，市级骨干，教龄 13 年）：我发言的题目是"我们需要什么？"。（用 PPT 播放学校开展的需求调查结果，略。）

我是京源学校教学副校长，我认为作为学校领导要深知学校两类教师的心理特点：一类是新教师。他们朝气蓬勃、求知欲强，非常渴望获得任何有效的知识和方法来帮助他们站稳讲台。另一类是青年骨干教师。他们表面上已能胜任教学任务，在学校得到大家的认可和尊重，但心里却在想："我下一步该向哪里走才能获得更好的发展？"

学校领导非常清楚，学校发展的主要问题在于教师队伍建设。我们认为，如果有一支优秀的教师队伍，学校一切都可以"无中生有"；否则，学校将坐吃山空、一无所有。所以，我们愿意尽最大可能满足新教师渴望成熟、渴望成长，骨干教师渴望进一步发展的心理。

在清楚了教师心理之后，学校跟着王能智老师开始了青年教师培训课程化的研究。课程范围选择在区本、校本、一对一的人本方面。王老师的培训讲究规格，要求"一对一、做出来"。大家的学习效果完全以"做出来"为标准。所以我就想办一个"青年沙龙"，估计老师们会倒"苦水"，但没想到却变成了业务交流会。在活动中，大家积极展示自己的培训收获。比如，语文学科刘海南老师讲了《一个导入 13 稿》的故事，舞蹈学科老师介绍她"如何帮助学生释放天性"的做法，冯文老师介绍她怎样与学生沟通、如何当新班主任，等等。

在活动中，我深深意识到：当青年教师面对各种困惑时，如果有人帮一把，他们就会在教学的专业道路上走下去；如果没人帮，在青年教师自己看来"难以逾越"的困难就会成为制约他们发展的障碍。在上述活动中，我常常想起小说《福楼拜的家》。王老师的"工作室"就是这些渴望上进、渴望发展的青年教师的"福楼拜的家"。当我们遇到大小问题的时候，都会去找王能智老师，他是我们大家的"智力发动机"。

主持人：曹校长的发言给大家开了一个好头。我知道，在座每个人都有与王老师在一起的小故事。今天我们借小组讨论的形式来研讨，目的是让每个人都有平等的机会表达自己。我想请大家讨论的第一个话题是：王能智作为一个人、一个老师，有哪些基本特点？

我给大家五分钟时间，每位老师独自考虑一分钟，贡献一条想法。每个组确定一位老师，汇总整理大家的想法，写在大白纸上；然后推选代表向大家介绍小组交流讨论形成的结果。

2. 交流讨论结果之一：王能智作为一个人、一个老师，有哪些基本特点？

李先平（石景山中学校长、地理教师，教龄12年）：我们组认为王老师的特点有这些——王老师"志存高远"。他为自己的理想、事业放弃了很多机会，他一直在教学领域钻研，为我们付出很多；他"谦虚好学、平易近人"，无论遇到谁，他都非常谦虚；他"善于学习"，善于把握前沿的知识；他"严谨务实"，一步步领着青年教师向前，强调"做出来"；他"淡泊名利"，对我们薄弱校一向非常支持，讲课随叫随到，对青年教师的辅导上门服务，从不要报酬。

在小组代表发言的同时，我作为主持人及时在黑板上记录发言要点，并加以整理归纳。

孙清亚（京源学校教学主任、化学教师，区级骨干，教龄8年）：我组认为王老师的特点是"高屋建瓴"。以我个人为例，我在2003年"非典"期间，承担了一节用于全国教师培训的科学课"水是一种很好的溶剂"。当时我很紧张，也很害怕，心想："在这非常时期，找谁帮我备课呢？"曹校长让我去找王老师，我怀着忐忑不安的心情找王老师求教。

王老师没有拒绝我的请求。他帮助我从科学的分类方法入手开始备课，让我明白把握这节课的重点在于知识教学与方法教学的统一。他的分析使我豁然开朗。整个辅导过程，王老师不是简单地、居高临下地告诉我应该怎么做，而是通过指导、引导，帮我找到了一个解救自己的方法。

朱海燕（古城高级中学地理教师，市级骨干，教龄15年）：我们组讨论后一致认为，王老师首先是一个"诚实、进取的好人"，还是一位"负责任的好老师"，更是一位"好导师"。他"善导、会导"，引导我们总有许多"妙招"。王老师长于理性思考，他在自己的业务领域敢做敢当，有独立人格，对做过的事情敢于担当责任。我们最后的概括："好、能、智"。

热烈的掌声响起。

主持人：你们组概括得非常好，能让人细细品味。

何巍（古城高级中学教学副校长，政治教师，区级骨干，教龄12年）：王老师作为普通人，他最基本的特点是"一个好人"。这表现为两点：一是他淡泊名利，指导我们写了很多论文，上了多节研究课，但都不让署他的名字。他不仅给了我们很多机会，更给了我们很多荣誉。二是表现在他对生活、对事业的那种热情、那种达观向上的态度。

王老师是个好老师。他的专业理想是追求"做一个真正的教师"。他是这么说的，更是这么做的。他经常告诫我们，做一个好老师要尊重学生——不仅在于传授给学生多少知识，更重要的是把学生带入一种琢磨状态。他认为，如果学生一旦进入这种状态，就会提高，进步得更快一些。

王老师总能不断创新，他经常告诉我们专业的本质就是创新。他不迷信书本，总是进行理性思考，提出独到见解，如教学活动化、新常规课教学、区域资源教育开发等。

我对大家的发言进行了小结，认为大家的发言从不同方面勾画出王老师的人格品质、教育理念和教育实践的突出特点。让我们来共同认识王老师作为"一个人""一个教师""一个教师的教师"有哪些基本特点。

首先大家一致认为，王老师是我们社会中的一个好人。他为人诚实，有责任心和奉献精神，有能力、有智慧，会学习、会工作、会生活。因此，他是大家心目中值得敬重、值得崇拜的人。大家谈到王能智老师作为一名优秀教师的特点主要概括为：

- 他具有独特的学生观，把学生看成火炬，教师的工作就是想方设法"点捻儿"；
- 他工作几十年来唯一不变的是教育志向，对教育理想不断追求；
- 他具有宽广、扎实的专业基础，这种基础还在不断学习中拓宽、加深；
- 他的研究工作非常务实，强调做出来；
- 他成全青年人的专业成长，努力把年轻人推到前面；
- 他善于对实践以理性思考，并在反思中归纳、提升；
- 他是多学科教师的老师，具有丰富的资源价值；
- 他具有创新意识和能力，能不断结合新情况、新问题去思考和创新。

通过第一轮讨论，大家以王老师作为研修的主题开展了有效的同伴互动研修，使我们在较短时间内，对王老师作为优秀教师的品质有了比较全面、清晰的认识。这也反映出大家具有很强的思考和参与交流的能力。

下面，开始讨论第二个话题：王能智老师有哪些基本的教学特点？每组有 7—8 分钟时间。

3. 交流讨论结果之二：王能智老师有哪些基本的教学特点？

李京燕（北京四中地理教研组组长，市级骨干，教龄 18 年）：问题引发了我们组这样的思考：王老师为什么倾注生命来做教学？他的教学究竟要达到什么目的？我们用这幅图（见下页图）来表达我们对王能智老师教学特点的解读。

2.教学特点

前　沿　琢磨

教方致用　发展

理论　实践

　　我们认为，教育教学的目的就是要塑造人，塑造有用的人。什么样的人有用呢？应该是当下有用，未来有用。当下有用的人应该读懂生活，未来有用的人应该懂得规律。王老师在想：怎样塑造人呢？这里的"人"包括学生，也包括青年教师。他认为，教学包括两个方面——教和学。教的目的是致用，学的目的是发展。怎么教、怎么学才能真正有效？这就需要我们的教学要踩在学生思维的主线上，这样才能唤起他们的共鸣。王老师教学最大的特点就是能踩在每个人的思维主线上，引起共鸣，所以让人感觉特别兴奋。

　　另外，王老师有脚踏实地的"脚跟"。他一脚踩在理论上，一脚踩在实践上，善于把青年教师和学生带入琢磨状态，让他们走向前沿，逐步成为懂得规律、有用的人。

　　主持人：你们组讨论的结果非常精辟，具有很强的概括力。

侯小波（京源学校地理教师，教龄 2 年）：我是一名青年教师。感谢大家给我这个发言机会。说到王老师对我的指导，有两点让我特别受益：一是他知道我需要什么。我研究生的专业是"火山地质"，我担心到中学来会把我的专业荒废掉。我工作后特别想到大自然中走走。王老师帮我把想法告诉了曹校长。去年暑假，学校安排我带高一学生去长白山考察，还要我担任指导老师。二是我需要的他都能给我。我刚上讲台时，紧张得不得了。我特别需要一些讲课的方法和途径的指导，需要有人告诉我怎么上好课。王老师不仅指导了我，还鼓励我，帮助我成功。他将我带入"正螺旋"，在"体验—成功—自信—再体验"的过程中，我像个孩子一样，在学习教学的台阶上一步步向上走。

主持人：这位年轻老师，尽管话讲得有些"颤颤悠悠"，但他讲述的是自己亲身经历的故事和发自内心的感受，很深刻，也很感人。

王红光（石景山区实验中学历史教师，教龄 3 年）：我觉得王老师的教学特点概括讲是"了解学情，有针对性"。

王老师首先是个倾听者，关注学情，然后他才给予有针对性的指导。王老师的培训有规格、有层次。他给我们的感觉是"实"：他能够把教学与实际联系起来；他注重实践，要求做出来；同时他还非常注重实践后的诊断。另外，王老师的教学特点是"活"：一是方式活，二是思维活。他知识面宽广，思维跨越性大，也就是他常说的"上接天，下接地，中间找兄弟"。

我又对大家的发言进行了小结，我觉得大家的发言带给我很多感动、很多启迪，使我对王老师的认识也敞亮多了、开阔多了。我请大家讨论第二个主题的本意是看王老师是怎样对待学生的，没想到大家都把自己当作王老师的学生来谈他的教学特点。概括大家的讨论结果，王老师的教学特点大致表现为——

①在教学理念方面：

● 他以学生为本，促进学生自主学习；了解学生，关爱学生；针对一类学生或某一个学生的特点去安排教学。"以学生为中心"的理念，他通过实践很好地表现出来。

- 学为发展，教为致用，所以王老师特别强调学习方法。
- 把自己的教学过程与学习者需求的契合程度表述为：踩在思维主线上，唤起学习者共鸣，共同构建学习过程。

②在对教学过程的把握方面：

- 他了解学生的需求后，能给予理念、方法、情感等方面的帮助；
- 他认真倾听的目的在于了解学情，在于进行有针对性的指导。

另外，大家谈到王老师的教学特点还有：

- 引导学生积极参与，在过程中体验成功、建立自信，并在这个过程中不断反思；注重在生活体验中学习——我个人有个体会，深刻反思实践往往会帮助我们找到解决问题的线索。
- 强调所讲授指导的内容要有实用性。
- 重视学法指导。
- 通过教学唤起学生的自信，挖掘每个人的潜力。
- 培养会思维的人。

4. 交流讨论结果之三：哪些因素造就了王能智老师今天的成就？

我又提出一个话题：哪些因素造就了王能智老师今天的成就？请大家通过自己的观察、思考，用主题词的方式列举出来。给大家3—5分钟准备时间。

吴继红（石景山区实验小学语文教师，教龄19年）：我们组认为造就王老师今天成就的主要因素有：家庭价值观的影响。王老师的父亲曾告诉他："如果一个人一辈子能说一分钟自己的话，就是很了不起的事情。"他通过努力做到了。王老师有坚定的职业理想和实现理想的能力；他执着地跋涉，在几十年的教育生涯中遇到很多困难、阻碍，但他最终胜利了；他自我期望值高，对自己的规格要求更高，他对学生包括对我们这些青年教师也怀有很高期待，这里饱含着他对教育事业的热爱。另外，王老师还注重不断进行实践积累，他每走一步都能留下清晰的脚印。他为我们树立了学习的榜样，也是我们追求的目标。

主持人：（追问）请解释王老师的"积累"是什么？

曹彦彦：（补充）主要是实践的积累。一个是他几十年来课堂教学实践的积累，同时他还提倡教师要做半个专业工作者，他自己就有大量的专业工作实践。

主持人：我觉得曹校长讲的这个问题很重要。问题是，积累之后的东西以什么方式存在？是经验还是研究成果？如果是经验，则往往存储于个人的实践体验中，或者通过反思总结成为个人智慧；如果能够借助研究加工提炼为专业知识，并通过研修转换成集体的专业智慧，这种经验及其加工过程就能使更多的人获益。我觉得王老师的积累已经成为后者。

李先平：王老师取得今天的成就，我们认为最核心的是他的理想、信念和价值观。他的学生观是："不让一个学生、一个年轻教师掉队。"王老师的教育人生展示出这样的经历：通过提高自身的教育、教学能力，积淀自己对于教育规律的认识，形成自己的专业思想，并得到社会认同，最终用他的人格魅力赢得大家的尊敬。

陈国秀（北方工业大学附属中学教科研主任、地理教师，区级骨干，教龄 17 年）：我们组认为，造就王老师今天成就的因素有内因和外因——内因包括王老师的职业理想，"勤奋工作"（几十年如一日，他每年只休息 3 天）、"好奇心"（不断挑战自己）、"追求的境界"和"禀赋"（天资聪明）。外因包括好的环境、政策支持，这些使王老师能潜心做学问。遇到好的机遇，还有很多与王老师志同道合的朋友，比如我们这些好学的小朋友（年轻人），使他有了实验的对象和基地。还有许多专家、领导的支持。他有个好老伴（王能智老师的夫人谢丽英，古城高级中学语文高级教师，已退休），多年来在家庭中做好各项后勤工作。

林琳（京源学校地理教研组组长，区级骨干，教龄 13 年）：我们组认为，成就王老师的因素主要有：第一，"文革"时期的坎坷经历。这些经历使他获得丰富的实践机会，所以王老师"博学"。第二，坚韧的性格。在坎坷中他凭借坚韧的性格，一次次战胜困难。因为他有坚定的信念，要做"对社会有用的人"。我们认为用"天道酬勤、厚德载物"能很好地表达这些。最后用"爱、勤、德"来概括我们对王老师人格的理解。

大家发言结束后，我总结了大家的讨论给我印象深刻的有以下几点。

王老师热爱自己的专业、职业，热爱自己做的每一件事情，对于自己从事的工作保持了很强的责任心。这些都受到价值观的影响，也就是大家所说的，生活中要做对社会有用的人，教学中要关注每个学生的发展。

王老师多年来一边实践、一边感悟，在实践中逐渐感悟教师专业规律，并且把这种感悟结合教学具体情境，用"传帮带"的各种形式传授给大家。通过对王老师专业成长历程及其特点的分析，我们对于教师专业成长的规律性有了较为深刻的认识。

当然，大家还从不同角度提到成就王老师教育事业的内、外部因素：内因中最重要的是好奇心。好奇心是唤起人探究、追求特定事物和理想的内在驱动力。外因则是，王老师的成功不是孤立的拼打结果，他的发展和成就也得益于环境因素的影响。

> 好奇心是唤起人探究、追求特定事物和理想的内在驱动力。

最后，我请王老师讲讲自己。

王能智：谢谢各位！我通过大家的发言也在反思自己。如果我的职业可以重新选择，我还要做教师。我一定要做对社会、对国家有用的人，做一名真正的教师。我还会对学生的发展不遗余力。我非常感谢在我成长道路上各位领导和许多老师们的支持。

我觉得"师德"是最重要的东西。越是年龄大的人越这样看，"师德"决定一切。因为师德的核心是职业理想。一个人要生活下去首先要有一个正确的理想，我觉得自己的理想是正确的。

我的想法来自两个方面：我的中学是北京市第六十五中学（老育英中学）。这个学校在新中国成立初期的师资非常棒。给我印象最深的是，每位老师都对自己的学科、专业有一种神圣感，要为它效劳，这就是"敬学"。还有"敬业"，他们对学生的要求一丝不苟，且同时讲名家、讲名著、讲名题……

我觉得"真正的教师"有四个特点：忠诚于事业，忠诚于造就人的事业；有能力在自己的角落里成就事业；懂得自律；在自己的研究领域，有独立人格（当男子汉）。

会场响起持久热烈的掌声。

听完大家的交流，我也受到很多启发。我根据大家的意见和自己的感悟进行了一个小结：王老师的话不长，但对每个人都有很大启发，很大震撼。他回答了真正的教师是什么，真正的教师是怎样走过来的。此时此景，使我再一次深刻感受到，每位参与本次研修活动的教师都已成为相互学习的资源。正因为如此，大家通过反思交流分享建构了新的认识。

我们每个人都亲身体验了一次教师同伴学习过程。我们以构建王能智老师的教育故事为主线，经历了一次全员参与、全员学习的过程。我认为，不一定只有名家才有故事，其实每个人都有故事。只要是发自内心的、真心体验了的成功或者失败都能转化为故事，建构故事可以促使我们进行深刻的感悟，从而达到学习的目的。开展教师研修学习活动的关键在于，把握一定逻辑依据，引导参与者开展故事建构，并以此形成有意义的学习过程。事实表明，只有真实的、有价值的故事建构，才能激发学习者的积极参与、思考和交流。

开展教师研修学习活动的关键在于，把握一定逻辑依据，引导参与者开展故事建构，并以此形成有意义的学习过程。

教师群体开展的同伴研修属于成人学习的范畴。我们的学习活动体现了哪些成人学习的特点呢？

● 强调参与式学习过程的设计。我们知道，围绕王能智老师大家都有许多话可说。关键是让大家说什么？什么时候说？说了之后如何引导？所以我们紧紧扣住王老师作为一个人、一个教师、一个教师的教师以及他的成功因素这一主线，认识优秀教师的成长过程，并由此引导大家共同认识教师专业发展的基本内涵。

● 主张多层次的、互为资源的同伴学习策略。我们今天实践了个人反思、小组研讨、大会交流、达成共识等策略，比较有效地体现了同伴互为资源、团队合作学习的教师学习特点。

● 强调基于身边真人真事的案例学习方法。我们以大家熟悉的王能智老师的教育故事为案例进行多角度的"解构"，而"解构"的目的是更深刻地"建构"。通过这种"解构—建构"的互动过程，我们不仅较为全面地认识了王老师的教育人生轨迹和特点，还由此深刻理解了优秀教师应具有的专业品质，从中也对教师专业发展的本质属性产生了由"这一个"到"这一类"的认识提高。

● 成人群体研修学习也是不断调整学习方向、策略的持续性学习。其中需要学习者的积极参与，也需要组织者有效的引导和及时归纳，确保研修过程具有一定的质量保证。

● 同时，有效的成人学习也是产出性的学习。本次研修活动过程中，每个组都完成了集中各位思考的多张"大字报"，我根据小组发言也借助板书进行了整理，同时我们还有技术人员进行了全程录像。活动之后，我们还将进行整理加工，也希望参加活动的老师们会后将自己的感受写出来，共同形成反映本次学习过程的一个教师同伴研修案例。

（二）下午单元：关于新教师专业研修课程建构课题的讨论

主持人在下午活动开始前对成员重新分组，分为两个学校管理组（包括教学校长、教学主任)、新教师组、骨干教师组共四组，同时把几位观察员融入小组。

主持人：上午大家以王能智作为一名优秀教师的特点及其专业发展相关因素进行了专题研讨。我们深入研究一个老师职业人生的目的不仅在于要认识"这一个人"，更在于探究教师专业成长的一般规律。

在过去几年间，大家都参与了王老师主持的"新教师职业专业化培训研修课程建构的实践研究"。我的问题是：课题研究至此，你在哪些方面有收获？哪些方面还有不足、困惑？突破口在哪里？请大家进行讨论。

周玉华（北方工业大学附中教学副校长、生物教师，区级骨干，教龄17 年)：我们认为课题成效主要体现在：缩短了青年教师成长周期，夯实了青年教师专业技能，找到了青年教师发展规律，开始辐射到校本培训过程之中。

在研究进程中，我们也有一些困惑：一是怎样把好的教学理念进一步转变为教师的教学行为？二是好的课堂教学设计，却因教师基础知识不足而在实施过程中不能达到理想状态，怎么办？三是青年教师发展的内驱力如何唤起？当他们业务达到一定水平出现职业倦怠现象时，该如何引导？

主持人：我认为每个人对自身实践的评价和再认识是非常必要的学习方式。参与课题本身也是教师教育过程。本课题一个突出特点是将"师傅带徒弟"的传统做法努力转变为带动、培训教师专业成长的群体学习课程。

曹彦彦：本课题把教师成长划分为不同阶段，找到了教师发展的关键期，也就找到了教师培训的着力点、切入点。我们在切入点上研究教学操作的窍门、规律，探寻教师专业成长的有效捷径。如三类课的操作关键、新常规课的教学设计等研究成果，使青年教师非常受益。此外，课题研究过程强调要"做出来"，坚持用实践效果检验一切。实践表明，课题实践与促进教师成长之间形成了良性互动系统，可以在课堂这个教育教学主渠道来培养人，包括中学生、青年教师以及学校的领导干部。

存在的不足主要表现在：一是二级培训者实践积累不够丰富，专业基础不够扎实，导致王老师一个人面对众多培训者，使"金字塔"的底座太单薄。过于依赖王老师就可能会错过教师发展的关键期、关键事件。二是渠道、任务数量不够。成人学习靠任务驱动。如果任务量不够，就不能给大家提供更多的内驱力，就会出现有的人越来越强，而有的人则被边缘化的情况。三是社会功利性环境的影响。部分教师由于心态浮躁，导致低层次的重复。学术的功利现象，使有些人愿意"跟风"，不能正视自己的实际问题。

主持人：刚才大家的交流很有意思。如果说第一组提出假设——通过课题有可能缩短或加快教师成长过程，第二组则针对"为什么和怎样做"提出了青年教师发展的"阶段性""关键期"和"着力点"。这是你们对课题的贡献。

我认为需要补充的是，教师面对的群体中还应提到家长。不久前，北京第二实验小学的李烈校长在一次座谈会上提出，如今青年教师大部分都是独生子女，他们中许多人不会与家长进行有效沟通、指导家长配合学校教育，这的确是个新问题。

我还有一点疑问：课题中的青年教师是否一定都要王老师亲传亲授？我的意思是在座的各位不仅是课题研究的探索者和受益者，大家还要成为课题实践的传播者，在带动本学科、本学校老师成长中发挥骨干作用。

课题研究的价值在于增强我们的专业能力。希望大家通过课题研究不断充实自己，逐步成为所在学科团队或学校的带动者。

何英茹（北京市第九中学学生处主任、地理教师，区级骨干，教龄11年）：我们组成员主要是来自学校的骨干教师。今天的收获主要有：学会了上好一节课的操作要领，如何观察、如何评价青年教师的课。我们的体会是，要在教师群体中形成学习型团队。

主持人：（插话）教师成长本身就是成员之间相互启发、相互依存、相互促进的学习过程。因此，每位教师都应学会同伴间的交流与学习；在解决教师发展的动力、志向之后，更要解决教师专业发展面临的一些细节问题，如怎么上好课？怎样评好课？等等。

何英茹：（继续）我们在进行二级培训时，也遇到一些问题和困惑。一是我们不能很好地用心理学、教育学的一些理论和方法理性解释一些有特色的课；二是我们的专业积淀还不足以准确诊断学生存在的问题；三是我们没有足够的能力提出问题——一个是帮助、引领学生提出问题，另一个是对自己的教学进行有效反思；四是我们缺乏利用社会教育资源的能力。

主持人：我给大家带来一组挂图——《孩子们期盼的好老师》。（展示并说明几幅图，略。）我通过研究深刻认识到，我们的教学能不能满足学生的需求，是评价教师教育教学行为的主要标准之一。教师评价自己的行为，不仅要看教科书的知识、技能是否为学生们掌握，还应考察我们满足学生学习需求的方式是否适应他们身体、心理和情感的特点。

金红玲（京源学校生物教师，教龄3年）：我研究生是在北京师范大学教育学院上的，毕业后便来到了京源学校。刚工作时我很迷茫，常问自己："我选择了教育，教育会选择我吗？"这时，学校的领导和老教师在很多方面帮助我，为我指点迷津。还有王能智老师，他不仅在一次次完成作业的过程中指出我的问题，还指明解决问题的方法。我参加区"创新杯"教学比赛前，王老师让我给他"讲课"，要求是不许用任何课件。当时我如履薄冰般紧张，因为我对课件有心理依赖。一直到比赛结束，我才明白他的良苦用心！

参加区"达标检测"前，王老师在我的本上写下"自信"二字，使我备受鼓舞！

李小燕（北方工业大学附属中学生物教师，区级骨干，教龄12年）：我特别感谢王老师，他把我真正领进教师专业的"门槛儿"。

2003年，我有机会与王老师磨了一节课——"走进草履虫的世界"，才知道教学设计是怎么回事，教师应该怎样认识教材、怎样理解学生。这个"一对一"的磨课过程对我影响最大。从那儿开始，我对教学有了新认识。到今天，我仍然在按照王老师教给我的方法做。另外，王老师帮我体会到跨学科备课的好处，目前这已成为我的习惯。这种方法能让我提前了解学生的需求和问题。

现在我的问题是：我对王老师讲课的有些内容还不能深刻理解和领悟，还不会举一反三。我目前最大的困惑是：课堂教学中如何"点捻儿"？如何帮助学生始终保持对学习的兴奋、渴望和想要探索的状态？如何让我的学生在课堂上真正"有话可说"？

王红光（石景山区实验中学历史教师，教龄3年）：王老师特别注重培养讲述能力，要求我们要讲到"枝叶扶疏"。我曾问他："新教师带着憧憬和激情参加工作，几年后就衰退了。激情如何保持？"王老师告诉我："激情来自创新。"我奉献出来，希望与大家共勉。

刘海南（京源学校语文教师，教龄3年）：在接受王老师培训的过程中，我的感受是：课题研究的理念很好，但必须运用到实践中，才会发挥实效；一个教师要想有更大的发展，必须不断增大信息量、扩大知识面，夯实学科功底；青年教师的成长要有很好的氛围，进步无止境，我们永远不能自满。

冯文：我从王老师身上学到很多东西，如怎样确定教学目标、怎样进行教学设计、怎样进行课堂提问等。我体会到要跨学科地学习；要学会不断思考和反思，借他人之长补己之短；最重要的还是要把培训内容内化为自己的东西。总结我们组的发言，跟随王老师学习后，最深切的感受就是教学要"做出来"。

主持人：虽然这些青年教师步入教学岗位的时间不长，但都得到了王老师的指导，对自己的成长有深刻体会。我觉得青年人对自己的成长过程能否把握是很重要的。他们交流的经验值得我们学习。

接着，为提高交流效率，我针对不同组提出不同的问题请大家讨论，列出条目。管理组讨论"组织教师专业发展，学校能做哪些事情"；教师组讨论"从教师个人成长的角度，提出一些近期要做的事情"。

张爱娣（八大处中学教科研中心主任，区级骨干，教龄15年）：我们

的思考用一幅漫画表现出来。(见下图)

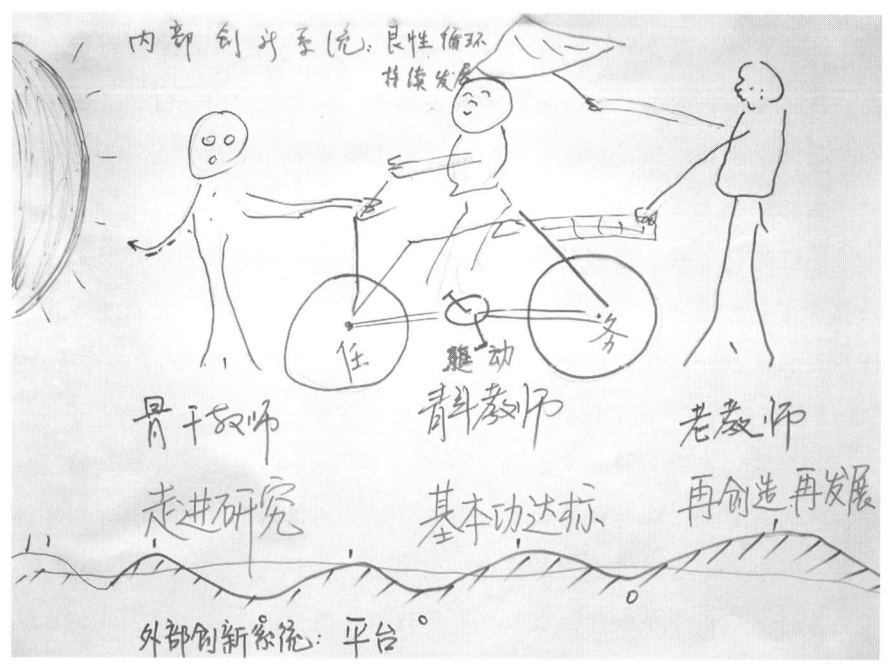

　　图中的三个人代表教师业务水平的三个层次：前面是骨干教师，后面是老教师，中间是青年教师。青年教师要通过任务驱动（骑车）来努力前进。前面要有骨干教师来牵引，后面有老教师去扶持，三者形成一个教师互助团队，目标一致，最终都是为了学校的发展、学生的发展。

　　如何帮助青年教师"骑好自行车"？学校要组织"基本功达标"等一系列活动作为任务。骨干教师的作用主要是教学研究，学校要帮助他们进入研究状态。老教师有经验，学校要焕发他们进一步工作的热情，还要让他们有所创造、有所发展。这样就能构成学校内部和谐的学习、研究共同体，达到共同发展的目标。

　　教师专业发展的道路是曲折的，怎样在曲折中前进得更顺利一些呢？我们认为有两个系统在起作用：内部创新系统，通过三者不同任务的达成，来促进学校的良性循环、持续发展；外部创新系统，与学校管理有很大关系，通过搭建教师发展平台、建立保障制度、形成激励机制，促进教师专业的可持续发展。

最终目标是：让曲折的道路变成通途。在王老师的指导下，在大家的努力下，克服困难，不断前进。

主持人：这张图画得非常形象。我再补充一条解释：新教师、中青年骨干教师、老教师三者的互助关系及其位置转化，其实也是一个教师群体有差异和互补性的专业成长过程。它表明教师成长是团队行为，是不同发展水平教师组成的共同体，也是不断学习、渐渐成熟的连续体。青年教师要想走得快、走得远，既要有同伴互助，更要靠个人的努力。

下面请"小老师组"（青年教师组）来交流他们的心得。

李小燕：这张画很形象。我们组仿佛是"骑在自行车上的人"。如果只靠别人的拉和推，自己只坐在车上，别人的辛苦就白费了。那么，我们该怎样骑呢？

我们的考虑是：在骑车过程中出现的困难，就是需要及时反思、诊断的问题，然后进行有针对性的学习，在学习的基础上与别人交流，最后通过实践来检验自己的思考和学习效果，一直这样循环下去。只有让车轮转起来，我们才会骑得更稳，走得更快。当然这里必不可少的就是老教师的帮助和指导。

主持人：大家代表不同发展阶段的教师对专业发展提出了具体看法，都非常有价值。下面我也请课题主持人王老师谈谈他的想法。

王能智：我觉得大家现在面临一个实际问题，区里、学校每年投入大量的人力、物力、财力进行教师培训。怎样才能高效做好这件事呢？我觉得对于学校来说，最容易、最方便的做法就是把培训活动变成一门持续不断的课程。现在教师培训的内容特别纷繁，又莫衷一是，因此更需要形成人本的、校本的、区本的培训课程。老师们实际喜欢的是非常专业的研究——课堂教学。我认为，教师一定要研究对自己发展有用的问题，努力寻求一个省事、省力、省钱的校本的教师专业发展途径，做一件实实在在的事情。

三、对于研修活动的反思

一天的研修活动在紧张、愉快、分享的气氛中结束了，留给大家的思考却还在继续。

张爱娣：我们开过很多研讨会，自己也组织过很多研讨会，往往参加也就参加了，组织完也就过去了。像这样能引发我们现场积极思考、激情发言，会后还有深刻感触、深入反思的研讨会并不多。关于它的成功之处我认为有如下几点。

首先，研讨的话题是大家熟悉的，而研讨者本身是不同层次的课题参与者。参加论坛活动的人不多，但都是王老师课题的积极参与者：有学校管理者，有骨干教师代表（他们既是受训者，也是课题的二级培训者），有青年教师代表（课题的培训对象）。这些来自课题不同层次的参与者围绕共同的话题，有机会从不同角度阐述自己的见解，让讨论变得饱满。

其次，小组研讨的形式发挥了每一位参与者的积极性，突出 1+1>2 的团队合作功效。每个问题的解决都是小组合作的结果。在小组中有说的、有写的、有画的，组内讨论使大家的智慧汇聚在一起，组间交流又使大家的思维碰撞发散，引发更深刻的思考。

再次，组织者的精心设计、主持人的高超技巧是论坛成功的保障。组织者精心设计了这次活动，大到主题、问题、任务、形式的确定，小到环境布置、工具准备、休息室安排，可以说是事无巨细、费尽心思，使参与者能全身心地投入感兴趣的话题讨论。张院长通过精彩点评、阶段小结、小故事，通过幽默智慧的语言，化解了大家的思维疲劳，使我们受益匪浅。

吴春萍：今天的一个收获就是，这种全员参与、积极热烈、高规格的活动给我带来精神补给！今天在座的每个人都全身心投入，气氛很热烈。这种座谈倒很像现在新课程所提倡的分组、合作、自主学习，可我们平时却很难上出这样效果良好的课。主持人会前精心的设计、巧妙的分组安排，让在座的每个人都对这种教师培训形式耳目一新。

刘馥花：讨论王老师课题的影响时，大家都跟打了兴奋剂似的，话匣子一打开就收不住了，兴奋得不得了。我觉得自己的胆子和口才是最拙劣的，可也被大家勾起了说话的欲望。下午有一个高频词就是"点捻儿"，我的捻儿也被点着了，而且还是在最后一轮的最后一个发言。嘿！这发言机会真棒——好的、巧的，全让前边的学友说了，我干脆来了个总结，感觉站在巨人的肩膀上就是看得远。

周玉华：参加本次研修活动，我最大的感受是：王能智老师不仅达到"将教育看成一种自我价值的实现，一种幸福的体验"的最高境界，而且他最大的价值体现在"成就他人，提升自我"方面。他是一位有人格魅力、有智慧和有思想的好导师。

后续研修活动：王能智的教育
故事专题研修设计与实施反思

发展规划：教师如何参与学校发展①

一、研修活动的设计

北京小学长阳分校地处北京市房山区，是一所建校仅有五年的全新小学。校长武维民与我沟通多次，希望能够结合学校发展的实际开展一次专题研修活动。为此，我提前去学校做了实地考察，了解了他们的具体需求，并经过多次研究，确定组织全体教师以"回顾2017，展望2018"作为研修主题。我们还合作设计了研修活动的具体方案。

> **设计方案**
>
> **参加人员：** 全校教师
>
> **时间及地点：** 2018年1月23日，北京小学长阳分校一楼多功能厅
>
> **活动内容：**
>
> （1）回顾2017年学校发展及教师个人职业体验；
>
> （2）展望2018年新学期在学校管理发展方向及教师个人职业发展生长点；

---

① 本研修活动系与北京小学长阳分校武维民校长合作设计并组织实施。案例素材由孙雪娜老师提供。

（3）制订学校2018年教学与管理工作改进计划。

分组安排：

参会人员共15个组（其中，行政管理者组2个、年级负责人组1个、学科负责人组1个、班主任组2个、年级辅导员组1个、学科教师组8个）。

活动流程（见下表）：

时间段	具体安排
	预备阶段：建组
8：10—8：30	教师分组就位 组内建设：撰写组内口号 组内分工：组长、发言人、记录人
8：30—9：50	第一阶段：回顾2017 1. 研讨主题：围绕教师个人专业发展、工作方式等方面进行自我反思 （1）在2017年工作中，你最有成就感的是什么？ （2）回顾2017年工作，让你最感动的人或事是什么？ （3）在过去一年里，你对自己的工作不满意的是什么？ 2. 研修活动流程 （1）组内交流并提炼出关键词，用图或文字的方式写在大白纸上； （2）各组报告； （3）主持人总结：对全体教师的观点进行梳理与总结
9：50—10：00	休息
10：00—11：20	第二阶段：展望2018 1. 主题研讨：围绕对2018年工作的改进与需求进行讨论 （1）自己在工作上特别期待改进的问题是什么？（教师组） （2）学校应为大家提供什么样的支持和改进？（管理组） 2. 研修活动流程 （1）组内交流； （2）组间分享； （3）观点总结
11：20—11：50	专题总结

时间段	具体安排
13：00—15：30	第三阶段：反思研讨 1. 主题研讨：结合老师们的反馈，进一步调整新学期学校各级管理工作的计划 （1）上午老师们的分享，对自己团队工作的启发是什么？ （2）工作反思： ①个体发展层面：思考自己在专业和管理方面的现状和改进方向。 ②团队管理层面：在内容确定、做事流程、人际关系、团队协作等方面，有哪些是需要反思或进行经验分享的？ ③专业研究层面：在课程、科研、教研、班主任等方面，说一说对相关内容的理解与困惑。（可选择最有感触的一个方面分享。） （3）个人分享。 2. 教师的观点梳理与总结
15：30—16：30	第四阶段：行政管理组研讨 1. 各部门分板块梳理当天的活动反思 2. 结合学校规划的方向及老师反映的问题，思考各部门工作的推进点 3. 制订本部门改进计划
寒假任务梳理（学校自行组织）	
寒假	分不同部门进行改进计划的制订与细化工作

二、研修活动的实施

2018年1月23日8点20分，当我迈进学校大会议室，发现110多位教师已经分成了15个小组。见我进来，全体老师都站起来，很有礼貌地开始鼓掌，我也忙不迭地挥手致意。武校长简要地向大家介绍了我的基本情况后，便将会场交给了我。

（一）第一阶段讨论：回顾2017

我首先跟大家打了招呼，提出我们要在一起举办一次特殊的研讨会，第一部分是"回顾2017"，第二部分是"展望2018"。我们首先从回顾

2017 开始，请大家交流分享以下几个问题。

"在 2017 年工作中，你最有成就感的事是什么？"

"回顾 2017 年工作，让你最感动的人或事是什么？"

"在过去一年里，你对自己的工作不满意的是什么？"

我要求每一排（4 个组）只讨论一个问题，最后一排的 3 个组可以对前面问题做补充。（这样既节省时间，又避免内容过多重复。）我还要求每一位老师根据题目先将各自的答案写在自己本子上，而后通过交流形成小组意见，再汇总到大白纸上。我们约定 10 分钟之后进行大会交流。

1. 交流一：2017 年中最有成就感的事

班主任 1 组：在这一年中，我们的成就感主要来自四个方面。第一，学生在这一年中各方面都有了很大进步。第二，作为年轻老师，我们与家长的交流更从容、更顺畅了。第三，生活在北京小学这个大家庭里，我们有了一种家的感觉。第四，作为一名教师，我们在这一年做到了勤思考、善反思、勇实践，在不断的努力中成长进步。

年级负责人组：我们 2017 年的工作成就感来源于组内建设和专业成长。教师和学生都很快地融入这一年的工作和学习。我们见证了协作和沟通的力量。年级负责人（年级组长）不仅承担年级备课与学科教学管理工作，还兼任班主任，每个人都积累了更多经验。

数学 1 组：我们的收获主要体现在教学实践和学生养成两方面。第一，教学实践的成就感主要来自学困生转化。学困生不仅学习成绩有所提高，也产生了学习热情。第二，创建友善课堂。新任教师很快能适应友善课堂需要，在实践中不断增强自己的能力。第三，这学期数学学科活动聚焦组内教研力的提升，让我们对教材的把握更准确。第四，师生关系好，班级氛围良好。

综合组：我们的工作成就来组内工作和个人专业发展两方面。英语组《花木兰》戏剧演出获得全国一等奖，学校也获得"戏剧示范基地"荣誉称号；个人专业发展上，综合组教师们激发了学生多方面的学习兴趣，有利于学生长远发展。

体育组：我们的成就感来自新技能习得、个人专业发展、课堂教学实践、比赛成绩和团队建设五方面。我们学校在冰雪、足球、篮球、乒乓球方面的比赛成绩等都有了一定的提高。体育组的团队建设得到加强，工作中互相补台，彼此鼓励。

我小结道：大家觉得 2017 年最有成就感的方面主要在于——

（1）兢兢业业开展教学实践，转变后进生，推进课题，改善师生关系；

（2）学生获得很好的学习体验，包括成绩、对学校的印象和个人全面发展方面；

（3）教师归属感强，有进步，有发展，如体育组学会新技能；

（4）团队凝聚力强，团队协作沟通良好；

（5）学校的各项业务活动都能成功举办；

（6）我们的工作得到学生、家长和校领导的认可。

2. 2017 年最感动的人和事

数学 1 组：同事方面，我们互相帮助，彼此理解。比如，有些老师外出培训，其他老师来补台，毫无怨言。大家彼此友善，和谐相处。学生方面，我们常常被学生的成长所感动，尤其是在老师外出时，学生会自我管理；老师得到学生由衷喜欢。

语文 1 组：作为年轻人，最重要的是坚实的脚步。我们组画了这幅图—— 一只脚丫，表示我们行进在北京小学的阳光大道上；四个脚趾分别代表大朋友、孩子、伙伴和自我。我不仅收获了"学生粉"，也收获了"老人粉"。有一次，学生的姥姥专门跑到学校找我，就是为了看看我，向我表示感谢。家校活动时，家长也会发一些很暖的信息给老师。

语文 2 组：最让我们感动的首先是孩子的微笑。孩子们会抱着我们说辛苦了，还提醒我们多喝水。其次是同事之间的互帮互助，领导带我们成长，年级组长主动承担，还帮我们梳理活动的节点等。最后是感谢自己，我们一直在坚持，收获许多，成长许多。

音乐组：我们的感动来自学生和同事。通过教师的帮助，学生变成一个崭新的模样，让我们分外感动。

综合组：我们的感动一是引导个别学生转变取得成效。二是各组老师互相配合，若有老师遇到调课总能得到理解和配合；有老师生病，没课的教师总能及时替补。

我最后小结道：回顾过去，大家不约而同地想到以下这些最感动的人和事。**一是被学生感动**：学生自主管理能力增强，更加喜爱学校，个别生转变，学困生走出困境。**二是被同事感动**：同事之间友好相处，及时补台，班主任和科任教师和谐相处，在团队中得到欣赏和肯定。**三是被自己感动**：大家都有责任感，默默付出，享受工作，悦纳自己，还能不断学习反思。**四是被家长感动**：得到家长的理解、支持和信赖。**五是被领导感动**：老师们在尽力工作后，得到领导及时肯定，获得更多自信心和归属感。老师们在发言中表现出的"自我悦纳"给我留下深刻印象。

3. 2017 年自己不满意的事

班主任 1 组：我们的不满意有三方面。一是工作教学方面，主要表现在教学目标不明确，教师教学经验不足。二是家校沟通时个别家长不配合。三是教师个人管理方面，个别老师有时情绪化，有拖延症，效率不够高。

美术组：我们的不满意集中在——小组合作教学缺乏有效性，学生展示平台单一；教学评价方式单一。如何运用评价手段激励个别孩子有效参与班级活动，是我们组下一年的工作重点。

行政管理者 1 组：我们组不满意的，一是缺乏履职能力，这首先是要学会让工作具有计划性；二是需要增强执行力，能够有效开展工作；三是在专业性、综合性能力方面比较薄弱，需要加强；四是还需要创建友善和谐的情感环境。

行政管理者 2 组：我们认为，各部门职责不明晰，有待整合提高；与老师、学生沟通少。

语文 2 组：我们很想读书，但是各方面的工作堆积到一起时，又没有时间安排，需要自己多想办法去调节自我并解决问题。

我最后小结道：老师们的不满意主要集中在以下几个方面——教师自身专业素养、教学水平与绩效、班级管理、家校沟通、个人管理、小组合作、评价指标与绩效、工作规则和方式、人际沟通和交流。这些不满意之处，也为大家改进新一年的工作提供了具体的努力方向。

（二）第二阶段讨论：展望 2018

回顾了 2017 之后，我们来展望 2018。主要聚焦两个问题：

（1）2018 年你对自己有什么期许？你将如何去实现？（由教师组回答。）

（2）为实现 2018 年的发展愿望，你将会做出哪些努力？（由行政组回答。）

1. 对 2018 年的期许

体育组：在课堂教学方面，我们要多进行一些研讨，注意培养学生的品行、意志力，进行团队建设。在训练方面，我们要有目的、有针对性地制订科学的训练计划。我们要在提升孩子们身体素质的同时，关注孩子们的意志品质、规则意识、礼貌礼仪。

张铁道：（点评）体育组提出了很好的思路。他们谈到通过体育课培养学生的规则意识、团队合作意识和意志品质。体育，不仅有助于培养人的身体素质，还有益于塑造人的精神世界。体育组在迎接 2018 年的时候，率先拓展了自己的教育功能，特别值得我们期待。我的建议是，有了很好的定位，下一步就需要结合既定教学目标做出具体计划，并通过每一次教学活动一步一步去实现。

班主任2组：我们2018年的目标定在要提高学生的自我管理能力。我们把提高学生自我管理能力分为三个步骤。第一个是我们的创想，第二个是我们的活动，第三个是我们的成长。我们要和学生一起，确定发展目标、实施活动计划与预期成效。我们要根据学生各个年龄阶段的特点来设定具体目标，然后和学生一起形成一个共同的约定，按照约定来开展活动，主要包括班会活动、评价体系、家校共育等。

张铁道：（点评）这组班主任侧重提高学生的自我管理水平，分享了他们的思路。其实，大家都知道，提升学生的自主管理能力是班主任工作中的一项最有价值的业务。我们需要强调的是，班主任的职责不是把学生管住，而是努力激发学生，让学生自主担当自己学习与成长的责任。

英语组：我们2018年依然会聚焦我们的课堂。我们会更加注重个人教学能力的提升。在课堂实践方面，我们要关注全体学生、课堂常规和有效评价。在个人能力提升方面，多参加外出学习的机会，努力改进日常教学实践，多跟前辈学习、交流。

数学2组：上好每一节数学课，是我们2018年的目标。什么样的课是好课呢？我们认为好课就要课堂效率高，目标达成度高，孩子们喜欢。为此，我们想重点研究教什么，怎么教。具体来说就是，研读课标，梳理教材，读懂学生。

张铁道：（点评）刚才数学组老师的发言让我突然学到了你们改进教学的三个着力点，那就是研究儿童、研究教材和研究教学。

班主任1组：我们2018年最想做到的就是努力做到心中有学生。因为我们面对的不只是学生，还有学生背后的家庭。只有教师、学生和家长三方携手并进，才可以走得更远。

张铁道：（点评）这个组设立的目标是帮助学生获得学习能力。而要达到这一目标，他们认为需要学生、老师、家长形成合力。

综合组：我们觉得首先要夯实常规工作，从上好每节课开始。其次是要结合各学科的特色、学科特点开展教学。我们努力的方向就是，让学生成为文明有礼、诚信友善，具有人文底蕴、科学精神，学会学习、实践创新的人。

数学 1 组：我们希望 2018 年对于核心问题的教学设计与实施能够有更好的把握。在班主任工作方面，主要是做好个别生的转化。

美术组：我们美术组画了一棵许愿树，每个人选择了一个自己最喜欢吃的水果，寓意是大家多才多艺，希望把自己所擅长的运用到教学当中。

我小结道：分享各组老师们关于 2018 年的愿景，让大家都很兴奋。大家不仅有新期许，也有具体的努力措施。大家交流中有八个主题词，那就是"学生、能力、行动、老师、教学、课例、研究、合作"。通过交流，我们对于学生发展有了全新的认识：不仅包括一般意义上的"德智体美劳"，还涉及"规则意识、意志品质、理想追求、自我管理、人际交流"。大家还认为，所有这些品质不仅是对个体的，而应成为全体学生共同拥有的品质。

另外，大家都认为，学生的学习要从完善教学常规做起。这些常规，既是对成功经验的总结，也是对各学科教学的普遍要求；既有教好每一堂课的基本模式，又有适合于不同学科的方法。而且这种常规也不是一成不变的，还需要与时俱进。让我特别期待的是体育组。他们特别注重要拓展能力，计划从改进训练教学去达成目标。

聆听各组老师的交流，我体会到：年轻教师，要有意识地把做好本职工作当成自己积累专业实践能力的主要渠道。另外，大家也特别谈到，要在教学中积累成功的课例资源。我需要提示的是，我们不仅要自己创建好资源，也可以通过网络去找到更多更好的资源，用来丰富我们的教学。

关于家校合作问题。我注意到在场的许多年轻教师还没有成家，或者还没有孩子。怎么跟家长有效沟通？可能是一个很大的挑战。教育是学校和家庭共同作用的结果。所以，学校要在引导家长开展有益的家庭教育方面做出努力。

关于教学研究。我们需要研究课程，研究教材，研究儿童，还需要研究教学方法以及教育技术的应用。对于在职教师来说，自觉借助研究改进教学也是促进教师专业化的重要方式。我们要做一个称职的、受学生欢迎和同行认可的老师，就需要坚持边实践、边研究、边总结。

> 对于在职教师来说，自觉借助研究改进教学也是促进教师专业化的重要方式。

为了迎接2018，班主任与各学科老师们都提了很多举措。那么，我们的年级组长、我们的校领导们以及其他支持部门，怎样回应老师们的愿望呢？

2. 学校在管理方面要做的改进

年级组长：首先我们要加强组间合力。依据学生特点和教师特点，凝聚组内核心，构建团队文化，打造各年级的特色课程，加强各个班级的班级建设和学生养成。其次是通过集体抓学科调研形成合力去推动班级建设。实施的路径主要是打破界限，借助特色活动，完善特色课程，促进学生综合素质的提升。

　　张铁道：（点评）我觉得年级组长们有很强的责任意识。对于不同年级的不同需求，包括班级建设、跨年级组长团队以及学生跨年级的相互学习，都提出了具体要求。他们的发言还提出了"学生自主，教师自育，年级自律"的要求。

　　需要强调的是，首先要自主努力，同时也强调彼此互助，这样可能就会更有益于共同发展。

　　学科组长组：我们画了一幅图，主题是"童心一席"，这个"童"就是儿童，要基于儿童，顺应儿童发展观。"心"则是指有爱心、童心，还要有耐心、善心。"一席"的四道"菜"分别是组内文化、自我管理、发展方向和专业提升。

　　张铁道：（点评）非常感谢两位老师！你们说的我都同意。但有一条要稍微补充一下。在一所学校，往往会因为有那么几个人，做出了创造性的工作，而受到社会关注。因此，学校领导应该给大家提供创新探索的指导和环境。

行政管理者 2 组：我们希望下学期的工作目标是，引导师生共同构建一种非常舒适的学校氛围。目前我们的工作多而杂，学校任务推进不够持续。为什么会出现这样的现象？主要是因为：管得多引得少，聊得少陪得少。我们提出的改进举措是：优化管理方式，聚焦有效策略；从"我管你"转到"我陪你"；努力读懂儿童，读懂老师。在以后的工作当中，我们要始终聚焦学校核心工作，在整合、协同、沟通、自我管理等方面下功夫。

张铁道：（点评）刚才几位老师的分享，让我对年级组和学科组在保障教师专业发展、保证正常的教学质量方面所发挥的作用有了全新的了解。

行政管理者 1 组：教师专业发展的关键在于团队建设，也就是要创建一个成长共同体。我们学校提出要建立一个友善的氛围场，让友善扎根落地，让每个人幸福成长，让孩子们找到心灵最美的后花园。

张铁道：（点评）各位的发言都很给力。如果说老师们交流教学业务问题似乎很正常，但我没有想到管理部门负责人的发言居然没有一点"行政"的味道！

三、活动感受分享及总结

（一）教师分享感受

交流活动之后进入总结阶段，我请每个组选代表用一个词或一句话描述今天的研讨活动。

教师 1：我最想说的一句话就是刚才王老师说的——"2018 年一定要撸起袖子加油干！"

教师 2：我想到三个词。第一个词就是"真实"。我觉得今天这种讨论氛围，其实是我们日常生活当中真实发生的，它带给我们的收获是巨大的。第二个词就是"规划"。我们从没有感觉到我们对自己的定位，对学校的整体发展有这么强的责任感。第三个词是"专业"。我们每个人都想做一个专业型的教师，感觉自己都有着特别光明的未来。很想达到以上目的！

教师3：我自己的感受就是"参与感"。与以往不同，每个老师都积极参与交流，一起出谋划策。这种参与感也带给我自己一种主人翁的意识，让我不再是听众，而成为主动的思考者。

教师4：我觉得今天活动给我最大的感触一是"悦纳自我"，二是"教师互育"。说到"感动"这个话题的时候，我真的回想了自己入职一年半以来的所有经历，发现自己还是挺厉害的，是在面对困难中逐渐成长的。今天我还发现，大家都有很多东西值得我去学习。

教师5：这半天的学习，促使我对自己这一年的工作有一个整理和反思。同伴的分享也让我对自己的一些工作有了新的认识和反思，并针对自己的不足产生了改进的想法。

教师6：我特别感谢张教授深入浅出地帮我们来进行规划。我今天晚上就要趁热打铁，进行深入的思考，确确实实地、脚踏实地地把要做的事落地，然后去创造。

教师7：这个研讨会带给我最大的感受就是我们北京小学老师是一家人。所有人的参与热情和激情都特别高。特别是在张院长的引领下，学校领导也参加小组讨论，跟我们共同研讨学校整体的规划发展。他们的发言也让我们看到他们的思考与目标。我希望在学校领导班子的带领下，每一个学科组都能够按照我们今天定下的目标，上好每一节课，把我们的孩子教育得更好、更优秀，达成我们今天所定的教学目标和育人目标。

教师8：张院长今天一开始说的第一句话就是"好东西，都是切磋出来的"，我当时还有点意外。经过小组研讨与交流，我觉得好东西的确都是切磋出来的。通过大家的研讨交流，以后的工作方向、努力的目标也变得特别清楚。2018年的目标清楚以后，我觉得自己以后的工作可能会更加自如。

（二）研修活动总结

最后，我对此次活动进行了总结——

我们以"回顾2017，展望2018"为主题，进行了非常热烈而有价值的主题讨论。大家可能会问，为什么我们都很积极？那是因为我们的话题是建立在大家亲身经历基础之上的。于是，每个人都有话能说；同时又受到同伴感染，还有话想说。

我们每个人都乐于参与，还因为每个人都有机会与同伴分享，与其他学科老师、学校干部分享。大家基于自身经验的平等切磋就催生出很多成果。我们写在大白纸上的、写在黑板上的，更多的是我们每个人表达的，是我们共同建构的认识。如果没有我们每个人敞开心扉的这种分享，我们也不可能有这样的结果。我们把这种个人思考、小组交流、

> 我们写在大白纸上的、写在黑板上的，更多的是我们每个人表达的，是我们共同建构的认识。

大会分享及资源加工的机制叫作"团队研修"。在短短大半天时间里，我们不光总结了 100 多位老师 2017 年的工作体验，还创设了 2018 年将要启动的个人的、各个组的以及学校的新举措。应该说，大家亲身感受到了这种"研修"的力量。我深切感到，各位老师都非常了不起。没有大家的参与，就没有我们研修的成果。

这次的主题研修也是一种以教学改进、教师发展与学校改进为导向的行动规划。我欣慰地看到，老师们针对原来存在的遗憾和问题，提出了改进工作的设想。这些都说明，反思既有体验，预期未来体验，不仅能够有助于我们获得高质量的学习，还能激发我们改进未来实践的动力。

四、研修活动后记

上述活动结束后，武维民校长不失时机地在放假前后多次组织学校干部及骨干教师开展专题讨论，根据新的需求重新拟订学校年度工作计划及保障措施。确定借助本次研讨会提出的改进举措作为 2018 年度推进学校内涵建设的重要契机，重点围绕"结合师生发展需求，改变管理策略""基于教师个人发展需求，重构校本研修体系""形成分布式管理机制，完善学校顶层设计""借助学校德育体系建设，激发师生双自主能力的提升"等领域规划具体行动。在促进教师发展、提高教学质量方面，学校成立了 8 个骨干教师牵头的教师工作室和 16 个自主项目研究，将采取"1+2"推进策略进行跟进（即每月一次项目组研讨交流和一学期两次阶段汇报）。

此外，学校还专门邀请西北师范大学体育学院张学忠教授前来观摩每一位体育教师的教学，并在分析研究基础上指导体育教研组制订了教学改进计划。

成效评估：
北京海淀足球教师国际培训总结会①

一、研修活动的由来

本案例所涉及的是本人既不熟悉也不擅长的足球教师培训。因此，有必要交代一下它的由来。2015 年春节期间，我去探访昔日一位老朋友，偶遇他们的女儿雷雅舒和女婿徐海陆由西班牙来京探亲。看到两位青年十分谦恭、上进的样子，我心生好感，便攀谈起来。我了解到，他们不仅谙熟西班牙语，海陆还说他特别喜欢足球，与当地足球俱乐部有很密切的联系。我顿时突发奇想："你们是否愿把年复一年的回国探亲变成工作出差呢？"见两位年轻人有些茫然的样子，我接着说："如今国家特别重视普及足球，还开始倡导'足球进校园'。但突出的问题是专业化的足球师资十分短缺，国内的培训能力也有限。如果你们能够联系到西班牙专业

① 本文基于本人主持的由北京市海淀区教师进修学校举办的足球教师国际培训总结会的专题交流而成。此项培训由来自西班牙的徐海陆、雷雅舒牵线搭桥并提供翻译服务。项目得益于海淀区教师进修学校罗滨校长和申军红常务副校长的全力支持与该校体育教研组胡永恒老师及其团队的具体组织。谢娟老师提供了本次活动的文字素材。

教练，我们就可以在国内开展高水平的足球教师培训了。"他俩听了有些兴奋，立马表示愿意做。回西班牙之后，他们很快联系了当地足球俱乐部，并找到了几位具有国际资质的教练。与此同时，我和两位青年开始借助网络就中小学足球教师培训课程的设计与实施不断交流。幸运的是，我们借助外国专家培训中小学足球教师的计划得到了北京市海淀区教师进修学校罗滨校长的支持。于是，便有了开展一系列中小学足球教师培训的机会①。

2016 年 7 月 10 日至 16 日，首期海淀区中小学足球骨干教师培训班开班。为了了解全体学员的一周学习情况与收获，并引导老师们制订后续实践计划，项目组决定召开一次总结会，并邀请我参加。

二、研修活动的设计

为了更好地开展总结活动，我提前到训练现场观摩了大家精彩的学习活动，还设计了相应的研修过程。

我计划将学员分为 6 个小组，鼓励每个人都交流各自的收获，然后以小组名义与全体人员交流。

为引导大家更好地讨论，我会在教室前的白板中间画个"十"字，在四个角分别写上"学到的知识""学到的技能""对教练的印象"和"后续实践"，让大家从这四个方面讨论交流。待大家分享时，我会从这四个方面做记录并进行总结。

三、研修活动的实施

（一）各组代表发言

当天活动顺利开展。在一番热烈讨论之后，各小组依次进行了分享。

---

① 2016—2019 年，北京市海淀区先后有 100 多位体育教师在境内外接受西班牙教练的专业培训。

简要摘录如下。

第1组：我们参加本次培训的主要感受就是，课程管理非常严格；理论学习的内容非常丰富，时间安排非常紧凑。我们都非常努力，非常认真地记笔记、练习训练内容，特别是认真完成外教布置的课外作业。另外在小组讨论中，大家都能积极发表自己的见解。

我们的收获主要来自西班牙教练。第一个就是他们从第一天开始带着我们热身训练到最后的攻防演练，由浅到深由简到繁，从局部到整体，让我们能够深刻理解所学内容，并借助训练掌握得比较得心应手。第二个就是教练严谨的工作态度和敬业精神非常值得我们学习。他们有先进的教学理念，一切以学生为中心，始终以鼓励为主。每次讲了新知识后都会问我们是否明白，还有什么看法和意见。因为场地有限、设施少，在等候阶段，教练还利用一切时机组织我们开展练习。

第2组：在过去一周，我们有幸与在座的30多名教师一起聆听了西班牙教练讲课，并在他们的指导下进行教学实践。我们的学习有理论有实践，有分组讨论有集中点评，有学员比赛还有与教练的互动。两位教练每天一早就来到教室，他们也总是第一个到训练场做准备，为我们做出了榜样。本次学习使我们获得了很多的快乐，教练先进的足球理念、多样化的训练方法、娴熟的足球技术以及敬业精神深深地打动了我们。

第3组：首先，我们学习了西班牙足球教学的先进理念和具体训练方法。在教练的指导下，我们不仅是听，还有机会自己讲；我们在教练指导下学会了自己做教学设计。我现在就迫不及待地想回学校带其他老师实践一把，看是不是也能有这样的效果。其次，咱们这些体育教师之间有的熟悉有的不熟悉，在短短的7天内，我们共同学习共同生活，互相帮助开展合作，彼此建立了深厚友谊。今后我们还要相互学习交流。

第4组：来到这里之后，我看到了两位非常有型、非常彬彬有礼的西班牙教练，还有机会结识其他学校的优秀教师。我从他们身上学到了很多经验和专业素养。对如何带领学生进行科学、有效的训练，丰富我们的教学技能和教学方法，都给我很大的启迪。

第5组：我感觉这次培训过程设计得非常好。第一天的正式授课给我们的感受是全新的，是理论结合实践的。我特别要说一下西班牙教练。头几天的天气特别闷热，他们一直在场上。我们休息的时候，他们还在为随后的训练活动布置场地。晚上我出来散步的时候，还看见两位教练和翻译在会议室为第二天的课做准备。封闭式培训有一个特别大的好处就是，大家彼此有很紧密的关系，大家有很多机会相互分享信息和教学方法。本次培训的方式主要有理论学习、研讨、实践，还有扎实到位的培训过程。无论是不是足球专业背景的老师，我们都能从中体验到足球给我们带来的快乐。我想，如果我们能把这一份乐趣和快乐带给我们所教的孩子，他们也一定会喜欢足球。

第6组：本次培训形式多样，内容丰富，室内课理论课内容精彩，教练的讲解十分专业、准确、幽默。所有的学员都非常认真地在听、记笔记，并积极地训练，同时还彼此积极沟通，互相学习。承担本次培训的是来自西班牙的两位经验丰富的教练，他们是欧足联认证的教练员。他们从专业的理论角度向我们展示了先进的足球理念，不管是备课还是讲课或者是场上训练，他们都亲自指挥，并与我们一起，在非常炎热的天气下坚持完成所有科目训练。教练团队能根据我们学员的身体素质、足球技术水平，及时调整上课的内容和训练的强度，让我们在很快乐的氛围中达到训练的目的。

（二）研修活动总结

最后，我作为主持人，对此次活动进行了总结："分享了各位老师的学习经历与收获，我作为本课程的设计者感到特别开心，特别欣慰！首先我要特别感谢海淀区教师进修学校的罗校长、申校长、胡老师团队以及两位来自西班牙的专家和徐海陆翻译。特别要感谢参加本次培训的全体老师，因为你们的全身心投入，才有了一次非常成功的专题培训。同时，也是因为全体学员围绕自己的真实学习体验开展了坦诚真挚的交流，让我们大家共同分享了非常丰富的学习。记录大家的发言中我发现一个有意思的情况，大家的发言并没有显示学到了关于足球的新知识，足球技能似乎也没有长进很多；但是都异口同声地认为从西班牙教练身上学到了很多；不过，关于'后续实践'方面几乎没有人提及。结合大家交流的学习体验与心得，我尝试把大家的收获总结一下：

"首先，在足球知识的学习方面，对于那些非足球专业背景的老师来说，的确是学到了很多专业术语。大家更有意义的学习主要集中在：学习了西班牙足球教学的先进理念和方法；大家都从教练的言传身教中感受到一个足球教师应该具备的专业素养和教学行为是什么。大家在教练的引导下明白了要教好足球，必须要充分了解少年儿童踢足球的兴趣和具体需求，并努力帮助他们学会踢足球，享受踢足球。大家更受益的是关于足球教学的知识，例如，怎样依据教学目标设计教学，怎样进行因材施教。

"其次，两位西班牙教练在指导本次培训的教学过程中的表现，让大家感受到了师生之间应该怎样互动，教师如何借助手势、话语和眼神，来引导、鼓励、赞赏学员；如何借助富有挑战性的作业让学生深刻理解。教练指导大家针对每堂课提前做教学设计，而且教学设计还需要不断完善，由此就更有助于确保所有学生都能学会，有快乐的体验。实践表明，所谓

实践表明，所谓"不好的教育"就是把学生的学习兴趣彻底破坏了，而"好的教育"则能让学生感受到更有兴趣、更有自信。

'不好的教育'就是把学生的学习兴趣彻底破坏了，而'好的教育'则能让学生感受到更有兴趣、更有自信。实现这一目的的方法，就是让大家在体验中学习、在分享中学习。

"我们在筹备这次培训课程的时候，也曾想象伴随着足球的文化有什么。今天大家的交流似乎已经揭示了足球文化所具有的许多特点，例如两位外教和翻译的责任意识、专业标准和敬业精神。另外，他们以学员为中心，善用鼓励为主的丰富多样的教学方法，而且每天都会根据大家的学习情况进行调整；他们还善于确保每个学员都能够参与教学活动而且通过参与获得进步和提高。还有一个特别重要的特点，那就是崇尚团队学习，引导大家共同参与、相互合作，形成合力共同体验进步和成功，而且彼此赞赏。"

"总之，大家都十分享受这次高质量的培训。在西班牙专业教练的指导下，各位老师都获得了一种足球教学能力成长的快乐体验。

"最后我还想与在座的各位老师共勉，你们今后的任务不仅是开展专业化高质量的足球教学，你们还将作为更多同伴教师的教练，指导他们改进自身的教学。或许本次培训的一个启示还在于，一名足球教师如果希望做到专业教学，就不仅应能做到对学生严格要求，更重要的还应能做到在你的教学指导下让学生不仅会踢球，还能感受到足球带来的快乐。因此，我特别期待今后还有机会分享各位老师的快乐足球教学故事。"

职业规划：幼儿园新教师的系列互动研修[①]

一、研修活动总体设计

随着全国范围内学前教育三年行动计划的持续实施，学前教育入园率逐年大幅提高，这引发了幼儿园对新教师的巨大需求。如何帮助新入职教师有效获得专业实践能力并尽快胜任工作，就成为基层幼儿园及教育管理部门面临的紧迫任务。北京市教育学会陈鹤琴教育思想研究会秉承现代教育家陈鹤琴先生"一切为了儿童"的理念和"活教育"的思想及实践特色，针对研究会基地园新入职教师的实际需求设计了主题研修课程，编写了研修手册，并与北京市空直蓝天幼儿园（简称"蓝天幼儿园"）合作举办了首届幼儿园新入职教师研修班。

研修手册的内容包括寄语（陈鹤琴教育思想摘录）、研修日程安排、幼儿教师的权利和义务、幼儿园新入职教师应知应会、"活教育的生命

---

① 本次研修活动由北京市教育学会陈鹤琴教育思想研究会幼儿园新入职教师研修规划与实施团队合作完成，成员有：张铁道、彭海蕾、高勤丽、柯小卫、吴华英、张晓。本文原载于《中国教师》2015年第7（下）、8（上）期，收入本书时有修订。本文由我与张晓老师合作完成，照片由北京市空直蓝天幼儿园提供。

力"讲座提要、新入职教师岗位学习手册（包括：需求调查表、教育活动观察记录表、户外活动观察记录表、幼儿园环境创设观察记录表、讲座心得笔记、对本次研修的评价与建议、研修后的个人行动计划表）。其目的是使新入职教师能够初步了解陈鹤琴教育思想的内容，明确本次研修活动的内容和日程安排，并对研修活动的各个环节做好记录与反思，确保研修的针对性、有效性和预期成果的产出。

来自 15 所基地园的 38 位新入职教师观摩了蓝天幼儿园的主题教育活动、幼儿课间操与户外活动，参观了幼儿园各班环境，聆听了陈鹤琴教育思想研究会常务理事柯小卫老师以"活教育的生命力"为主题的陈鹤琴教育思想与实践讲座，并在研修手册上做了相应的观察学习记录。

作为陈鹤琴教育思想研究会理事，我主持全体学员以同伴研修的方式，围绕主题"蓝天幼儿园印象""如何认识陈鹤琴教育思想""幼儿园保教实践工作中急需的基本知识、技能和经验""下一步的行动计划"等系列专题进行了互动交流和资源建构。现场活动结束之后，研究会借助微信互动平台针对研修活动成效进行了评估，并以微信群为纽带结合学员教学实践继续进行专业交流分享。

下面将通过"帮助新入职教师深度认识幼儿园""引导新入职教师发现陈鹤琴教育思想的价值""帮助新入职教师适应工作岗位"三个活动实录及反思和"幼儿园新入职教师研修活动评估反馈报告"（可扫描文后二维码阅读），呈现本次研修活动的特色及成效。

二、研修活动 1：帮助新入职教师深度认识幼儿园

（一）研修活动的设计

新入职教师如何深度认识幼儿园是能否进入工作状态的关键。为此，我们设计了如下活动。

研修主题：蓝天幼儿园印象

研修过程：

（1）现场观察蓝天幼儿园的主题教育活动、课间操与户外活动、班级环境创设，并分别在《研修手册》上进行相应的观察学习记录；

（2）针对"你对蓝天幼儿园印象最深的是什么？"，结合亲身体验开展同伴交流分享，共同深度认识幼儿园的环境创设、特色课程、教师团队、师幼关系、幼儿学习等特点。

（二）研修活动的实施

作为主持人，我在活动一开始先向大家介绍活动规则。通过大屏幕展示题目"你对蓝天幼儿园印象最深的是什么？"，希望每个人思考1分钟，只写1条自己的看法；每个小组确定一位老师把大家的想法整合一下，可以合并同类项，可以排出先后顺序，一般不要超过3条。给大家总共5分钟时间。

各小组开始思考并讨论，我巡视各组，并一一确定各组发言人，然后开始进行全体交流。

第1组：我们小组对于蓝天幼儿园最深的印象是：

● 幼儿园有内涵，处处充满活力和生机。

● 师幼之间的关系比较和谐，精神氛围好。

● 幼儿园的各种材料比较丰富，促进幼儿整体性的发展。

● 操节活动中幼儿特别能够遵守规则，积极参与活动。

● 主题活动开展比较深入，能够深入渗透到每一个区域，这样不仅全面，还有利于促进孩子的探究和学习。

张铁道：感谢你们的发言。大家可以听得出来，这一组的老师关注更多的是幼儿园的课程以及课程带给幼儿的表现。

第2组：

● 蓝天幼儿园早操贯穿于一日生活中，体现在环境中，提高了幼儿的积极性。

● 通过上午的观摩课，我们对教师的印象特别深，感觉到蓝天幼儿园拥有一支优秀的热爱幼教事业的团队。

● 教师和幼儿的关系都非常融洽。

张铁道：谢谢。这一组又把大家的注意力聚焦到教师了。不光教师认真负责，而且教师和幼儿关系特别融洽。

第3组：

● 蓝天幼儿园课间操形式独特新颖。体现在：不同年龄段孩子队形的变化上；各年级主任的解说都非常符合幼儿的年龄特点；老师非常朝气蓬勃。

● 每个班的主题和环境都贯穿在一日生活当中，互相融合，而且每个主题都渗透到各个领域，比如"蚂蚁王国"的主题在建筑区、表演区都有所体现。

● 上课时老师与幼儿的互动非常融洽。遇到突发情况，比如小朋友没有找到位置，老师能够用恰当的方法及时帮助幼儿。

第 4 组：

● 蓝天幼儿园的每一位老师精神面貌都特别好。

● 每个班级的表演角都特别吸引人，每个孩子都玩得特别开心，用了好多材料，做得特别棒！老师和孩子一起表演节目，有演员，有观众。

● 课间操符合各个年龄段特点，编排和队形转换都很符合儿童特点。

● 中五班的"蚂蚁王国"主题全部贯穿在一日生活中，让孩子在每个环节中都能深入了解蚂蚁的生活和习性。

张铁道：看得出来，这一组老师的讨论十分关注幼儿学习的特点。

第 5 组：

● 蓝天幼儿园的环境给了我们很大的触动。环境即教育，处处是环境，处处是教育。

●幼儿园的课间操期间，虽然孩子多、班级多，但多而不乱，孩子分布很均匀、很有秩序感，活动得很快乐。教师的精神面貌特别出色，能给孩子特别积极的情绪感染。

●专题教育活动中，老师上课生动有趣，老师把自己比作妈妈，给孩子很多的温暖，让孩子觉得幼儿园就是自己的家。

最后，我对大家的分享进行了小结，感谢大家在这么短的时间内，借助小组合作方法对蓝天幼儿园进行了一次深入评价。大家印象最深的有：

第一，蓝天幼儿园的环境非常好，大家提到的"蚂蚁王国"主题、表演角，都是环境育人因素的体现。第二，蓝天幼儿园特别注重各种特色课程的创设，无论是主题教育活动，还是课间操活动，都是不同主题的活动课程。第三，蓝天幼儿园老师认真负责，和幼儿结成了非常和谐的关系。在他们的引导下，幼儿的表现都非常投入。

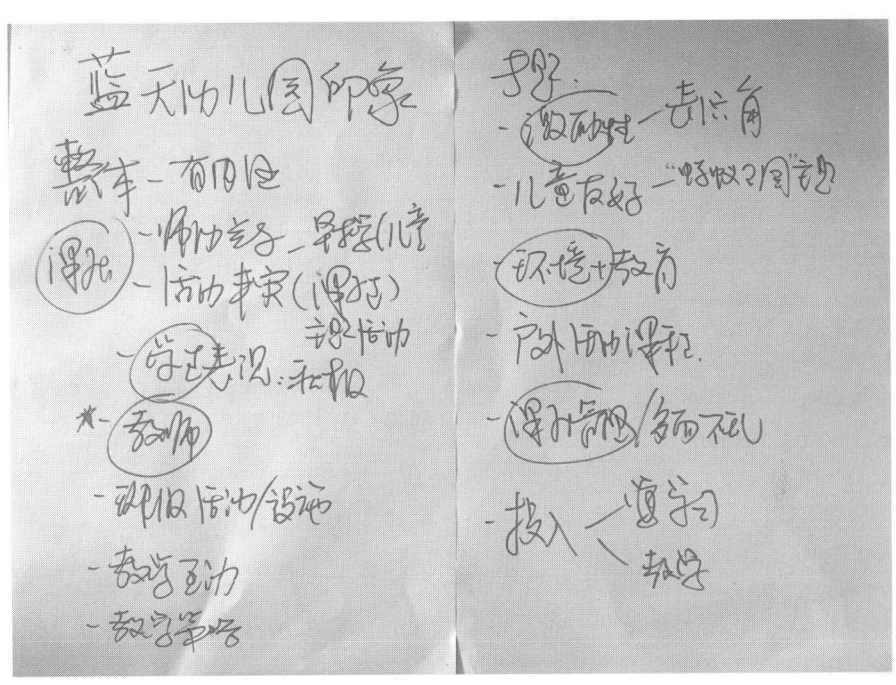

根据大家交流的情况，我们可以这样总结：蓝天幼儿园创设了一个让老师们特别有成就感、有归属感的环境，并通过老师们创设了一个让幼儿特别能够主动学习的好的学习环境。蓝天幼儿园作为一所知名幼儿园，大家在这之前都有所耳闻，但当我们亲自来到现场，深入班级观察的时候，我们就又有了以上这些真实、具体的认识。

（三）研修活动的后续认识

本次研修活动中，组织者为新教师创设了一个现场观察主题教育活动、课间操与户外活动、班级环境创设的机会，并且在活动开展之前让新教师首先根据研修手册明确观察任务和记录要点，既观察记录活动的目标、内容、过程与方法、评价，记录启示和建议、专家评析要点及收获；同时又明确具体观测点。比如在教育活动中，要重点观测师幼互动中教师的适宜性行为和指导性行为、儿童的表现、材料的运用等；在户外活动中，还要重点观察儿童的精神状态、动作标准与年龄特点、活动所要促进的儿童的发展点等。新教师在观察过程中的反思、记录，为后续互动研修活动的开展奠定了良好的基础。

组织者采取教师互动研修方法，引导新入职教师在个人观察体验的基础上，进行独立思考、小组交流、大会分享等活动，建构了对于蓝天幼儿园的集体认知。新教师们对幼儿园的印象突出地表现在：

组织者采取教师互动研修方法，引导新入职教师在个人观察体验的基础上，进行独立思考、小组交流、大会分享等活动，建构了集体认知。

第一，**环境创设**。环境即教育。班级的教育主题和环境都贯穿在一日生活当中，互相融合。比如，中五班的"蚂蚁王国"主题全部贯穿在一日生活中，让孩子在每个环节中都能深入了解蚂蚁的生活和习性。结合主题提供了非常丰富的材料，促进幼儿的探究和学习，使幼儿获得整体发展。

第二，**特色主题课程**。在主题教育活动中，教师上课生动有趣，能够用恰当的方法及时帮助幼儿，并给幼儿很多的爱和温暖，教师与幼儿的互动非常融洽。在课间操活动中，课间操的编排和队形转换非常符合各年龄段幼儿的特点，形式独特新颖；各年级主任的解说也非常符合幼儿的年龄特点；幼儿能够遵守规则，很有秩序，积极、快乐地参与活动。

第三，**教师团队良好的精神风貌**。幼儿园拥有一支优秀的热爱幼教事业的团队。每位老师都展现出朝气蓬勃的精神状态和面貌，特别出色，能够给孩子特别积极的情绪感染。

第四，**和谐的师幼关系**。教师和幼儿的关系非常和谐，互动融洽有爱。这既体现在教育活动中，体现在课间操和户外活动中，也体现在班级一日生活的各个环节中。

同时，新教师也结合自身入职工作经验强化了对于幼儿园工作的深度认识。

三、研修活动2：引导新入职教师发现陈鹤琴教育思想的价值

（一）研修活动的设计

陈鹤琴先生是我国现代儿童教育的奠基人与开拓者，著名教育家、儿童心理学家。早在1923年他就创办了南京鼓楼幼稚园，开创了中国现代儿童教育的先河。他倡导"活教育"学说，提出三大目标：做人，做中国人，做现代中国人；大自然、大社会都是活教材；做中教，做中学，做中求进步。

为使新入职教师了解和学习陈鹤琴教育思想，我们设计了如下活动方案。

设计方案

研修主题： 如何认识陈鹤琴教育思想

研修过程：

（1）聆听柯小卫老师以"活教育的生命力"为主题所介绍的陈鹤琴教育思想与实践。

（2）以同伴研修的方式围绕"如何认识陈鹤琴教育思想"进行互动交流和资源建构，共同分享各自对陈鹤琴教育思想的初步认识。具体讨论问题包括：你理解的陈鹤琴教育思想最重要的价值是什么？它对于你做好幼儿教育工作有什么参考作用？

（二）研修活动的实施

首先，老师们聆听了柯小卫老师做的《活教育的生命力》专题讲座。然后，我提醒大家，我们准备的《研修手册》里也摘录了一些陈鹤琴先生的语录，大家可以随后阅读。最后，我请大家聚焦这次的研修主题——"如何认识陈鹤琴教育思想"，思考要讨论的具体问题：你理解的陈鹤琴教育思想最重要的价值是什么？它对于你做好幼儿教育工作有什么参考作

用？你最深刻的感受是什么？

我们现在进行的是三个层次的学习。首先，每个人进行独立思考，这是个体学习。其次，开展小组交流，这是小组合作学习。最后，小组代表向全体分享，这是大会交流学习。

在各组进行交流之前，我特别提醒大家，我们进行的是三个层次的学习。首先，每个人进行独立思考，这是个体学习。其次，开展小组交流，这是小组合作学习。最后，小组代表向全体分享，这是大会交流学习。请各位要倾听别的组的意见，大家互相学习。

各组具体讨论结果如下。

第1组：我们认为，陈鹤琴教育思想最重要的是倡导以孩子为中心，结合大自然、大社会为幼儿提供适宜的环境和材料。对我们而言，他的思想有助于我们明确作为幼儿教师的职责和责任。如何当一名好的幼儿教师？我们最深刻的感受是：要学习陈鹤琴先生的凡事都要少烦恼、多笑容。这样可以通过我们的状态影响到孩子，让孩子在幼儿园生活得快乐、开心。

第2组：陈鹤琴先生的活教育理论主张让孩子做中学、玩中学，大自然就是活教育。大自然、大社会都可以作为幼儿所发掘、学习、探索的资源。让我们实践游戏与生活、生活与教育相结合的教学，将尊重、平等融入幼儿的一日生活，让幼儿快乐成长、健康发展。同时，也用自己的专业知识来指导家长。

第3组：幼儿教育不仅要把知识传授给幼儿，更重要的是指导幼儿如何做人。要在每个教育活动中设计和实施贴近幼儿的一日生活。教育是以大自然、大社会为课堂的，要结合儿童心理的特点，用启发式的教学激发幼儿的兴趣和想象力。

第4组：陈鹤琴教育思想给我们的最大启发是——日常生活当中的很多东西都可以作为教育资源。我们要做的就是拥有一双善于发现的眼睛，用心去对待每一个幼儿。我们最大的感受是：给孩子更多游戏的机会，重视环境对幼儿的影响。利用环境，培养幼儿良好的行为习惯，以幼儿为中心，采用游戏的方法来发展幼儿的能力。

第5组：陈鹤琴教育思想不仅是从教育观、幼儿心理学等方面给教师奠定一个专业的基础，更为重要的是，还为我们提供了比较具体的教学策略，来支持新手教师的成长和发展。在教育过程中，陈鹤琴先生提倡教师要支持幼儿尽量去体验，从中不断地积累生活经验和操作经验。陈鹤琴将他在国外的学习结合中国国情、文化背景，不断积累、沉淀，形成了具有本土特色的教育思想，我们作为新手教师从中能够更好地借鉴、学习。

第6组：陈老强调从小塑造儿童良好品格、健全人格的重要性。陈老的教育思想是贴近幼儿的实际生活的，目的是促进幼儿生动、活泼地发展。陈老提出要创设自主学习的环境，引发幼儿主动学习的兴趣；还要根据需要合理地安排活动空间，围绕目标分层次提供操作材料。我们最大的感受是：要让儿童在自然、社会和儿童的生活情境中学习，要注重儿童的整体性，使儿童接触更多的事物，扩大视野和经验。

大家发言结束后，我尝试归纳大家的想法，可以概括为5个主题词：理念、教师、价值、方法、目的。

●陈鹤琴教育思想的核心是以儿童为中心，主张他们到大自然当中去体验、去探究，并在此过程中培养他们的行为习惯。他主张，老师不仅要引领儿童学习，更要引导儿童做人。陈鹤琴先生教育实践最为突出的特色，就是注重把生活作为课程，把来自生活中和大自然当中的很多素材作为教育和教学的资源。

●陈鹤琴先生早年在国外学习过，但是他大量的时间是在国内做本土实践。他的理论和学说都是把国外的理论和自身教育实践结合之后产生的。所以，我们读起来会觉得既有高度，又新鲜，还有概括性，同时又感觉特别接地气。

●陈鹤琴先生特别重视教师。他认为教师的职责是去引导和支持幼儿的学习，教师的重要工作是创建幼儿自主学习的主题和环境。

●陈鹤琴先生提出很多实际可行的教学方法。一个很重要的原则是贴近儿童、贴近生活、贴近自然。他主张幼儿做中学、玩中学，结合生活去学，借助游戏和活动去学，老师在当中进行启发式的教学。各位老师的交流也说明，陈鹤琴先生对我们帮助更多的在于他带给了我们教学方法。

●我们学习和实践陈鹤琴教育思想的目的只有一个，那就是怎么能让幼儿快乐地学习和成长。

通过听课学习，每个人脑子里已经有了一个陈鹤琴；但通过我们的互动交流，大家就有了一个大家共同拥有的、更为全面的陈鹤琴。这就是我们开展教师研修的价值。

我提示各位老师：通过听课学习，每个人脑子里已经有了一个陈鹤琴；但通过我们的互动交流，大家就有了一个大家共同拥有的、更为全面的陈鹤琴。这就是我们开展教师研修的价值。

最后，请柯小卫老师来就大家的讨论进行点评。

柯小卫：我真没想到，很多老师第一次接触陈鹤琴教育思想，就能有这么丰富的感悟。我非常激动，非常感动。谢谢你们！

第一，关于陈鹤琴先生的教育观，我想强调：做好任何一种工作，特别是幼儿教育，都首先取决于你对于教育的认识。教育的立场站得对不对，决定了你的工作方法和成效如何。

第二，教育目标就是我们培养儿童要达到什么目标。陈老强调要培养现代儿童，而不是传统儿童。培养现代儿童就会涉及他们在身体、情绪、行为习惯、思想道德等方面的发展。陈鹤琴先生非常强调，应该培养会动手、有思想、有活力的现代儿童，而不是只会背书，只会当小顺民、小工具的儿童。儿童从小有活力，长大后就有建设的能力、服务精神、合作态度和世界眼光。

第三，任何教育要有科学依据。幼儿教育为什么是科学，是因为它有心理学基础，主张从儿童的生理、心理特点及其规律出发。另外，它还有标准。每一项教育活动成效如何，教了多少——比如南京鼓楼幼儿园的一日活动计量表、游戏计量表，小班掌握多少、中班掌握多少，都有可量化的标准。

第四，陈鹤琴先生强调儿童不是教出来的，而是在特定环境熏陶影响下发展起来的。大家手头的培训手册里收录了一些陈鹤琴思想的内容，可以看一看。

张铁道：非常感谢柯老师！柯老师做了一个非常重要的补充。我把他补充过程中提及的几个主题词再强调一下。

他谈到，我们学习陈鹤琴教育思想就是要唤起我们的教育理想，从幼儿的体能、思想、行为习惯、创造力、合作意识等方面给予整体的认识。他还谈到教育理论和工作标准的要求。另外，他还谈到幼儿是有潜能的，但不是被教出来的，而是被引导出来的、被激发出来的。这些对于我们大家都是有很大启发意义的。

我相信，通过这一个话题的讨论，我们就找到了陈鹤琴的教育思想和我们在座各位老师的关联，明确了它在哪些方面能够给我们力量，给我们指引。

（三）研修活动的后续认识

新入职教师在聆听专家讲座的基础上，开展了个人反思、小组交流、大会分享三个层次的学习，他们看到了自己、小组成员、所有学员对陈鹤琴幼儿教育思想的体认，他们的认识在不断的交流碰撞中得到了逐层深化和建构。新教师们对陈鹤琴教育思想和实践的价值达成了共识：教师要注重把生活作为课程，把来自生活中和大自然当中的很多素材作为教育和教学的资源；教师要让幼儿在做中学、玩中学，结合生活去学，借助游戏和活动去学，进行启发式的教学；教师要引导和支持幼儿的学习，创建幼儿自主学习的主题和环境。同时，他们也认为，陈鹤琴教育思想和实践使他们明确了作为幼儿教师的责任、职责以及具体的教学策略，有效地支撑了新手教师的成长与发展，并且深深地感染着他们以积极向上、乐观的做人、工作和生活态度，去用心发现和对待每一个孩子，去积极地影响孩子和家长们。

四、研修活动 3：帮助新入职教师适应工作岗位

（一）研修活动的设计

新入职教师如何借助亲身体验、专题讲座、同伴交流、反思建构等方法，确定自身需要学习的知识和实践技能，并在此基础上，改进他们的工作？我们设计了如下活动。

> **设计方案**
>
> **研修主题**：新入职教师工作中急需的知识、技能和经验，下一步的行动计划
>
> **研修过程**：围绕"工作中急需的知识、技能和经验""下一步的行动计划"进行个人思考、小组交流和全体建构，由此形成一个"知识""技能""经验"三类需求构成的渐开线结构。
>
> **讨论问题**：你们感到自己特别需要学习的知识、特别需要提高的技能、特别需要积累的经验是什么？你参加了今天的活动，回去后最想做的一件事是什么？

（二）研修活动的实施

作为主持人，我引导参与本次研修的新入职教师开展了讨论。

张铁道：你们作为新近入职的青年教师已经有了一些工作实践，通过今天的培训，你们感到自己特别需要学习的知识、特别需要提高的技能、特别需要积累的经验是什么？这一个问题事关我们今后的工作，我给大家长一点时间——各组讨论10分钟，好好梳理一下。

各小组分别开始思考并讨论。

张铁道：各位老师，这一次大家投入的时间比较多，而且每组都以招贴画的方式集中呈现了自己的意见。请每个组的发言人都到台前来面向全体交流。

6位小组代表逐一向全体新教师分享各小组讨论成果，限于文章篇幅，不再一一列出，汇总整理如下。

（1）新教师工作中急需的知识。

- 正确的教育观和价值观。
- 儿童各年龄段的心理特点和发展目标、评价标准。
- 怎样根据儿童的年龄特点，更好地设计教学目标和活动。
- 精读《3~6岁儿童学习与发展指南》。
- 要学习生活常识，并帮助儿童学会这些知识。

（2）新教师工作中急需的技能。

- 怎样根据儿童的年龄特点，确定教育主题，设计相关教育活动。
- 如何将游戏贯穿于整个活动。在教育活动中，如何简洁有效地提问。
- 怎样提高自己与儿童、家长及老教师的沟通能力。
- 如何提高自己的随机教育能力。
- 如何充分利用大自然的元素来布置环境，让孩子有身临其境的感觉。

- 如何引导孩子把生活中的经验迁移到课程学习中。

- 观察、分析、反思、评价儿童的方法和能力。

- 如何提高自己的专业技能，如钢琴、舞蹈、美术等。

- 如何提高自己的研究技能，如何更有效地进行评价、反思以及总结。

（3）新教师工作中急需的经验。

- 如何更好地将理论知识和教学实践相结合。

- 怎样更好地利用周围的资源与环境，引导儿童走出去，使他们置身于大自然的环境中，从环境中感受美。

- 怎样结合大自然、结合社会进行整体教学，从而让儿童快乐地学习。

- 怎样适当地给儿童投放学习材料。

- 如何更好地与孩子们互动。

- 对儿童常规培养的经验。

- 教师处理突发事件的经验。

- 刚入职的教师对孩子没有耐心，需要向老教师学习如何调整心态。

在老师生们发言的过程中，我一直在记录。（见下页图）从记录中可以看出，新入职老师在知识需求方面似乎并不很多。这说明新入职教师最需要的是实践，大家更关注的是怎么做。围绕怎么做，大家提出了很多的想法。有了知识，有了技能，具体实践经验就成为更加重要的主题。看得出来，各小组对这方面谈得最多。有意思的是，大家提出的知识、技能、经验三类需求大致构成渐开线结构。这说明各位老师经过了系统的幼儿教育专业学习，对于教学技能的需求更多，但最多的却是根据自身已有的知识和技能开展亲身实践，并从中积累自己胜任教学岗位所需要的经验。

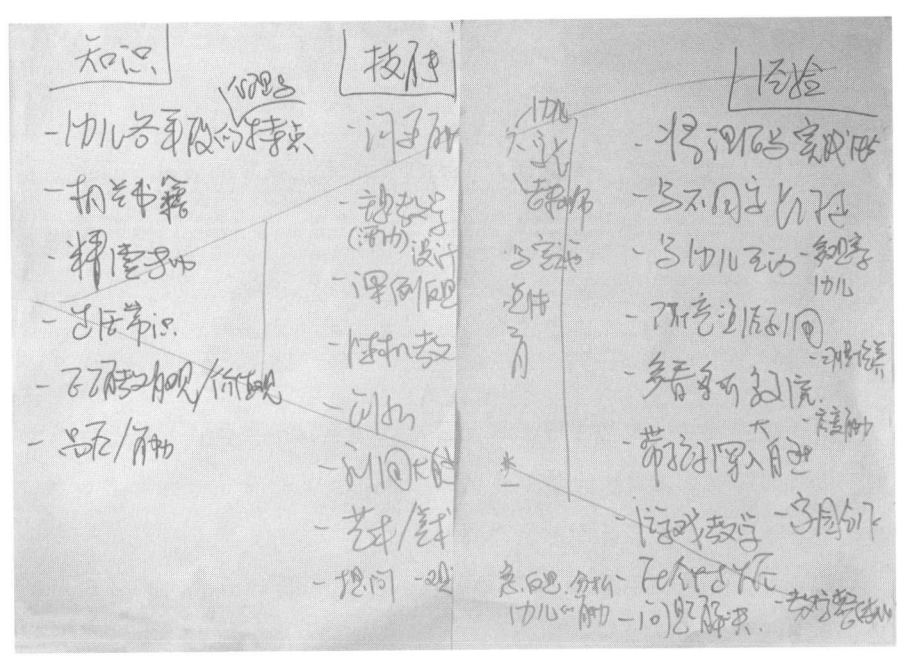

大家可以看出来，通过这样一个集体互动讨论，我们明确了自己在入职阶段的发展需求。明确了需求并加以努力，我们进入工作状态的时间就会缩短，教学工作的质量就会得到显著提高。

我们之所以能够做到这一点，主要是因为大家已经在幼儿园工作岗位有了初步体验，加上在蓝天幼儿园的观察、对陈鹤琴教育思想的学习，特别是彼此之间相互启发，为我们提供了一个职业发展的参照系，使得我们明确了自身需要在哪些方面去努力。

随后，我们进行了对最后一个问题的讨论，请每个组选一个老师说说：你参加了今天的活动，回去后最想做的一件事是什么？

第1组：我最想做的是改变和孩子之间的关系。通过孩子的日常生活，鼓励孩子的探索精神，激发孩子的求知欲望，为他们提供丰富的阅读环境和学习环境。借鉴蓝天幼儿园环境和教育相结合的方法，改进自己的教学。

张铁道：（点评）大家注意这位老师一再重复的是"孩子"。以儿童为中心、以儿童为本的想法已经变成老师们的自觉意识。她的想法我相信很多老师也会有。

　　第2组：通过今天一天的学习，我想，要真正让我们的教学接近幼儿的生活，接近自然，让孩子们在做中学、玩中学，帮助孩子们有更好的发展。

　　张铁道：（点评）这位老师更多地侧重于教学方法。这位男老师，你来说一下。

　　第3组：通过今天的学习，我觉得应该注重孩子整体性的发展，应该创设很好的环境去沟通，走进孩子的内心世界，多给孩子一些探索和创造的机会，多给孩子一些正面的引导。

　　第4组：首先要从态度上改变自己，面对家长、面对同事、面对幼儿，要有微笑，给他们一个拥抱。

　　第5组：我回去会先买一本陈鹤琴先生的书，然后细细地阅读，把今天所学的知识运用到我的教学活动中。

　　张铁道：（回应）我的同事张晓老师已经帮助把各位老师都加入了微信群。之后，我们会不间断地把陈鹤琴教育思想的经典内容及相关信息资源发给大家。

　　第6组：我会先归纳自己这三年来的教学经验，包括和家长的反馈、家园互动。今天的学习使我对陈鹤琴教育思想有了一个更深的了解，回去后我将努力把自然界的东西与幼儿园的材料结合起来，给幼儿创设一个更好的环境。

　　张铁道：非常感谢！我相信每一个老师肯定都开始有自己的工作想法，但是由于时间关系，来不及一一分享了。好在我们还有网络和微信群联结，随后大家还可以继续交流。我在此就今天的学习活动做一个简单的小结。

　　今天，各位老师用差不多一天时间，参加了陈鹤琴教育思想研究会举办的首次新入职教师的专题培训。这次培训有三个特别重要的内容：第一，实地考察蓝天幼儿园的教学、管理经验。第二，我们通过柯小卫老师来初步了解陈鹤琴教育思想及其特点。第三，我们今天下午结合学习及未来发展进行了系列专题讨论，并形成了许多共识。

我相信，大家借助今天的课程已经结成了一个专题学习共同体，今天之后，我们就是一个专业实践共同体。欢迎老师们把心得体会，特别是实践故事，以图片的方式、文字的方式发布在微信平台上，和大家相互交流。

今天，我们在一起获得了一个非常不一样的学习体验。来自不同幼儿园的同行，围绕大家共同关心的主题进行交流研讨形式的学习时，大家或许意识到什么叫作"1+1>2"的学习体验，也就会感受到同行交流合作的重要性。

我们通过这次学习，似乎明白了很多。但是更多的学习是需要各位通过亲身实践来实现的。我们特别期待，几年以后，在座的各位青年教师能够通过你们的学习和实践，写出自己实践陈鹤琴教育思想的鲜活故事。

（三）研修活动的后续认识

上述研修显示，新教师最大的需求是积累自己胜任岗位工作所需要的经验。其中，新教师特别需要学习的知识主要集中在：幼儿各年龄段的心理发展特点和评价标准、正确的教育观和价值观。特别需要提高的技能集中在：沟通能力（与幼儿、家长、老教师），主题活动教学设计与实施能力，观察、提问、分析、反思的能力，寓游戏于教学的能力，随机教育的能力，利用大自然进行环境创设的能力。特别需要积累的经验集中在：将理论与实践结合，观察幼儿及与幼儿的互动，教学、游戏活动设计与实施，一日常规，学习材料的投放，幼儿良好习惯的培养，与不同家长的沟通、家园合作，对社会、大自然、环境资源的利用，问题解决与应变、突发事件处理，教师的自我提升。

新教师们通过研修也提出了下一步的行动计划，主要集中在：建立良好的师幼关系；让教学更接近幼儿的生活，接近自然，让幼儿在做中学、玩中学，帮助幼儿更好地发展；走进幼儿的内心世界，多给幼儿一些探索和创造的机会；创设良好的环境；改变工作的态度，微笑面对家长、同事和幼儿；学习陈鹤琴教育思想与实践，并将所学运用到教学活动中。

新教师们借助今天的课程结成了一个专题学习共同体，之后将会分别开展自己的专业实践。

目前，老师们依托研究会专门开辟的研修公众微信平台的交流仍然在进行中。我们结合新教师的需求，定期在群里分享相应的文本、视频学习资源，邀请具有丰富保教实践经验的老师在群里交流分享自己的教学经验，设计了让新教师基于个人日常工作采集资源并加工、反思、交流的作业，以此来促进新教师的经验分享以及互相学习和交流。我们还对其中两名新入职教师拍摄了"新教师一日工作"视频，并进行有针对性的资源开发和教学设计，激发更多新入职教师从来自同伴的视角来学习、反思、改进日常工作，并交流分享，形成学习共同体和实践共同体。

幼儿园新入职教师研修
活动评估反馈报告

建构共识：促进教师经验分享与实践改进①

2017 年以来，我作为志愿者参加了澳大利亚华夏文化学校开展的教学研究活动。借此机会，我开始深入了解海外汉语教师的教学生活，尝试应用教师研修的理念与方法帮助他们总结教学经验，改进教学实践，并借助合作逐渐创建教师研修制度。

一、研修案例 1：基于华文教学实践的工作坊

澳大利亚华夏文化学校由华夏文化促进会会长林斌和华夏文化学校校长张晋于 2002 年创办。学校目前在中国国务院侨办和澳大利亚新南威尔士教育部支持下，与悉尼当地 18 所公立学校合作为学生提供课后华文教学服务。张晋老师毕业于首都师范大学。她经过 20 多年实践，探索出以"语言学习与文化习得融合、教师引导与儿童体验相长"的汉语教学特色，是深得当地学生及家长喜爱、合作学校校长信赖的优秀教师。

我第一次有机会深入张晋老师的课堂听课就被深深打动。首先引起我

---

① 本项实践探索得益于澳大利亚华夏文化促进会林斌会长和华夏文化学校张晋校长提供的机会和支持。

注意的是张晋老师用拉杆箱和一个大背包带来各种汽车玩具。为了唤起海外华裔子弟积极参与对汉字"车"的学习，她不仅引导儿童识别各种车辆、学习交通规则，还创编了一次有关交通事故及应急处置的现场模拟。在张老师的引导下，学生们边体验边学习，课堂气氛格外活跃，大家从中获得了高质量的学习体验。通过课后交流，我也了解到华夏文化学校仍然面临成功教学经验缺乏有效推广的困难。于是，我便主动请缨帮助学校总结和推广张晋老师的教学经验。

（一）研修活动的设计

2017 年 4 月初，华夏文化学校邀请我主持首次教学专题工作坊。为此，我们设计了如下具体方案。

> **设计方案**
>
> **主题：**华文教学经验总结与推广
> **参与人员：**华夏文化学校的张晋校长和 15 位任课教师
> **活动安排：**
> （1）请与会老师逐一介绍各自的教学情况与问题；
> （2）张晋老师分享"买东西"一课的教学设计与实施情况；
> （3）在评议张老师案例交流基础上，与会老师就如何改进今后的教学进行研讨。

（二）研修活动的实施

在交流基础上，我组织大家共同就如何改进自身教学进行了互动研讨。交流显示如下结果。

1. 教师在汉语教学实践中面临的主要问题
华夏文化学校服务对象的学习基础各不相同，学习动机与方式的差异也很大，因此，没有任何一种教材或单一的教学方法能够完全适应教学的需要。另外，目前汉语教学均作为校外教育，安排在下午放学后或周末举办，学生经过一整天或一周的学习后，难以保证有良好的精力与精神状态。这些复杂情况都给任课教师的工作带来很大挑战。另外，影响相关学校非母语背景儿童汉语学习的主要因素包括：家长对于儿童学习汉语的期待与支持程度，儿童的学习动机、兴趣及参与学习行为表现，教学纪律管理。讨论显示，儿童参与学习状态在很大程度上取决于家长及儿童对于汉语及中国文化价值的认知程度。

教师们的实践困惑主要来自学习主题的选择、内容的呈现、学习活动的设计与组织，以及如何整合各种形式的班级教学、小组学习和学生个性化学习等。

通过交流研讨，大家一致认为，任课教师首要的任务就在于要依据儿童需求，吸引学生积极参与教学过程。为此，教师需要结合儿童生活情景选择学习主题，因人而异地提出教学要求，设计能够唤起儿童参与的课堂活动，把握相应的教学节奏，善于利用多种媒体与自制教具，努力促使每个儿童都能够达成教学目标，并获得有成就的学习体验。

为了保障教学质量，老师们认为：应该针对儿童实际需求特点设计教学主题及教学活动；开展与家长的有效沟通交流并及时提供反馈指导，以得到他们的理解与配合；创建宽松的课堂氛围，建立朋友式的师生关系，尊重学生的需求，包容学生的差异，努力摒弃管教式的教学管理；善于根据学生的课堂表现灵活应变；善于应用多媒体技术和自制教具，增强教学内容呈现的直观性和学习过程的有效性；对于程度不同的学生采取有差异的激励性的评价。

大家经过交流还感到，目前因为面临上述问题与困惑使得很多老师还难以获得汉语教学的成就感；教师们彼此之间还缺乏有效的沟通交流；作为汉语教师，大家的实践能力水平还需要通过努力尽快提高。

2. 张晋老师分享教学案例

在研讨活动中，张晋老师以暨南大学出版社出版的《中文》第二册教材中的课文《买东西》为例，演示了"引导式教学"的基本方法和课堂实践。

张老师一上课就问学生："你们每周和爸爸妈妈一起去买东西吗？""你们过生日时最希望爸爸妈妈给你们买什么东西？""你们想过吗，为什么是买'东西'而不是买'南北'？"这些与日常生活密切相关的问题立刻唤起了学生的好奇心，并在不断的"争论"中炒"热"了课堂。这时，张老师会及时抓住学生的兴趣与开启的"猎奇"心态引出本堂课的文化要点，深入浅出地引导学生了解中国文化中的"五行"说与"东南西北"之间的关系，并引导学生学习相关的新知识。张老师因势利导地迅速引出课文，点出本堂课的主题"买东西"，全体学生认真倾听张老师抑扬顿挫地朗读课文（第一遍朗读）。

正当学生们在听读中陷入沉思时，张老师却意外地让学生们合上课本，并对文中的故事情节要素进行提问。学生们根据课文内容回答问题，不经意之间就熟悉了课文，将课文中的全部情节要素演绎了一遍，完成了"听一听，想一想"的环节。学生们接着在张老师的带领下大声朗读课文，并不断地修正发音、停顿、义群理解、情感表达等，完成了"读一读"的教学环节。

随着张老师将各种"字卡"铺满地面，引导学生对照课文寻找"字卡"的竞赛——即"玩一玩"的环节。经过各个环节的层层"铺垫"，汉字学习开始：组词、造句、分析字词与句子、讲解文化含义与表达习惯、拓展词语和句子应用、练习各种不同语境下的多重表达方式等，完成"写一写"的环节。这时，学生们纷纷上台将所学词语运用到各种表达中，来展示自己的学习成果和应用实践能力。张老师则对有新意的表述及时予以鼓励。在课程结束前，张老师适时、合理地扩展所学的新知识，让学生们对所学有更完整、系统的认识，同时引导和鼓励学生在家庭及社会生活中将所学语言及文化知识在生活中寻找"卖点"，进行实践。

张老师结合上述教学案例说明，通过问题设计引导学生自然地讲出主题、讨论主题、发现新问题并合理解释新事物，可以激励学生充分地遐想、大胆地尝试、勇敢地提问、认真地"解疑"，从而获得"主导"话题的"自主权"和自豪感。在这种课堂情境下，语言和文化的学习更像是一种探索、体验和享受的过程，也因而更可能成为激发其他教师认识教学的资源。

3. 我对张晋老师教学特点的评述

（1）坚持以儿童实际需求确定目标、主题与教学顺序。她的实践表明，针对汉语（无论是作为母语还是作为非母语）的教学目标，在初始阶段更加应该坚持听说在先、读写在后的顺序；在具体教学中，应当根据儿童实际生活确定主题，围绕主题掌握核心字、词语、句子，并尝试拓展对话表达。基于日常生活的主题选择、目标定位与由易到难的教学顺序，更易于激励初学者从参与中获得进步体验，因此也就有效唤起他们参与学习的兴趣。

（2）善于将语言学习与文化社会生活相结合，开展教学设计与准备。她依据学生日常生活、中国文化及社会事件确定学习主题，精心设计的教学演示及互动游戏的教具与学具等教学资源，在唤起学生兴趣和激励学生参与中也发挥了显著成效。

（3）善于应用引导激发学生全员参与。在教学过程中，她自觉依据学习主题和实际生活创设问题情境，并应用问题链和互动游戏引导学生相互之间深入交流、互动学习。在与学生互动交流中，她能够借助丰富多样的玩具、教具、卡片、简笔画、故事及视频资源，增强教学内容的直观性，有效地唤起学生的好奇心和参与的积极性。

（4）采用多种引导方法，帮助学生获得愉悦而又有价值的学习体验。针对具有显著差异的教学对象的实际需求，她交替采用班级展示（主题介绍、唱歌、竞赛等）小组活动（讨论、游戏、表演等）和个别教学（绘画、编写故事、拓展学习能力强的学生学习、辅导学习能力弱的学生等）等方法，搭建循序渐进的教学脚手架，确保每个学生都能够充分参与学习并从中获得高质量体验。她还善于使用激励性评价、学生成果展示与板书等方式凸显学习重点，让每个学生（尤其是有特殊需求学生）得到认可和尊重。

（5）具有高度亲和力的人文素养。她秉持"以爱育爱"的教育价值观，充分理解学生，热诚关爱学生，努力成就学生，并对他们的进步感到由衷的骄傲。她在实践中积累了丰富的语言与文化知识，善于借助表情、身体语言和角色扮演吸引学生。在教学过程中，她能够敏锐把握学生的进步与困难，并及时给予激励或引导。因此，她的课堂已经成为学生热切期待并享受其中的美好学习。她也因此被学生誉为"最美教师"，成为深受家长及悉尼当地学校信赖的专业教师。因此，张晋老师经过多年探索积累的专业素养及其教学经验，有可能成为更多汉语教师的专业资源。

4. 关于改进华文教学实践的初步建议

随后，我基于大家的需求与张晋老师的成功经验，就改进今后教学、提高自身专业素养等问题发表各自意见，提出以下建议：

（1）结合本次交流形成的共识，认真反思各自教学实践的经验与问题，并借鉴张晋老师的成功经验，制订下学期教学改进的工作计划；

（2）围绕教学主题确定与教学过程设计、教具设计与应用、教学绩效评价、课例资源积累与分享等相关问题，开展多种形式的开发与分享；

（3）鼓励各位老师在实践探索基础上，积累自身的教学实践案例和专项经验，逐步形成一支骨干教师队伍。

二、研修案例 2：基于汉语教学课程培训的工作坊

2018 年 1 月 17 日，应北京国际汉语学院邀请，我组织前来北京参加汉语教学培训课程的 12 位华夏文化学校的教师围绕课程成效评价、张晋老师专题报告案例分析及教师专业发展等问题进行了专题研修。

（一）研修活动设计及前期准备

为了保障得到集思广益的研修效果，我在征询张晋老师及国际汉语学院有关老师意见前提下，设计了以下问题：

（1）课程评价："请列举你在本次培训过程中最暖心的事、最给力的课、最开心的出行和最好吃的饭"；

（2）课例研究："张晋老师'买东西'案例带给你的启迪"（3条）；

（3）后续实践："你回去后要从哪些方面改进自身教学？"（见下图）

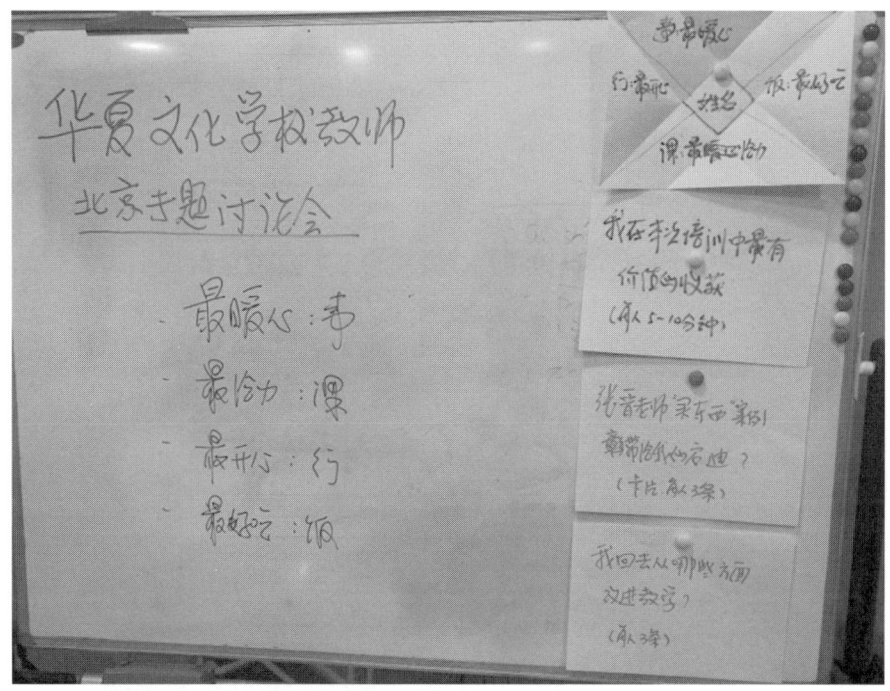

我提前赶到教室，将讲课式的一排排课桌重新组合，摆放成三组；事前也准备了大白纸和白板笔，并利用墙壁、移动白板及原有黑板作为载体呈现讨论成果。

（二）研修活动的实施

在开始讨论之前，我提示大家先围绕每个问题进行个人思考，并将自己的意见写在纸条上；然后交流汇总成为小组意见；再同全体参与者交流；最后，我会当场加以汇总，形成大家的共识。（各小组交流结果借助下页图简要呈现。）

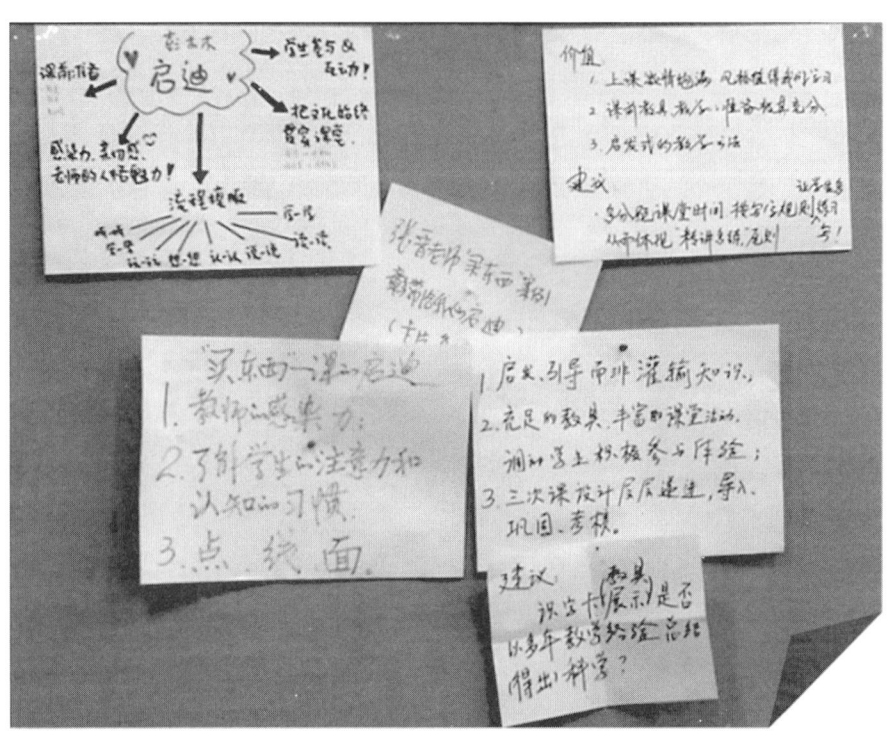

（三）研修活动的总结

在各组分别对于上述问题交流之后，我作为主持人做了如下总结：

"今天，我特别享受大家关于上述问题的分享，并从中获得很多启发。我又一次体会到：有价值的共识建构总是来自对象群体最为深刻的体验。你们的热情参与和讨论成果又一次表明，成人有价值学习的秘诀在于围绕参与者既有经验进行主题交流与分享！

"今天上午各位华夏文化学校老师开展的专题讨论是一次非常成功的互动研修过程。我们事前确定的'总结这次培训班收获''学习张晋老师的专题报告''规划如何改进自身教学'这三个目标都汇集了大家的共识。我没有想到的是，这次来北京国际汉语学院学习过程中让你们最为感动的是，帮助尼泊尔同学学习汉语以及与他们结下了友谊。多位尼泊尔同学还亲切地管张晋老师叫'妈妈'。他们在你们指导下，学会了中国歌曲《好一朵美丽的茉莉花》《甜蜜蜜》，还与你们结为好朋友，进而对中国人、对汉语产生良好的印象和继续学习汉语的意愿。这反映出你们华夏文化学校教师团队具有很强的跨文化亲和力！我相信与你们的友好相处将成为这批尼泊尔老师们北京之行的美好记忆。

"通过你们的分享，我也了解到这次来北京参加培训过程中，你们经历了四种学习，即对外汉语教育专家的专题讲授、同学之间的经验分享、专题讨论式学习，以及改进自身教学实践的初步计划的形成。所有这些学习都指向一个目标，那就是提升你们的教学专业化水平。

"首先，大家分享了对于北京国际汉语学院的本期课程的实际体验。让老师们印象深刻的是学院安排专人深夜在机场接机、学院门卫的热情接待、食堂工作人员及清洁工的周到服务。老师们也积极评价担任教学的专家学者，认为他们知识渊博、教学有方、富有魅力，都为大家做出了良好的示范。

"谈到对于本次培训班的成效，大家倍感珍惜的是彼此结成了一个相互关心、相互合作的学习团队，在课程内外都获得了有意义的收获。通过学习，大家对于国际汉语教学作为一项职业、一门专业和一项事业等不同维度都有了较为深刻的认识，进而激发了对于汉语教学的更大热情。

"其次，张晋校长应国务院侨务办公室设立的中国华文教育基金会邀请，于2018年1月7日开始'全球华文教育直播课程'第一讲。她以'买东西'一课为例，介绍了文化引导语言教学的基本理念与方法。参训教师们以此次讲座为案例进行了讨论，从中获得很多关于有效开展教学的启迪。主要包括：教学的设计与实施过程应该借助听、说、读、写、玩等多方面的体验，以获得积极的全身心的体验；为此，教师应当善于研究学生，认真备课和规划教学过程，善于设计适合学生参与的玩具与教具，并善于借助任务或问题引导学习过程。此外，教师自身应当秉持'儿童友好'与'全纳教育'理念，以自己的教学设计、组织能力及个人魅力，引导和关注全体学生积极参与教学过程，并从中获得有成效的学习体验，不断加强他们继续学习的意愿。

"最后，本次在北京国际汉语学院难得的集中学习机会，使得大家对于增强自身专业化发展有了更为深刻的认识。各位老师通过交流都一致认为，教师素养是支撑华夏文化学校教学特色与质量最为关键的软实力。张晋老师经过多年探索逐渐积累的成功教学专业素养主要体现在她有爱心，善表达，善于与儿童交朋友，从而使得她的教学具有很强的感染力和激励性。她的成功主要源自她自身的学术素养和专业化教学实践经验，也就是她所说的'学者态度+工匠精神'。

"大家通过上述专题研修，对于教师专业学习的理念与方法有了许多了悟。例如，成功教学实践的认识基础在于秉持学习观、对象观、人的发展观；教学专业能力的发展更加得益于自我总结经验、相互分享资源、合作开展问题解决与集体建构共识。大家通过上述研修过程深切感受到：'互为资源、同伴互助的团队讨论的确是一种暖心给力的有意义学习。'"

三、研修案例 3：疫情期间的在线教学工作坊

2020 年 3 月以来，华夏文化学校也因为新冠肺炎疫情转变为在线教学方式。为了应对教师适应和改进在线教学的新需求，学校利用 ZOOM 平台及时启动了每周一次的"华夏文化学校教师在线教学工作坊"（后来改为两周一次），先后有 30 余位教师结合自身的教学探索进行专题报告，而后开展互动讨论。在每次活动结束时，我应邀结合各位老师的创新实践经验进行概括总结，并就面临的具体问题及实践改进提出具体建议。

就这样，我们通过连续 10 次线上专题交流，不仅促进了教师自身的实践反思、同伴之间的相互学习，还逐步积累了全校教师对于在线华文教育的基本理念、教学方法、成效评价及其对于教师专业素养的基本要求的集体共识。上述系列工作坊也成为引领教师提高教学质量、创建丰富课例资源和团队能力建设的有效方式。

与此相适应，华夏文化学校在过去三年中，尤其是在疫情期间，结合学习张晋老师教学经验、开发《华夏文化学校教学实践指南》和应对在线教学新实践，先后举办一系列专题工作坊。我们以任务为驱动，促使每位老师在实践基础上开展反思，进行专题同伴分享，集体建构共识，再回到

教学实践中改进，形成这样一种良性循环。

借助上述实践，华夏文化学校创建了教师发展所需要的"学习共同体"和"能力发展连续体"，一大批深受学生和家长喜爱、充满职业归属感和成就感的优秀教师已经脱颖而出。

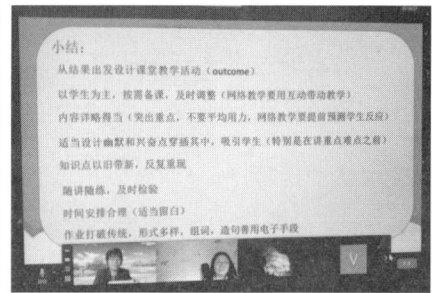
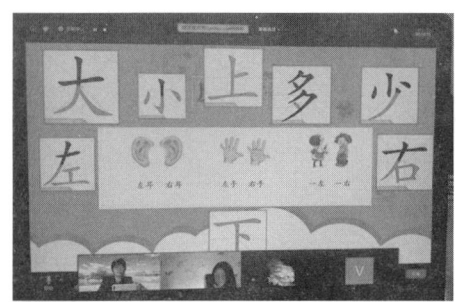

实践显示，在线工作坊不仅能够带给参与者高质量的专业学习，也便于活动基础上的资源加工和传播。这也是因为疫情催生的一项非常有意义的创新。可以说，华夏文化学校在线教学实践催生了全新的华文教学方式，那就是：教师普遍实践引导式教学，学生通过积极参与并在教师引导下的丰富体验与表现性学习活动中获得有成就感的学习。同时，在线教学推动了教师引导、家长支持、学生学习三位一体的合作教学实践。同时，疫情期间应运而生的教师在线教学工作坊制度已经成为探索华文教学成功实践、提高全体教师教学实践能力的有效研修机制。

校长角色：
作为教师发展促进者的策略与实践[①]

中小学校长如何成为学校教师发展的引领者，已经成为广大中小学校长日益关注并努力实践的专业领域。2015 年，我有机会受教育科学出版社邀请，为参加上海真爱梦想公益基金会"F 计划校长引导力训练营"的 30 位来自不同地区的中小学校长进行了一次专题研修指导。我作为主持人和《教师研修：国际视野下的本土实践》[②]（简称《教师研修》）一书的作者，决定以此书为研修资源，与校长读者进行深度互动与交流分享。

一、研修活动的设计

为了提高参与质量，组织者安排学员们提前阅读了这本书，并做了专题发言准备。对研修活动，我计划首先对这本书进行简要的介绍；之后，各组代表分享读书体会，并与我进行互动交流；最后，我根据大家的发

① 本次研修活动由教育科学出版社教师教育编辑部主任刘灿等组织。感谢参与本次研修活动的各位校长、老师的倾情贡献。限于篇幅，本文只选取了部分研修案例。本文原载于《中国教师》2015 年第 12（上）期，由我和张晓老师合作完成。

② 张铁道. 教师研修：国际视野下的本土实践 [M]. 北京：教育科学出版社，2015.

言，从教师研修理念、研修策略与研修组织者素养等角度对研修活动进行总结。

二、研修活动的实施

（一）关于本书的简要介绍

我首先给大家介绍了这次活动的安排，包括了解《教师研修》这本书；然后，我们大家通过互动研修，再共同创建一个教师研修故事；最后，我们将从这段真实体验中汲取对于教师研修基本特点的认识。

《教师研修》这本书分为五部分：第一部分的总论《探索教师研修20年》篇幅比较长，主要介绍我多年探索的过程，以及由此产生的相应实践结果与认识。第二部分所呈现的是学生视角。研究学习者是规划和实施教师研修的重要前提。第三部分汇集了一组实践案例，分享了我和众多合作者一起完成的十几个具有代表性的特色案例。细心的读者会发现，很多教师研修的理念与方法在这些富有挑战性的探索中逐步生成。第四部分是一组在实践的过程中完成的专题研究。第五部分是三篇翻译文稿，分别呈现国际教育界对于儿童学习、教学策略以及教师发展的最新研究成果，向读者传递了三个重要信息：作为教师，必须不断了解和研究学习者；要教好课，必须不断发现和改进自身的教学策略；要想与时俱进，必须不断从事专业学习。

（二）分享与互动

给大家做了以上简要介绍后，我邀请各组代表结合自己所读的一篇文章分享读书体会并提问，我将会回应大家的问题并做必要补充。

1. 如何通过教师研修促进学校变革

李媛（贵州省贵阳市花溪区第九小学校长）：《新课程教学改革：北

航附中教师的研修实践》① 这篇案例报告给我的印象最深。这一实践以学生的需求为主线，同时还开展全体教师参与的团队行动研究。我还发现，高中学生所表达的需求实际上是从低年级到高年级的学生都会有的感受。当他们全身心投入体验的时候、有了自主选择的时候、放松的时候以及与同伴交流的时候，都会获得难忘或感动的体验。这就说明，学生通过亲自参与得到的体验，要比从书本上看到的深刻得多。

张铁道：北航附中的案例说明，学校变革是一个连续不断的干预过程。学校变革就在这个过程中启动并发展。北航附中的专题研修，我们在 1 年之内连续做了 5 次大的干预活动。此外，学校层面还做了很多工作。

> "学习共同体"是激发大家积极性的结果，但还只是在参与层面；"学习连续体"则强调走向纵深的、持续的、相互强化的过程。只有共同体和连续体共同作用的时候，变革才有可能发生，才有可能触及参与人员的能力成长。

刚开始是聚焦学生实际体验及其需求，力图改进入学教育和学法指导。随后，我们又进一步聚焦语文学科，取得成效后又拓展到全科。大家可以看到一个非常清晰的渐进性的变革过程。通过几次连续性的研修活动，大家已经结成了一个"学习共同体"。但是，如果没有一个逐步深化的"学习连续体"，有意义的变革过程仍然难以生发。实践表明，"学习共同体"是激发大家积极性的结果，但还只是在参与层面；"学习连续体"则强调走向纵深的、持续的、相互强化的过程。只有共同体和连续体共同作用的时候，变革才有可能发生，才有可能触及参与人员的能力成长。

2. 如何激发教师参与研修的意愿

刘晓云（山东省青岛市第二十四中学校长）：我们学校在教师研修中遇到的最大困难，就是教师缺乏主动发展的意愿。我想请教您，**如何唤起教师的主动发展意愿？**

---

① 本书保留了此案例。详见"实践案例"中的《校本研修：北航附中教师系列研修》。

张铁道：您的问题让我想起一个故事。多年前，山东省淄博市派了7位不同学科的教研员来北京市京源学校考察学习。京源学校和我一起设计了一个特别的研修课程。第一天，淄博的教研员们先到学校，校长向他们介绍了学校的情况。随即，他们便被安排到不同的学科组，并用一个星期时间把所在学科组教师的课都听了一遍。然后，教研员们分别向各学科组的全体教师反馈自己的听课意见和建议，并与教师们交流。第二周，7位淄博的教研员给京源学校全体教师做了7个不同学科的专题报告，分析学校各学科教学的优势、特点和问题。就这样，淄博的教研员带着上述任务，高质量地完成了考察学习，也为京源学校的教师们提供了很有价值的反馈意见。这一实践被淄博的教研员们称为"蹚水过河教研法"。我想借这个故事说明，富有挑战性的任务能够激发教师的有效参与，并能使教师从中获得成就体验。

> 富有挑战性的任务能够激发教师的有效参与，并能使教师从中获得成就体验。

如何唤起教师专业发展的动机？我的体会是，当他们感觉到学生不满意时，就会产生变革的压力；当他们承担了改进任务时，便会产生很强的动机。我们在北航附中所触及的第一个学科是语文。语文组的教师们顾虑重重，甚至有些抵触。作为前期准备，学校科研室组织高一年级组和高二年级组全体学生评价语文教学，将他们的问题、困惑与需求整理成两份报告，并由两位学生向所有语文老师进行汇报。教师们没有想到，学生们居然能够提出如此有价值的问题和具体建议，便立刻开始了改进。半年以后，学校的语文教学得到显著改观，学生非常满意，语文教师们也重新获得了自信。因此，学生反馈有助于凸显问题并激发教师变革的意愿，而问题解决过程则能够带给参与者以成就体验。

3. 如何组织高效的教师专业学习活动

肖静（山西省运城市盐湖区席张小学校长）：我重点看的是《研修课程规划与实施：教师培训管理者的研修实践》这一篇。案例所展示的6个研修方案设计给我的启示是，要为教师们组织一次研修活动，首先要确定有价值的主题，这非常关键；其次是创设宽松、平等的氛围，这是研修活动的基础；最后，就是要有专家的参与和指导，这是研修活动的保障。

同时，我也有一点困惑。我们也组织过很多次教师专业学习，但是，"满堂灌"依然是主要形式，并且没有高层次的专家和学员之间的互动。所以，我最想问的就是，**什么样的教师专业学习形式是最高效的？**

张铁道：大家都有体验，单一听专家讲课、观摩名师示范课或看书，并不能够直接导致自身能力成长。我们为什么倡导研修？不仅是因为尊重参与者的平等地位，更重要的是强调研修本身就是一种资源共享、互动强化并有效磨合的过程。我们在培养骨干教师的过程中尝试了一种新方法，那就是让骨干教师承担青年教师培训的规划与实施任务，这往往使得他们在服务他人的过程中能够更有效地实现自我超越。

> 研修本身就是一种资源共享、互动强化并有效磨合的过程。

张曙光（福建省南平市顺昌实验小学校长）：我是来自基层学校的一名校长。书中的案例都是由教研员或名师来做的。但是，在基层，很多培训任务都压到了学校。我很想知道，**在教师教学任务非常繁重的情况下，如何更高效地通过学习促进他们的专业成长？**

张铁道：教师学习的一种有效方法叫作"产出性学习"，就是带着讲课、写案例、指导他人等任务去学习。产出性学习是针对"接受性学习"而言的，它往往特别能够激发学习者的内在潜能，并使学习者从中获得能力成长。各位校长如果要派教师外出听课学习，就要事先和教师们约定学习回来以后提供课例，并且给大家分享学习心得，那么，他们外出学习的成效就会特别高。如果再把他们的学习成果在校报上刊登出来，或者发布到学校网站上，他们就更有成就感了。

> 产出性学习是针对"接受性学习"而言的，它往往特别能够激发学习者的内在潜能，并使学习者从中获得能力成长。

4. 如何促进教师的专业发展

郭明（山东省淄博市周村区实验学校校长）：作为一名校长，我认为，贯彻"以人为本"的理念有两个关键词，那就是"教师"和"学生"，也就是要借助发展教师来成就学生。那么，**怎样来促进教师的专业发展呢？**

张铁道：我觉得您把"以人为本"的"人"分为教师和学生，并具体化为"发展教师"和"成就学生"，这是非常好的。从学校教育实际看，还需要加一类"人"，那就是"家长"。这样，学校层面的"人"就全都涵盖了，而且把学校教育和家庭教育联系起来了。

另外，我特别赞同你们开展问题解决式研究。需要强调的是，问题解决是一个持续跟进的过程。我们在北京市原宣武区的校本教研案例，从创意设计到产生成果，断断续续持续了差不多十年。其实，本书呈现的很多案例都是持续跟进的结果。如果要真正做问题解决式研究，其结果不仅在于问题解决，还在于所有参与问题解决的人在此过程中获得有意义的能力成长。

5. 如何确定教师专业发展评价标准

张月军（甘肃省定西市安定区东关小学副校长）：目前教师们都是以论文、课题研究或者公开课方面取得的成绩，以及学生的学习成绩作为评价指标。但这些评价指标并不能真正反映教师的专业水平。**作为学校，我们很难评价哪些教师真正得到了成长，哪些教师没有。**

张铁道：针对您的问题，我做两点回应。其实，在座的各位校长，每个人心中都有在实践中积累形成并不断更新的教师专业标准。我心目中的教师专业标准有七条：

一是具有坚定的教育职业追求；

二是具有较为全面扎实的专业知识积累；

三是积累了全面的学生知识；

四是积累了实际可行的教学知识；

五是善于运用研究的方法，分析教材和学生、设计主题活动、应用教学技术、评价教学成效、总结教学经验及开展课题等；

六是能够保持身心健康和积极的心态；

七是具有个人魅力。

当然，这七个方面不一定每个教师都具备。但是，当一个教师能够有这种意识，并不断借助自身实践予以追求的时候，他就踏上了自己专业发展的道路。

另外，针对您提及的教师专业能力评估，我们在2003年尝试了一种新的教师专业评估的方法。当时，北京市小学数学特级教师吴正宪给小学生讲了"平均数"一课，课非常精彩。我灵机一动，走上讲台，问学生们："今天吴老师讲的课，你们听懂了没有?"孩子们齐声回答："听懂了!"我接着问："那好，你们说说，吴老师今天的课好在什么地方?"学生们抢着回答：吴老师"很亲切""很幽默""讲课很生动""很有耐心""很有魅力"……。学生们一边说，我一边写在黑板上。教师们吃惊地发现，居然没有一个学生说今天学会了平均数。但实际上，凡是听课的人都知道，学生们的确学会了。那为什么他们都没有提及呢?我们突然认识到，一名教师对学生的影响力，在很大程度上，取决于他对学生的态度，以及他能否唤起学生发自内心的积极的情感体验。

6. 如何借助研究促进成果转化

黄小路（四川省内江市桐梓坝小学教导主任）：我阅读了《教学要追求脑会、手会、心会》这篇文章。文中提到，学习方法的变革能够给学生带来深刻变化，并鼓励教师通过课程以及学生学习方法的改变，帮助学生"进脑、上手、入心"，并由此发展他们的能力，完善他们的人格，这将会引导学生走上一条终身受益的学习之路。阅读这篇文章后，我就在反思，以往我们对教师、课程、教学方法关注得比较多，却很少关注学生，没有充分地去整理、收集来自学生的声音，导致我们的研究难以形成具有推广价值的成果。那么，**我们应如何带领团队把付诸实践的工作整理成有价值**

的、能够推广的成果呢？

张铁道：您的问题涉及如何开展有价值的校本研究。在深入学校开展教研活动的过程中，我们先根据实际需求设计开展一些特色活动，并连续不断地做，渐渐地就有了成效。然后，对上述活动进行客观具体的记录，对结果进行总结分析，并对问题解决过程及经验加以理性解读，逐步形成了成果。什么叫成果？我觉得，成果或许就是针对一个具体问题开展的问题解决过程的真实记录和理性解释。一般而言，没有实践成效，便不会有研究成果。当然，完全没有成效的实践，如果善于分析发掘，也可以从教训中汲取有意义的成果。关键是怎样把一项成果内化为一种普遍的、持久的行动。那就是要把它变成一种行之有效的制度，如定期交流制度、同行分享制度。当然，更为持久的是，还要把制度变成一种文化，使它成为大家自觉、自愿的行动。

三、研修总结

当天我们围绕教师研修专题进行了深入的交流与讨论。大家都结合阅读本书的体会及自己的实践经验，从不同角度丰富了教师研修的基本理念、实践方法及研修组织者素养问题。在总结大家共同认识的基础上，我就当天我们的团队研修及其特点做了一个小结。

（一）研修理念

教师研修有几个特点。首先，互为资源。大家都发现，我们围绕一个共同感兴趣的专题进行分享交流的过程中，不仅做出了自己的贡献，也分享了他人的知识与经验，彼此之间结成了一种"学习共同体"。其次，我们还需要强调，建立"学习共同体"只是教师研修的第一步，更为关键的还在于借助大家的努力跟进实践，也就是建立"实践连续体"，如此方能生成有意义的结果及在此过程中生成的能力成长。这应当成为校长规划、引领教师发展的基本常识。

在职教师有意义的学习，大多是通过亲身体验获得的。这次我们在一起共同体验了什么叫作教师研修，教师研修与传统的教师培训有什么不同。我们所强调的体验式学习，至少是三个层面的：一是针对特定问题，参与的每个人都有不同程度的经验；二是大家获得机会充分交流分享，并逐渐形成"1+1>2"的学习结果；三是把汇聚起来的丰富的个体体验与反思梳理加工成有意义的研修成果，使之成为具有一定价值的专题资源。

（二）研修策略

关于研修策略问题，我们大家的体验是：首先，大家之前对于教师研修都有一定的实践和思考，再加上对《教师研修》这本书的阅读，为参与讨论做好了准备，现场每个小组的代表又都提供了富有价值的分享和提问，这就是为什么我们现场的研修气氛自始至终都很热烈的原因。其次，能够带来成就体验的研修都需要问题链。"问题链"也可以叫作"脚手架学习"，即围绕一定主题精心预设的、具有内在逻辑关系的一组问题。其实，好校长、好教师都善于给教师和学生的成长搭建"脚手架"。"脚手架学习"究其本质而言，就是任务驱动式学习、有支持的自主学习。借助这种学习，不仅能够促进学习者解决问题、超越自我，还能从中获得赖以持续进步的自信。

"问题链"也可以叫作"脚手架学习"，即围绕一定主题精心预设的、具有内在逻辑关系的一组问题。"脚手架学习"究其本质而言，就是任务驱动式学习、有支持的自主学习。

其实，实施"脚手架教学"与讲授式教学相比并不轻松。我们需要高度集中，一刻都不能走神，及时捕捉讲话人有价值的东西，还要根据会场气氛及时做出调整。作为校长，你要成为教师研修的引导者，最有价值的在于借助"问题链"引导参与者在相互学习的过程中分享他人的资源，发现更为愉悦的自我。当然，借助环境场地条件，特别是组织者的努力，创设一个建设性的研修氛围也非常重要。这次研修过程中，大家都做了充分的准备，更可贵的是，各位提出的很多观点相互印证、相互拓展，为我们获得研修成果做出了重要的贡献。

关于评价问题，我们所做的不是达标，而是促进。我们的教师研修更加关注彼此之间可以分享什么资源，大家是不是通过研修活动得到有价值的收获，这种让我们兴奋于其中的学习交流过程能够沉淀什么。比如，这次专题研修活动之后，我们会收集参与人员的反馈评价，并将研修过程和结果整理成文字，征求大家的意见。（见文末二维码）大家在阅读和修订的过程中，对于我们共同经历的团队研修就又会是一次深刻的学习。当然，对于那些想有所作为的参与者而言，更具有挑战性的后续跟进则是借助研修所得改进自身实践。所以，我要说，有意义的现场生成加上坚持不懈的后续跟进，是教师研修取得成效的必然要求。

（三）研修组织者素养

研修活动的组织者，究其本质而言就是"成人学习的促进者"。组织者，首先要善于根据研修任务和参与者的实际情况，设定主题、"问题链"及活动结构，尽力安排参与各方做好准备，促进参与者在群体互动的过程中获得有价值的收获。

如果说教师是少年儿童的教育者的话，校长就是教师专业发展的引路人。成功校长的一项重要职责，就是成为校本教师专业发展的设计者、促进者、引领者和分享者。只有校长成就了教师的成长，教师才能有效地去成就学生。

> 组织者，首先要善于根据研修任务和参与者的实际情况，设定主题、"问题链"及活动结构，尽力安排参与各方做好准备，促进参与者在群体互动的过程中获得有价值的收获。

校长作为教师发展促进者的
策略与实践研修活动评估报告

信息技术：
校长信息化领导力专题研修①

一、研修活动的设计

2017 年 9 月 17 日，应时代凤凰教育研究院邀请，我为武汉市 20 位高中校长组织了一场信息化领导力专题研修。为此，我做了以下设计方案。

> **设计方案**
>
> **主题：**利用技术增强我们教学的力量
>
> **参与人员：**湖北省武汉市 20 位高中校长
>
> **活动安排：**
>
> （1）以国内外新技术在教学领域的应用实践创新及发展趋势为素材，进行专题报告"利用技术增强我们教学的力量——地平线报告 2017"②。

---

① 本次研修活动系应时代凤凰教育研究院邀请，为武汉市部分中学校长设计并组织。本报告根据付琪老师整理的培训资料整理。

② 参见：张铁道 . 利用技术增强我们教学的力量［J］. 今日教育，2018（7/8）：116-120.

（2）提出一组问题（包含四个问题）。随后，再提出一组问题，组织大家分成四个小组各自讨论其中一个问题。

（3）各位校长先针对本组问题自己思考 2 分钟，给出 3~4 个答案；而后在小组内分享交流，确定小组最有价值的意见，并按照重要性或紧迫程度誊写在大白纸上；最后呈现大白纸，进行全体分享。

讨论问题：

（1）技术怎样促进学习、教学、管理的变革？

（2）迎接移动互联技术支持的新教学，我们应该从哪些方面做起？

（3）我们已有的技术应用实践有哪些成效、面临问题及需要的突破？

（4）创建技术支持的新教学，校长需要从哪些方面突破？

二、研修活动的实施

首先，我为校长们做了以"利用技术增强我们教学的力量——地平线报告 2017"为题的专题报告（内容从略）。然后，经过分组讨论，校长们对各个问题的反馈如下。

（一）技术怎样促进学习、教学、管理的变革？

校长代表 1：从学校教育角度讲，学习的主体是学生，但是干部、教师、校长自己也需要学习，家长也需要学习。怎样促进这些对象群体学习应用信息技术手段？有时是直接学习先进的技术，有些则需要通过信息技术手段向他们传递相关知识或信息。武汉市课堂上运用现代信息技术是非常普遍的。关于管理，有两个核心必不可少：一是课程管理，二是质量检测。整个学校领导层的决策，要在大数据的基础上做最终决策。还有一些常规管理的技术应用，比如图书、网络平台、公众号等。

校长代表2：（1）关于学习内容的变革，我们学校将美国获得专业资质考试合格证的专业老师"引入"课堂，同步、同进度进行在线英语听说教学。原来学校请外教非常困难，现在我们在线上运用信息技术实现变革。不光是英语课，还有其他课程也是一样。（2）关于学习方式的变革，举一个学校做精准扶贫工作的例子。我们对口支援贵州省西南部三十多所高中，把高三学生复习课程同步实时传输，在当地学校同步开展学习。贵州的学生可以在课堂上直接提问题，由我们的老师或者学生来回答。这也是一种学习方式的变革。（3）关于管理，我们现在的管理已经很扁平化了。我每天通过手机拍照发到微信群就能很快解决很多问题。总之，技术给学校的教育带来很大变革。关键还是在课堂以及通过大数据对学生做出精准的评价。

张铁道（主持人）：我没想到两位校长居然给了大家这么高质量的回馈，特别受鼓舞！我得到的启迪：（1）要以信息化技术应用带来的实效作为取舍标准，否则就会因为没有效果难以维持。（2）优质资源的推送非常重要。尤其是对于初一和高一、初三和高三的学生进行学习指导或升学指导，包括家长的小初衔接、初高衔接，引导家长如何为孩子创设有支持的家庭氛围。可以采取微信群、公众号，尤其是以班级为单位，老师持续不断地推送，通过信息化促进家校合作。

（二）迎接移动互联技术支持的新教学，我们应该从哪些方面做起？

校长代表：（1）观念更新，首先要有创新的意识和终身学习的能力。校长、教师、家长和学生在观念上都需要通过培训加以更新。（2）队伍建设，所有的老师都要进行相应的培训。要建立起一支能应用新技术支撑学校各项工作的队伍。（3）条件与资源，即硬件建设和软件建设。硬件的建设是指为了适应移动互联技术，学校必须提供最基础的设施。比方说，互联网络、移动互联的教室、移动互联的平台。软件建设则是管理措施、资源库，以及怎么利用内外部资源，怎么进行整合应用以支持服务于教学。（4）信息化管理，涉及资源怎么开放利用，怎么进行共享，过程中怎么通过评价来引导学生学习和教师应用。（5）我们还要边实践，边反思，边总结。

张铁道：我在实践中发现了一个问题。许多校长和老师结合办学与教学当中的难点做了创新性的实践，也取得了显著成效。但就是总结不出来，发表的成果也很少，因而缺乏标志性的成果，社会认可程度也不高。所以我给各位校长的一点建议就是，边实践，边反思，边总结，还要加上边传播。现在看来，"创新实践"是学习，"成果发表"也是一种重要的将感性认识升华为理性认识的学习。

（三）我们已有的技术应用实践有哪些成效、面临问题及需要的突破?

校长代表：（1）学校管理方面，大部分学校都有办公平台和工作群。但是，办公平台面临的问题是系统性和针对性不是很强。平台的维护和升级会遇到很多麻烦，包括黑客入侵。（2）课堂教学方面，首先是资源的问题，各个学校都有资源网，但是资源质量不高。老师筛选资源，花费了很多时间和精力。其次是实效问题。有的老师只是简单地应用信息技术，课堂看似容量很大，但学生没有足够的思考和消化时间，感悟理解也没有到位，教学实效并没有得到提高。所以，有的老师开始反思，利用信息技术也要适度，把握不好只会适得其反。

张铁道：您谈了很多现实问题。我补充一条，即资源利用的意识可能还需要拓展。例如，北大、清华包括上海交大，他们都推出了丰富的在线课程。我们可不可以按照学科教学需要，选择一些课程，作为学校教师的继续教育课程，甚至学生的校本选修课程？为了保证质量，学校需要做的或许就是在教师选学了某一门课程并完成之后，与全校教师做一次专题分享；而学生选学学校认可的网络课程，只要获得结业证书即可赋予校本课程学分。另外，平台建设与运维是很多学校挠头的问题，这往往需要一支技术队伍，并且每年都要投入经费，我们或许也可以在财政制度允许的情况下外包给专业公司。

(四) 创建技术支持的新教学，校长需要从哪些方面突破？

校长代表：今天的讲座给了我们很多的启示，大家的分享也带给我们很多思考。刚刚我们小组讨论形成了三个观点：(1) 互联网时代里的新联网才有生命力。(2) 万物互联的时代，我们的校长，要关注个体，感受、聚焦系统思考。(3) 在新技术支持下，如何实现深度融通？

我们需要处理好以下三方面的关系：(1) 方向问题、方法问题。校长首先要关注时代发展方向，如共享教育、新质量教育、选择教育。方向问题涉及我们的意识与观念问题。借助信息技术共享优质教育资源应该在学校成为可能。(2) 主体和客体的关系问题。不管是怎样的时代、怎样的教学，都需要实现外在的及内在的突破。校长要提供硬件的基础和相应的支撑，要给老师和学生提供拓展、应用教育资源的平台，给他们创设应有的空间；还要让老师和学生拥有内生和滋养的能力，让他们借助这样的平台，形成积极的学习欲望，获得有成效的学习体验。(3) 以运用、驱动为支撑，才能让现代信息技术在学校的生存成为可能。在现代新技术支撑下的课堂，技术究竟是课堂的教学支撑工具，还是一种教学方式？在我看来，它应该是一种方式。如果没有学习者的理解，我们就丢了最根本的东西。所以，我们希望通过评价体系的完善，引导老师正确使用技术。

张铁道：各位校长的思考让我意识到，在观念转变的过程中考虑技术的应用，而不是一种技术或某一种设备的应用。然后，你们又说到了教学评价和评价导向的问题。我觉得这种思考对具体的技术而言，是更加上位的问题。也就是说，校长信息化领导力本身并不在于技术，而在于你们对宏观问题的把握。

我们先前在研究"如何开启移动互联时代的新教学"这一问题时提了一些建议。

第一，一切教学的根本在于，唤起学习者自主的、有成效的学习动机和成就体验。也就是说，信息技术始于回应学习的需要，终于有效促进学习的结果。

第二，教师及其教学行为的转变是学校推进信息化应用发掘教学潜在价值的根本环节。事实表明，应用信息技术在激发学生自主学习，增强教师的教学专业发展，提高学校的管理和教学服务效能等方面，都具有巨大的潜在价值。

第三，信息技术应用目前严重缺乏成功的校本实践和高质量的学科教师专题培训。

第四，区域层面的信息化发展，需要市区教育行政部门，结合信息化发展趋势，对本地区教师进行信息化应用的专项培训。

第五，学校层面要抓好教师信息技术和教学运用的培训。改变学校和教师应用信息技术的理念和实践方法，切实借助实践运用，提高教学质量和管理水平。

第六，在学科教学层面，应鼓励教师带领学生探索，利用丰富的在线课程资源进行教学与学习，特别是科学、艺术、外语和音乐等学科。同时，还要在拓宽学生的学习资源等方面开展工作。

这些年在追踪国际教育信息化发展的过程中，我们深刻感受到互联网正在改变着世界，也在深刻地改变着教育。这一切都表明，未来的社会是一个开放学习的社会。我们作为校长，更应该成为引领开放学习的带头人。

领导力发展1：
吴甡校长工作室的若干探索

我因工作关系与吴甡校长相识已经二十年了。他最初到北京市广渠门中学担任校长工作期间，我曾经参加过他主持开展的宏志教育及双语教学的研究业务活动。后来，又有机会借助北京市首批示范高中评审过程，对于广渠门中学的办学水平及其特点进行了较为全面的实地考察。吴校长对于"创办一所社区百姓认可的好学校"的教育追求，以及他创新务实的价值观与坦诚可靠的人格魅力，都让我深感钦佩。于是，我们一见如故，彼此成为亦师亦友的同志。

2017年8月，已经退休的我接到吴校长电话。他告诉我，保定市教育局十分看重他多年来的成功办学实践经验，邀请他领衔成立了"保定市吴甡校长工作室"，并安排各区县20位知名校长追随他开展为期三年的专业学习。吴校长希望聘请我作为理论导师，配合他一起开展工作室业务。其实，我自己多年前就有校长专业发展情结，但因为工作原因一直没有获得专项实践的机会。于是，我们一拍即合，在电话里商定了工作室业务目标：聚焦校长领导力发展主题，规划各种学习活动，用三年时间帮助各位校长建设一批好学校；在实践中催生一批在保定市具有影响力的好校长；并借助工作室的探索为更大范围开展中小学校长培训积累成功经验。

一、聚焦校长领导力

2017年9月，我第一次随吴校长来到保定市第十七中学与20位校长见面。那天，吴校长请大家提出各自发展需求，大家立刻谈到经费不足、教师队伍结构不良、农村学校优秀教师流失严重、教师收入偏低、教学质量难以保障等。我听到大家的困难，想到了一个选题。在征求了吴校长同意之后，我们用一个下午时间组织了一场"保定市校长领导力论坛"。我先后提出了"什么是校长领导力？""校长领导力主要通过哪些途径获得？""从哪些方面评价校长领导力的成效？"等问题。为了让每位校长都能有机会参与，我把大家分成5个小组，每人都针对问题提出自己的想法，而后汇集小组共识，写在大白纸上与全体分享。我又根据各组意见进行汇总。一场不同于以往的全员参与的专题论坛后，我们建构了对于校长领导力、如何发展领导力以及怎样评价校长工作成效等问题的集体共识，发展校长领导力从此也成为工作室活动的主线。

二、提高校长主题演讲能力

同年10月，我们相聚在保定市高新区小学。本次活动要求各位校长分别用10分钟时间介绍学校情况、面临困难及对策。有意思的是，面对同行交流，校长大都很紧张。有的不会把握时间，在介绍学校历史沿革方面用了很多时间，却没有时间介绍特色实践；还有几位因为时间限定，都没有按时完成。吴校长有针对性地进行了业务指导，我也借此机会与校长分享了自己工作多年积累的"四本学习"，即"书本学习"（主要指常规性知识积累）、"事本学习"（在实践探索中学习）、"话本学习"（交流分享既有实践）、"文本学习"（将上述学习过程及心得文本化、理性化）。让我很受鼓舞的是，"四本学习"分享得到大家高度认可，后来还被吴姓校长推荐作为校长领导力的关键要素。

三、通过评估促进专题学习

2017 年 12 月中旬，保定市教育局组织工作室全体校长来到北京市广渠门中学跟岗学习。吴甡校长约我也为校长们做一次讲座。我基于校长们都有丰富的实践经验，但缺乏合作学习经历的实际情况，根据教育部刚颁布的《义务教育学校管理标准》（简称《标准》），设计了"借助新标准评估广渠门中学办学水平"的主题活动。校长们分别聚焦《标准》规定的保障学生平等权益、促进学生全面发展、引领教师专业进步、提升教育教学水平、营造和谐美丽环境、建设现代学校制度六个实践领域展开深度学习，并深入广渠门中学办学实际分别进行评估研究。我们约定一周后进行专题交流。

21 日上午，每个组先后针对他们所承担的专题借助幻灯片进行了非常精彩的专题发言，由此汇集形成了对于广渠门中学办学实践的全方位学习。吴甡校长对于各位校长的努力学习和研究成果给予高度评价，他还从学校发展视角分享了校长在学校变革方面如何规划和实施的具体建议。于是，我们的上述活动形成了一个"非常 6+1"的研修特色，那就是"六大实践领域+校长领导力"。活动之后，全体校长在专题交流基础上形成了 1.5 万字的系列研究报告。

四、借助校本实践开展案例研究

如何帮助 20 位校长将自身坚持参与工作室的学习和校本发展实践相结合，一直是我们关心的问题。2019 年伊始，吴校长就倡导每位校长要围绕领导力写出有特色、有深度的实践案例报告。但在校长如何研究领导力问题上也遇到了曲折。刚开始，校长们聚焦领导力及其不同侧面采用单独或合作方式进行写作。结果，大家在写的过程中发现自己更多的是学习和阐释某种领导力，很难体现自身学校发展的具体实践。根据大家要求，吴甡校长和我、谢文颂一起了解大家困难，确定了各位校长以自身学校管理实践特色经验的总结为基础，并分享各自对于校长领导力的认识这一基本要求。

9 月开学之后，校长们陆续提交了修改后的案例报告。我应吴校长要求，对每一篇文稿都进行了评审，并提出修改建议。我还结合普遍存在的问题，提出校长要进行文本学习、专家讲座、文献研读、成功经验分享，特别是将自身办学实践中最为深刻又有成就感的探索作为研究报告加以呈现，这实际上是一次由感性体验到理性认知、自主建构知识（即实践经验知识化）的重要跨越。为此，我还就撰写实践案例报告的体例提出了具体建议。

让我感到特别欣慰的是，各位校长都非常认真，克服了很多困难，经过不懈努力，最终都完成了质量较高的案例报告。20 位校长来之不易的研究型学习成果，不仅记述了他们躬身实践、刻苦研究的努力过程和成果，也从不同视角呈现了保定市吴甡校长工作室针对校长领导力特色实践及研究为日后更多校长的专业发展提供的重要资源。

五、对于领导力的微信研修

在开展上述集体活动的同时，我们还尊重每个人的价值，充分利用微信开展项目管理、信息分享和专题交流。吴校长率先垂范，不断分享自己对于教育特别是学校管理的实践心得和真知灼见。大家看到相关的创新实践和成功经验，总是第一时间在微信群分享。吴校长还组织大家开展专题阅读。他推荐了由美国华尔街投资大神达里奥所著的《原则》（中信出版社出版）一书，并组织大家在微信平台分享各自的学习心得。

2019 年 10 月 23 日，吴甡校长在微信群聚焦校长领导力专题发起新的讨论。他勉励大家："面对浮躁焦虑的大众，面对不能安心安分的教师群体，校长不能丢了'魂'、迷了'道'，要多长本事，少长脾气，站得住、站得高、稳得住、摧不垮，坐稳专业位子，形成专业性领导力。"

吴校长的话语引发各位校长新一轮专题交流，大家纷纷围绕校长领导力中攸关的"魂"和"道"交流各自心得，都从中获得了深刻的学习，也在交流基础上形成了新的共识。

实践表明，现代社会因为有了网络和移动技术支撑的不受时空限制的交流空间，有效地推动了参与工作室学习的便利性、丰富性和交互性。

2020年，保定市吴甡校长工作室自启动以来，已经进入第三个年头。在参与工作室活动过程中，尤其是分享各位校长的实践案例过程中，我又一次对于吴甡校长工作室促进校长领导力的方式与理念进行反思。我感到，吴甡校长工作室仅仅用了不到三年时间，就在实现既定目标进程中取得了实实在在的发展，这首先得益于吴甡校长的教育智慧和人格影响；其次就是保定市教育局众多领导的全力支持与推动；最后则是我们坚持了同伴交流、行动研究、专题研究、专家指导、微信分享、媒体传播等不同形式的学习机制。于是，才有了借助校长工作室机制，推出了一批具有当地示范作用的好学校，催生了一批善于学习、勇于创新的优秀校长，也探索出一条新时期培养基层中小学校长的可行路径。

领导力发展 2：
郑瑞芳校长工作室的新探索[①]

　　2019 年年初，北京市海淀区教育工作委员会着眼于总结和推广区域内优质学校办学经验，成立了以人大附中等 12 所名校校长主持的名校长工作室，以此作为一种辐射机制，带领全区众多中小学探索特色创新发展之路，也借此探索新时期海淀区校长专业发展的策略与方法。中国人民大学附属小学（简称"人大附小"）校长郑瑞芳受命，主持由人大附小、中国农业科学院附属小学（简称"农科院附小"）、北京市海淀区培星小学和中国农业大学附属小学（简称"农大附小"）4 所学校校长共同参与的工作室。本人十分荣幸地受郑校长热情相邀，担任理论导师，并参与工作室的相关业务。

　　为了完成好这项使命，确保所有参与学校都能受益，郑校长和我经过多次讨论，共同研究制定了工作室的发展目标与活动机制，那就是：聚焦校长领导力主题，分享每所学校校长的特色办学实践，并以团队研修方式

---

　　① 本人为中国人民大学附属小学郑瑞芳校长工作室理论导师。本文撰写中参考了人大附小郑瑞芳校长工作室工作简报，特此说明。

将其拓展为专题研究；采取专业阅读和专题考察方式，拓宽各位校长的专业视野；并以校本行动研究方式，创建学校的优质特色。我们还希望，在上述学习实践基础上，积累本工作室特色实践的校长领导力系列成果。

2019 年 3 月 26 日上午，郑瑞芳校长工作室首次主题研修活动在人大附小如期举行。活动伊始，郑瑞芳校长先就《人大附小郑瑞芳校长工作室工作方案》进行了介绍并征求大家意见，带领大家确定了本学期 4 次专题研修活动的主题，明确了每次活动的专题报告、团队研修的内容及预期成果。上述方案得到与会校长的一致赞成。大家高度认同"聚焦一校特色，集体构建共识，沉淀系列成果"的工作室定位。

一、郑校长结合人大附小特色实践做主题报告

作为工作室实践导师，郑瑞芳校长率先以"创建并维系一个和美的事业环境"为主题，分享了她做校长的实践探索及她自身对校长领导力的感悟。

郑瑞芳校长 1981 年参加工作，至今已有 38 年的工作经历。她满怀教育情怀，经过从教师岗位到管理岗位的长期锻炼，积累了她教育职业生涯的丰富体验。如今，她带领师生共同创建的"七彩教育"理念及持久实践，使人大附小及6个分校的教师、学生及家长都感受到亲切感，拥有归属感和葆有使命感，体现七彩教育理念的彩虹门如今已经成为学校的文化象征。

关于校长领导力的认识，郑校长总结自身实践体会指出，校长领导力就是校长个人素养与学校发展谋划和学校发展治理等诸多能力的高度统一。郑校长侧重从学校文化领导力的视角，诠释她对七种校长核心素养的理解：红色寓意校长要拥有教育理念，是代表思想引领的感召力；橙色寓意校长要拥有教育激情，是代表个人魅力的亲和力；黄色寓意校长要拥有教育情怀，是代表道德信仰的感染力；绿色寓意教育责任，是代表责任担当的决策力；青色是寓意校长要拥有教育智慧，是代表持续发展的创新力；蓝色寓意校长要拥有教育胸怀，是代表人格作风的影响力；紫色寓意教育梦想，是代表使命动力的凝聚力。（见下图）她还结合人大附小具体办学实践介绍了自2003年以来学校的七彩教育特色实践，七彩教育的愿景是让人大附小成为全体师生一生留恋的地方！这种追求，在她看来就是在"做一件幸福的事情"！

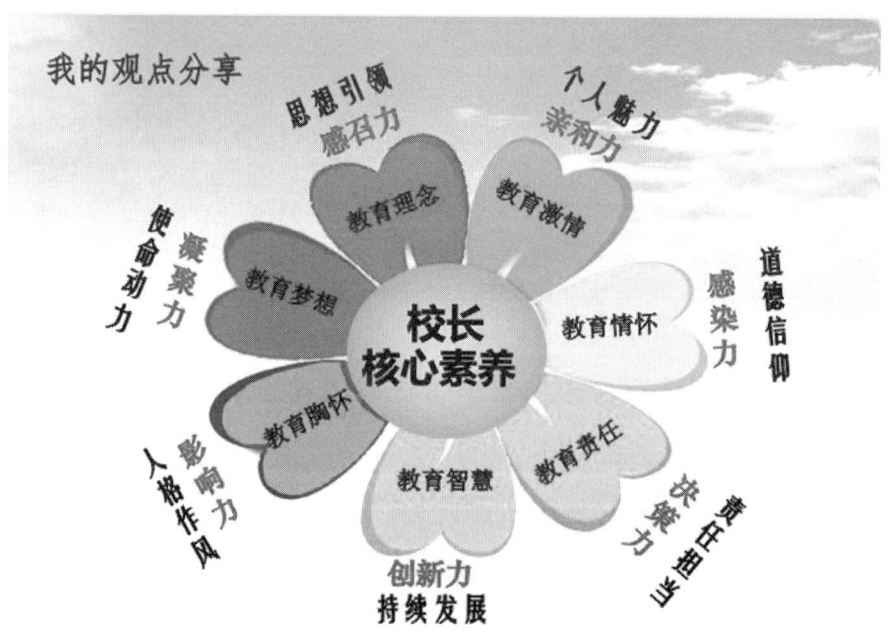

二、各成员分享学习体会

聆听了郑校长的主题报告，各位校长和参加活动的人员都深受感动和激励，他们争先恐后发言，畅谈各自感悟与心得。

赵建军（农大附小校长）：郑校长给我的触动特别大。原以为郑校长作为一校六址航空母舰式的领导纵观全局、指导工作已经肩负重任，但是没想到她对工作是如此的细致和极致。今天听完郑校长聚焦领导力的报告，感到需要向郑校长学习的东西太多了！尤其是自己作为一名年轻校长，一定要对学校方方面面的工作有一个亲力亲为的体验之后，才有可能全局把握学校的工作和发展。

朱郁（培星小学校长）：我觉得郑校长是一个特别有教育激情、教育情怀，能够感染人、打动人的校长。比如说她举校搬迁的例子，100多位老师通过亲身参与清理新校舍的团建活动，建立起了和新校区的归属情感。我觉得通过这样的一种亲身付出，老师和学校情感的距离被拉近了。当老师们对新校舍有了情感投入，自然就会对学校的发展充满热爱，所以我觉得郑校长是特别有教育智慧的校长。

与郑校长的这种亲力亲为相比，我们在学校管理工作中亲力亲为的不是太多，而是太少。比如说听课，郑校长2017年到2018年每学期都听一百多节课，我觉得我还做得不够，我也就是一学期听七八十节课。看到郑校长的听课记录后，觉得自己很惭愧。只有走进课堂，才能够发现课堂中教师与学生的问题，才能在深入课堂后把脉学校的办学的问题，调整学校的办学方向，对老师扎扎实实地做好上好课的引领。郑校长说，"她的教育灵感都来自课堂"，这给了我深刻启迪。我回去之后，第一件事就是一定要精简烦琐业务，深入课堂教学。

刘芳（农科院附小校长）：郑校长的精彩报告使我们在场的每一个人都热血沸腾、激情澎湃。其中我印象深刻的是：她是如何把这种教育的愿景一步一步落地，最后落在每个孩子身上的。人大附小的愿景是：让人大附小成为每一个孩子或者每一位老师最留恋的地方。作为一名校长，推动学校发展工作，切实努力落实愿景，便是校长的领导能力的根本。这些都深深吸引着我。

之后，列席本次活动的其他人员也十分积极地发表了各自体会。综合起来主要如下：

第一，郑瑞芳校长的领导力体现在她具有人文关怀、亲力亲为、追求卓越的专业品质；体现在她具有前瞻性，明确目标和方法，带领团队共同筹划、创新探索、解决问题并取得成效；还体现在她创建学校独有的课程文化与管理文化，以及对学校干部培养和能力发展提升的过程中。

第二，郑校长的领导力和独有的人格魅力，使得我们的教育情怀被点燃，由衷愿意追随着她一起做一件幸福的事；也使得我们严格要求自己，努力前行，做到精致和极致，从而获得做教育事业的自豪感和幸福感。

第三，郑瑞芳校长工作室的方案既紧扣海淀区对于工作室的文件要求，又特别注重校长学员的问题和需求，有足够的开放性，提供给学员更多发展的可能性。

三、构建关于校长领导力的集体共识

聆听了郑瑞芳校长的专题交流，分享了上述校长们的心得，我深切感到，郑校长聚焦领导力主题，根据她对领导力的实践与认识，做了一个非常精彩的主题范例，为大家提供了一个非常务实的案例。随后，我引导大家对本次活动研讨的内容、方式和成果进行提炼总结。大家围绕校长领导力主题，通过案例讲述、同伴分享、集体建构三种学习方式，形成对于校长领导力的共识——包括学校发展愿景、校长角色、校长素养、校长工作实践、校长工作成效五个方面。

关于学校发展愿景，以人大附小为例，就是做一件幸福的事，办一所让人幸福的学校。校长角色包括领导者、激励者、感染者、实践者、研究者等。校长素养包括个人素养、实践能力、价值观。个人素养是校长能够胜任工作的基础，实践能力的标志是能够把学校办好，价值观则决定了动机，决定了其能否持久。关于校长工作实践，以郑校长为例，她善于把学校发展愿景落地，亲力亲为，言传身教，追求精致极致，将科学和人文管理有机结合，注重现场，善于创建一个让大家愉悦的、享受的工作环境。校长工作成效包括归属感、成就感和幸福感。从大家的发言里，就感受到强烈的归属感、工作的成就感。郑校长从她自己做一件幸福的事情，再激励大家投身对于幸福工作的追求，这是特别让人钦佩的。

　　大家认为，校长领导力是在办学实践中摸索、历练、沉淀出来的。今天的活动聚焦校长领导力专题，通过郑校长的案例报告，唤起了大家许多的共鸣联想和交流分享。每一个校长既是一个经验体、资源体，同时也是一个需求体，参与的每个人都贡献智慧，从各自的视角来解读、拓展、细化校长领导力，达成了对于校长领导力的新的共识和框架。郑瑞芳校长工作室通过互为资源的学习方式，共同创建了以人大附小为案例的校长领导力研究报告，构建了一个全新的故事，这为我们自身增强领导力也提供了一个努力框架。

> 　　每一个校长既是一个经验体、资源体，同时也是一个需求体，参与的每个人都贡献智慧，从各自的视角来解读、拓展、细化校长领导力，达成了对于校长领导力的新的共识和框架。

郑瑞芳校长工作室首次主题研修的成功实践，不仅在郑校长多年实践基础上凸显了极有特色的校长领导力，带给大家一次十分丰富的专业学习，也为随后开展的系列研修提供了可资借鉴的范例。

接下来，郑瑞芳校长主持工作室全体成员依次深入聆听农科院附小刘芳校长关于"三校合并背景下的学校体制机制重建"、培星小学朱郁校长关于"校本教师发展实践探索"和农大附小赵建军校长关于"家校协同育人实践探索"的专题报告。每次报告后，大家都开展了十分深入的专题研修，并就如何完善此项实践提出建议，在此基础上形成专题共识和相应成果。正因如此，工作室的业务活动让每位校长都大呼过瘾。

工作室还由校本专题研修拓展到专业文献阅读，先后深入首都师范大学附属朝阳实验小学、北京市昌平职业学校和天津英华国际学校进行实地考察，但保持不变的是每次活动都在体验式学习基础上进行深度交流和共识创建。2020年疫情期间，各成员校还针对"停课不停学"实践创新进行了跨校专题研修，并从中凸显校长应对危机的领导力的策略、方法与成效。①

---

① 郑瑞芳，朱郁，刘芳，等．"停课不停学"，危机应对中的校长领导力："危机时期的校长领导力"网络主题研修侧记［J］．开放学习研究，2020（3）：14-22．

国际研修：
以本土实践为资源的国外人员研修①

2017 年 11 月间，我接到商务部援助南苏丹教育技术合作项目专家组邀请，要我为前来中国考察学习的 50 余位南苏丹教育专家做一次关于中国教育的专题讲座。结合我之前对于国际交流学习的实际需求及成效考虑，我建议将"专题讲座"改为"实地考察"，并借助参与者的亲身体验开展相应专题研修。我还具体建议组织来华专家深入具有"国家级职业教育示范校"声誉的北京市昌平职业学校进行专题考察。庆幸的是，我的建议得到专家组采纳。于是，便有了我以中国本土教育成功实践为资源，开展国外教育专业人员专题研修的机会。

一、研修活动的设计与准备

本次考察是商务部主导的中国援助南苏丹教育技术合作项目为该国基础教育高级专家提供的系列专题培训活动之一，目的在于通过对北京市昌平职业学校（以下简称"昌平职校"）办学特色及运行情况的实地考察，

---

① 本案例的基本素材由北京市昌平职业学校外事办公室主任罗英老师提供，特此鸣谢。

帮助来访人员认识中国基层学校在办学及教学等方面的基本实践，并从中汲取改进自身实践的思路与方法。北京市昌平职业学校的前身是一所远郊区县普通中学，20年前转制为中等职业学校。经过多年探索，该校在市、区政府支持，特别是在段福生校长领导全体教职工的不懈努力下，已经发展成一所享有很高社会信誉的国家级职业教育示范校。明确此次任务后，我立刻联系了学校的段福生校长，向他说明安排实地考察的意图。让我深受鼓舞的是，段校长对于接待外访考察表示热烈欢迎。

为保证上述预期目标的达成，我提前一周来到昌平职校。在学校办公室及外事负责人陪同下，根据南苏丹教育实际情况，逐一考察了学校的相关专业及教学设施并逐一踏勘了考察活动现场。

考虑到南苏丹的现实发展水平与需求，我们没有选择学校的电子商务、现代物流、空客服务等现代服务业作为学习、考察内容，而是选择了简单易行的花卉种植作为体验学习的主题，并安排实地参观饮食烹饪与汽车维修两个专业。除了确定上述活动及午餐安排的细节，我还听取了学校外事办公室负责人罗英主任对外宣传的学校情况简介幻灯片，根据考察需要删除了与对象需求无关的内容，增加了学校基本办学条件、专业设置、课程开发、教学特色及办学成效的内容，以便帮助来访者深入具体了解学校的办学经验与教学特色。

二、研修活动的实施

2017年11月7日上午9点，南苏丹教育专家一行53人按时抵达北京市昌平职业学校。参加考察的人员主要是来自南苏丹教育部有关项目负责人及各省基础教育界专家。中国商务部援助南苏丹教育技术项目组顾问孟鸿伟博士、中南安拓国际文化传媒（北京）有限公司总经理王涛先生等领导也全程参加业务活动。

首先，大家来到昌平职校的农业文化生态教学园。南苏丹教育专家被引导分成九个学习小组，在老师指导下开始体验"无土栽培蝴蝶兰"学习项目。随后，大家还在现场观摩了学校的红酒酿造技术设备和社区群众参与的面点食品制作活动。轻松真实的体验学习引发了考察人员的极大兴趣，大家一片惊喜，现场欢声笑语不断。活动之后大家还恋恋不舍，纷纷要求留影纪念。

之后，考察团驱车来到学校主校区，分成两组交叉参观了学校中西餐面点制作与汽车维修教学现场，还亲身体验了学校自办的茶点服务。实地考察结束后，南苏丹专家集中到学校现代服务业综合实训中心进行集中交流。商务部项目实施单位负责人和昌平职校领导先后发表了简短、热情的致辞，他们对代表团的到来表示欢迎。学校国际合作办公室主任罗英代表学校用英文全面介绍了昌平职校的发展过程、专业设置与课程建设、人才培养及国际合作等方面情况。大家还围绕报告与段福生校长进行了对话交流。

在完成上述考察活动基础上，全体考察团成员被分成七个小组。我先后提出两个问题：

"本次考察给你留下最为深刻的印象是什么？"
"有哪些具体经验你觉得可以回国付诸自身实践？"

我们采用个人思考、小组汇总、大会分享及建构共识等方法，借此就昌平职校的基本办学特色及其对于南苏丹教育人员后续实践的借鉴价值两个主题，进行了互动研修。

大家因为有了亲身体验，所以对于上述问题都争先恐后地提出意见。在小组报告过程中，我按内容主题进行了即兴整理，并向大家进行集中反馈。我们通过这样基于个人体验和集体共识建构的研修过程，形成了对于昌平职校办学经验及后续实践改进的共识。

三、南苏丹专家对昌平职校办学特色的评价

考察团成员通过深入研修，对学校的办学条件、教育理念、专业建设、学生培养、技术技能培训模式以及成效等方面给予高度评价。

（一）有益于学习的基础设施与教学环境

南苏丹专家认为，昌平职校首先给人印象深刻的是学校建筑区域布局合理，校园非常美丽，环境干净整洁，彰显着现代化教育机构的气息。这些都为学生创建了十分优越的学习与生活环境。考察人员看到，学校与德国一流汽车企业合作建设的汽车维修专业教学设施设备先进齐备；实训室里教学设施设备一流，学生的学习环境优越舒适；师资力量雄厚，专业知识课程和实际操作技能课程相辅相成；在课堂及实训现场，教学秩序井然有序，教师、学生积极专注，学习气息十分浓厚，教学效果显著。在中西餐烹饪专业实训基地，考察人员观摩了中西餐烹饪专业技能学习的实施过程，品尝了学生们的烹饪成果，并从中感受烹饪文化及其对于提高生活品质的独特价值。外国专家反映说，所到之处都能切身感受到昌平职校具备了有助于学习者专业技能发展的良好教育环境。

（二）适应社会发展需要的专业设置与教学质量

考察团对农业文化园区开设的各种"做中学"体验式教学方法印象深刻。他们评价认为，园区的各项培训项目既富含科普类知识又趣味十足。考察人员普遍高度评价昌平职校开设符合市场对于技能型人才需求的专业，紧密针对社会发展对于新型专业的需求，非常注重岗位实践能力培养；专业教学中，注重将学生理论知识学习与岗位实践技能培养相结合。在中西餐烹饪专业参观时，大家切身感受到了烹饪专业丰富多彩的课程优势及教学特点。

考察人员看到，汽车维修专业的汽车零件组装课程，尤其是发动机组

装课程教学活动实用有效，汽车装饰与彩绘课程非常吸引人。他们还饶有兴趣地体验了汽车模拟驾驶教学环节。考察人员还了解到昌平职校的毕业生都可以根据自己的意愿选择能够施展自身技术特长的就业岗位或升入高职院校进一步深造。

大家一致认为，北京昌平职校这种课程设置与教学模式对于急需技术技能型人才的南苏丹而言，具有很强的借鉴价值。

（三）高效率的管理机制

考察人员发现，昌平职校之所以取得了迅速发展，主要得益于学校有一支高效的领导与管理团队。学校教学组织管理有序高效，学生学习认真、参与度高。教学效果显著，学术气息浓厚。这些印象都体现出学校有一支高效的管理团队，还有健全的教师激励机制、强大的领导力与执行力以及办学设计规划能力。尤其是学校将国际合作作为学校的发展战略，积极开展国际合作，如汽车专业与德国建立战略合作伙伴关系，得到德国的技术支持，学校在设施建设、课程设置与教学制度保障等方面都取得了显著成效。

（四）显著的办学成效及品牌影响

考察团认为，昌平职校积极回应社会发展对于技能型人才需要的办学经验与注重专业知识和岗位实践技能培养的教学模式，通过多年积累和完善具备了很高质量。学校教学实力雄厚、教育资源丰富，对于南苏丹具有很强的示范价值。

考察专家高度赞赏昌平职校办学与教学品牌经验，殷切希望能够有机会派遣更多教育人员前来学习，也希望学校能够接受留学生，为南苏丹对于促进就业、提高生活质量急需的技术人才提供专项培训。

四、昌平职校经验对于南苏丹人员改进自身实践的价值

南苏丹教育考察团成员在积极评价昌平职校优势特色基础上，聚焦自

身条件所及讨论了他们回国后改进实践的初步意愿。他们指出，将从教育管理体制、就业体制、教育教学资源建设等方面入手，改善南苏丹的教育环境，强化国民重视职业技能教育的意识，培养职业教育的师资，寻求与中国教育的专项合作和技术资助，引进中国职业教育的专家资源，以推动南苏丹的职业教育发展。综合起来，主要有以下几个方面。

第一，要宣传职业技能教育的重要性，以引起政府及民众对职业教育的重视，唤起青少年学习技术技能的积极性。借鉴中国职业教育的成功经验，在南苏丹创办更多的职业学校。南苏丹所有的职业学校都可以学习借鉴中国园艺农业相关专业办学的先进经验。

第二，借鉴北京昌平职业学校高效的管理制度及办学实践经验。强化学校管理力量，开展广泛社会合作，探索"培训—就业—创收"成功实践，致力于借助发展职业教育推动社会脱贫，实践创新探索。

第三，改善职业学校的基础设施与教学及生活条件。建设教师培训基地和学生实训室，加强师资培训，提升教师的教学能力。完善教学资源，改善职业学校的就学环境，保障职业教育教学质量必需的师资队伍与教育教学资源。

第四，增强职业学校的领导与管理能力，保障现有基本办学的人财物资源能够得到充分利用，同时还应开展在校学生的现场实训、举办面向社区的技术服务及毕业生就业中介服务。此外，还应通过政府资助和社会合作寻求更多资源投入。

第五，着眼于从教育政策上入手完善职业教育的相关政策法规。政府办职业教育，从师资培训、学校基础设施建设、教学设备方面全额资助职业学校；设立职业教育奖学金制度，以鼓励更多的学生进入职业院校学习一技之长。

第六，积极开展更为务实的国际合作，以取得更多的援助项目来改善职业教育基础设施设备。同时，争取国际上其他职业学校专业性设施设备的资金援助和师资培训等技术援助。大家特别希望能够引进中国的职业教育专家前来指导南苏丹的职业教育。

　　在结束考察之际，南苏丹教育专家高度赞赏段福生校长代表学校表达的在互利共赢理念下，同南苏丹教育同人分享经验、开展合作的良好意愿。他们纷纷表示，在昌平职校的实地考察与专题讨论使他们受益匪浅，昌平职校的办学理念、专业建设、学生培养、技术技能培训模式与服务区域经济发展等方面的实践及其成就都给他们留下了深刻的印象；由衷期待能再有机会进一步学习昌平职校先进的办学理念，并开展更深层次的合作。

脚手架搭建：
学科带头人怎样体验研修的力量①

一、研修活动的设计

如何帮助基层学科带头人体验教师研修的理念与方法，一直是我很期待的实践课程。2016 年 10 月，我十分敬重的北京市教育委员会基础教育处原负责人乔树平大姐，邀请我主持一次专题研修活动。参加者为来自海南、山西两省的 50 余位中学各学科带头人。

我们基于优秀教师"希望成为所在学校的教师发展引领者"的客观需求，以阅读《教师研修：国际视野下的本土实践》这本书为话题，创设一个真实的主题研修过程，汇集来自所有参与者的相关体验与想法，不仅使他们获得对于教师研修理念的体认，也能够为他们开展教师研修的后续实践提供方法论指导。因此，作为研修活动的组织者，我们所做的就是依据

① 本次活动得到北京师范大学基础教育研究院副院长乔树平和北京市中关村中学校长苏纾的支持。本报告得益于全体参与者的参与和奉献。本文原载于《今日教育》2017 年第 2 期，由我与张晓老师合作完成，收入本书时有修订。

研修主题设计脚手架式问题链，引导大家进行参与互动式分享交流，并汇聚大家的智慧，形成有价值的学习成果。

二、研修过程的互动讨论

（一）怎样成为学生心目中的好老师？

海南1组代表（海南中学数学教师贾天友）：《教师研修：国际视野下的本土实践》一书中《儿童视角中的为师之道》这篇文章给我留下了很深的印象。作为教师，我们都特别希望成为学生心目中的好老师。**怎样通过研修让我们的老师明确如何成为学生心目中的好老师呢？**

张铁道（主持人）：这篇唤起你兴趣的文章背后有一个故事。1995年，联合国教科文组织在50多个国家开展了"什么造就了一名好老师？"主题征文征画活动，并出版了一本小画册。我在1997年的时候看到了这本画册，立刻就被孩子们对教师的真实需求和热切期待打动了。我想，如果让老师们站在学生的立场上看老师自己，看老师的职业，应该非常有震撼力。

2003年元月，我在《班主任》杂志发表卷首语《让我们倾听儿童的心声》，邀请各地老师组织少年儿童将他们心目中的好老师用绘画和文字的方式呈现出来。短短几个月时间，我们就收到来自全国各地的3000多名中小学生的儿童画和文稿。我们从这些儿童作品中发现，学生对于老师及对于学校教育的需求，不仅仅局限于知识、能力和情感态度价值观，他们更加需要并珍惜的是老师和他们之间的充满关爱的情感互动和思想交流。其中，确实有很多催人泪下的故事。

这项尝试让我们获得很多发现。大多来自学生心目中的好老师的叙事故事和图画，好像都与学科教学没有直接关系，却是最打动学生、影响学生的重要事件。我们借助儿童视角开展的教师研修实践也表明，引导广大教师站在学生立场体察教师的教学服务及其成效，进而积极回应

引导广大教师站在学生立场体察教师的教学服务及其成效，进而积极回应学生的学习需求，不仅是我们深刻理解自身教育服务工作价值的一个重要的评判维度，也是教育管理者和专业机构引领教师专业发展的一个有效的行动突破口。

学生的学习需求，不仅是我们深刻理解自身教育服务工作价值的一个重要的评判维度，也是教育管理者和专业机构引领教师专业发展的一个有效的行动突破口。

（二）教师研修如何回应教师的需求？

海南 2 组代表（海南中学政治教师叶小婷）：我觉得这本书对于我们学科工作室开展教师培训，促进教师能力提升，有很重要的启发和帮助。看完其中《促进教师专业发展的策略》一文后，我有了很深刻的体会。

第一，教师研修是有规律的。看完这篇文章后，我终于理解，为什么今天要采用这样的研修模式。如文中所说，"成人唯有将亲身体验进行分析并加以理性化，学习的内容才能有效地转化为自身的素质"。

第二，教师研修要取得良好的成效，很重要的是要立足于教师自身的需求。我们只有找到教师需要什么，在教学当中遇到了哪些困难和问题，了解了教师的最近发展区，才能有针对性地为教师量身定做研修计划，组织教师研修，帮助教师解决自己的实际问题。

第三，教师研修的形式要敢于创新，要通过相互的分享、交流去推进。例如，书中流动教师培训队案例，就是研修形式的创新，深入农村贫困学校开展研修，成本低，又非常有实效。还有，教师研修要注重分享，通过分享让大家有更多的收获和体会。研修活动结束后，还应该督促教师进行总结和反思，借此也能够了解教师研修的成效。

我的问题是，**教师研修要非常关注教师的需求，怎样能够方便快捷地了解教师的需求呢？**

张铁道：非常感谢您对教师研修理念的认同。我来分享一个自己在海南的实践故事。那还是 2004 年，我随教育部专家小组到海南考察学习高中课改实施情况。我应用研修方法先后在儋州中学、洋浦中学、三亚一中与高中学生开展了系列专题座谈会。我们从每个班级选取一组学生进行座谈。我问学生们：

"在高中课改刚开始的时候，你们在学习中遇到的最大的困难是什么？"

"你们喜欢什么样的老师？"

"老师怎么教，你们就感觉到特别开心，特别受益？"

"你们现在有什么困惑？"

"比较课改开始到如今，你们感觉最大的变化在哪里？"

学生们针对这些他们熟悉的问题，向我反馈了很多真实信息。其中，谈到他们特别喜欢的老师时，他们也是十分看重老师和学生之间能否建立朋友般的关系。之后，基于三所学校的高中学生对这些问题的回答，我们完成了一个来自学生视角的课改成效研究报告，并依据学生的期待提出了教学改进建议。

实践说明，如果能够围绕一定主题，基于对象群体的既有体验，有针对性地设计好一组问题链，就能有效地了解他们的需求。

（三）如何调动教师参与研修的积极性？

垣曲 1 组代表（山西省垣曲中学物理教师吴宝军）：在书中《探索教师研修 20 年》这篇文章中，提供了一个教师研修路线图，即："发现问题—分析问题—解决问题"。我的问题是，教师研修是教师成长的重要途径。但是，**如果教师不愿意参与研修，如何调动他们的积极性？**

张铁道：我借用书中的《新课程教学改革：北航附中教师的研修实践》这个案例来回答你的问题。

我们第一次研修活动的主题是"我们怎样走过高一"，旨在判断首届高中新课程的高一学生已有的实际学习体验，作为评价学校新课程教学现状的尺度和制定改进教学策略的重要参照。我们把高一年级 4 个班的学生分成 4 个组：开心组、感动组、郁闷组和困惑组，讨论"回顾高一时光，哪些是我们最开心、最感动、最郁闷和最困惑的事?"。每一个组分别重点分享一个主题的体验,最终各组的反馈就构成一个整体的结果。我们发现,2008 年度高一学生最开心的是军训、选修课、外教课、社会实践;最感动的是军训、联欢会和主题班会、汶川大地震;而最郁闷的是他们的学习;最困惑的是学习方法。来自学生的真实体验,让在场的高一年级组的老师们感到十分惊讶,也促进了他们的深刻反思。教师们感到,他们并没有完全领悟课改的理念。如果重新再教高一,他们会加强教研,精简教材内容,增加学生实践和体验的机会。来自高一年级教师的这些经验,为即将担任新高一教学的老师们提供了很有价值的现实背景和行动导向。

第二次研修活动,我们针对学生的普遍需求开始关注学法指导。第三次研修活动,我们又以新一届学生的入学教育实践及其成效为案例,研究高中阶段入学教育的内容与方法。第四次研修活动,我们尝试从学生视角讨论高中语文教学的现状及教学改进。第五次研修活动,我们总结高中语文组关注学生需求、改进教学的探索,并推动学校其他学科依据学生需求,提出改进教学工作、提高课堂教学质量的行动计划。一个学期下来取得显著成效,而后又推广到全校所有学科。

上述实践显示,诊断需求是解决问题的开始,那么后续跟进则是解决问题必不可少的过程。没有对于实际需求的揭示,行动就没有针对性;没有执着的跟进,就难以达到解决问题的预期结果。

没有对于实际需求的揭示,行动就没有针对性;没有执着的跟进,就难以达到解决问题的预期结果。

(四) 如何改进教研组团队研修的工作?

国兴 1 组代表 (海南省国兴中学语文教师李占民):书中的《团队研修:吴正宪小学数学教师工作站的实践》一文,正好契合我们来北京考察学习的任务。在我们常规教研工作当中,最常态、最重要但也是最薄弱的就是教研组的研训活动。**请您结合具体的案例，谈谈如何改进教研组团队研修的工作。**

张铁道：你提的问题是一个困惑很多基层教师、教研员的实际问题。我曾从事教研工作 20 多年。教研员的主要服务对象是承担教书育人职能的基层老师。为此我认为，教研员需要掌握两门教育学：一门是少年儿童教育学（即我们熟知的教育学），一门是回应教师学习需求的成人教育学。只有掌握并自觉应用成人教育学，教研员才能自觉尊重教师的既有经验，引导他们相互借鉴并做出实践改进。另外，由于教研员的工作头绪繁杂，所以很难实际跟进一个项目或聚焦一个特定群体，因此也为有效地开展问题解决、资源开发和能力建设带来很大难度。

北京市小学数学特级教师吴正宪，是北京市基础教育数学学科带头人，也是广大基层教师非常尊敬的专家型教研员。多年前，我就和吴老师探讨可否将她多年探索形成的儿童数学教育的理念与实践经验转化为一门教师发展课程，以便让更多教师受益？2008 年 6 月，北京教科院成立了"吴正宪小学数学教师工作站"。工作站的首批学员由北京市各区县 72 名小学骨干教师和基层教研员组成。我们提出的口号是：成就他人，丰富自己。骨干教师如果能够带一批青年教师，从需求调查、项目设计到项目实施、经验总结，再到成果发表，全过程都经历了，就成长起来了。我们把这种做法叫"团队研修"。从 2011 年开始，北京开放大学又把吴老师小学数学教师团队研修实践转化为网络课程，课程非常受基层老师们的欢迎。就这样，我们用了将近 10 年时间，把原来一对一、一对多的教师学习方式，变成集面对面与在线移动学习等方式于一体的、专业能力发展导向的教师学习方式。

（五）如何探索基于故事建构的教师研修？

海南 3 组代表（海南中学生物教师黄良源）：书中的《赋予故事更多的教育价值》一文使我想到，在这几年我参加的省级骨干教师培训中，经常采用通过某位老师的成长故事来做研修培训的形式，这种做法非常有效，让我非常有收获。张博士在文中提到"共同设计一个教育故事的框架"，**您能否提供一个好的故事框架，让在座的名师也可以运用这个框架，把基于教育故事的研修做得精彩一些？**

张铁道：我们大家都带着各自的知识和实践基础，参与到今天关于教师研修的主题讨论中来。我自己的体会是，我们在做了很多实践探索后，能不能把自己的教育实践故事讲述出来？能不能把我们做的故事写出来？然后，我们能不能引领更多人去做他们自己的故事？

举个例子，2002年，北京市东直门中学承办全市的高中研究性学习现场会，尚金华校长一行来找我一起策划这次活动。我建议全市的高中校长到东直门中学，但尚校长作为校长只能从学校课程管理角度对研究性学习做一简要说明，绝对不能多讲。同时，研究性学习是由老师们具体组织实施的，他们应该结合学科如何设计和开展研究性学习介绍自己的经验。研究性学习毕竟是学生亲身体验的课程，学生最有发言权，所以应该把主要的发言时间交给学生。

我们当时设计的结构是：校长用5分钟的时间，讲学校如何规划和安排研究性学习课程；文科、理科两位老师用10分钟的时间，简要说明如何结合学科学习引导学生开展研究性学习；之后的一个多小时全部交给学生讲述他们开展研究性学习的真实故事。学校采纳了我的意见。

会议当天，最吸引人的是学生们讲述他们开展研究性学习采集数据屡试屡败的故事。学生们恰恰就是通过这种不断失败的经验，懂得了收集研究资料如何设计调查问题，如何选定好调查对象并找好恰当的时机调查，再如何加工、归纳资料。事实表明，研究性学习让学生通过亲身体验，学习了如何以研究作为一种自主学习的方式或如何通过合作解决问题。会议给所有与会人员留下了深刻印象。

其实，我们大家今天聚集在这里，实际上也是在亲力亲为地"做"一个教师研修的故事。而这个故事就是我们大家共同参与，在分享我们共有的知识和体验基础之上，共同体验出来的故事。这个故事之所以有价值，是因为我们每个人都带着各自的经验参与其中了，我们都在聆听别人的交流分享过程中深切感受到教师研修的力量。

三、研修活动的总结

我们围绕教师研修专题进行了深入的交流与讨论。大家都结合自身阅读本书的体会及自己的实践经验，从不同角度丰富了我们对教师研修理念、实践策略、成效评价、后续跟进、组织者角色与能力等问题的认识。在学习大家共同认识的基础上，我仅就这次团队研修成果做一个小结。

（一）研修理念

这次我们共同合作开展的主题研修已经丰富和拓展了大家对于教师学习及其特点的认识。更重要的是，从研修过程中我们深切感受到成人学习理论对于教师专业发展的价值。大家的体验表明，参与研修活动的群体都是具有一定专业知识和教学经验的教师。作为学科带头人，我们不是以自己的资源来取代或冲抵其他教师的资源，而是去激发和汇聚尽可能多的教师的资源，再加上同伴的交流分享，共同建构更加丰富、更加专业的资源成果。

各位学科带头人在总结促进和带领教师成长的经验时，概括出"梳理经验、提炼思想、付诸行动"，这就是基于实践、认识实践、回馈实践。在这种成人有效学习的过程中，我们共同创建并受益的是一种相互尊重、平等磋商、互为资源的学习文化。而不是"培训"情景中"我说你听""我来教育你"或"我来培训你"的单项灌输。我们追求的教师研修，就应秉持"我尊重你的经验，我们相互切磋分享之后能够成为更有益的经验"的同伴赋能追求。

我个人理解，毛主席所说的"从群众中来，到群众中去"，实际上是说"从群众中来"的可能是良莠并存的，甚至是相互矛盾的、缺乏逻辑的、不能够言之成理的言论或诉求。但是，"到群众中去"的，就必须是经过加工后有主题的、有逻辑结构的，并能够言之成理的道理。为什么？就是因为有了由感性到理性的加工升华过程。

这次专题交流也说明，教师研修必须要结合实际问题开展，教师要获得有意义的学习，必须有一定程度的亲身体验。在体验式学习的过程中，触及某个具体的实际问题，一定要鼓励大家进行开放性交流。在交流基础上，每一个老师都认真倾听，开展反思，并在反思之后进行整合总结。

这次研修活动，我们不是为了体验而体验，而是借助这种体验引导大家对教师研修的理念与方法形成一个相对比较清晰的、逻辑化的认识，而且这个认识是由大家共同努力建构而成的。这就使得我们每个人都从中获得了成就感。所谓"做中学"，就是一种深刻的、有价值的体验式学习。我们的故事表明，体验式学习离不开案例，离不开各自故事的分享，离不开我们的共识建构和行动改进，当然也离不开有意义的活动设计与引导。

> 所谓"做中学"，就是一种深刻的、有价值的体验式学习。

以上这些，或许可以丰富我们对教师研修的性质、定位、特点甚至规律的基本认识。

（二）研修策略

开展教师研修的前提是依据任务或主题进行需求调查，再基于需求调查的结果，规划与设计研修活动。以这次研修活动为例来思考活动的设计特点，我与大家分享了好多案例，尤其是研修活动中如何设计脚手架或问题链。问题链很重要，不仅要让大家觉得有话可说，还要让大家说得有价值，而且要让大家的说和说之间有互补性、建设性。

（三）成效评价

评价的主要教育价值不是比较高低，而是要通过评价促进研修活动的改进。大家提到，关于成效评价，既可以采用定量的方式，也可以采用定性的方式——比如教师的论文、获奖等，还有更多的是看不见的、内在理念的变化，最终反映在教师教学行为的积极变化及其对于学生学习的影响上。这些都可以作为评价的指标。

成效评价最关键的指标是对象的体验，对其产生了什么影响。在座的各位学科带头人，如果我们带的青年教师受益了，有成就感了，那么我们的研修工作就有成效了。

(四) 后续跟进

后续跟进的目的是将学习与实践融为一体，带给教师有价值的职业进步和专业成长。各位学科带头人所做的最有价值的贡献不仅在于自己要身为表率，更应努力帮助在工作站学习的老师获得有意义的能力成长。

能力成长是一个行为干预和价值追求的过程，不是一次就能达成的，在不同的阶段有不同的要求。作为学科带头人，我们是特定群体的教师成长的引领者。我们要善于依据特定的主题学习或培养任务需要规划专题课程，把自己不断的成长和所带教师团队的成长，变成一种课程实施过程。

我最近参加了一次"如何推广优秀成果"的专题讨论。大家都知道，目前，推广先进经验的主要方式就是表彰优秀教师，请他们去做示范课、做报告、出著作或者带徒弟。但是，这往往很难达到激发更大范围成功实践所需要的实践能力赋予的目的。我们认为，推广成功教学经验也需要课程规划和教学过程，主要涉及三个层面的学习，即"知晓""会做""有成就感"。由此，我们不仅可以明白"是什么""为什么"，而且能付诸自身教学实践，更能从取得进步和成效中获得成就感、建立自信。事实表明，真正的学习必须能够带给学习者以能力成长的体验；否则，就不是有价值的学习，也就不可能持续。只有这样，教师才能够有不懈的

真正的学习必须能够带给学习者以能力成长的体验；否则，就不是有价值的学习，也就不可能持续。

动力去体验自己的职业幸福，才能够变成教师一直想要拥有的、不断推动他前进的成就感。

（五）组织者的角色与能力

教师研修组织者需要为参与者创设有意义的、有价值的、给力的学习体验。组织者既是同伴学习的促进者，也是高效的学习者。实际上，我们今天采取的是一种混合式学习策略。之前大家都进行了自主阅读，我们在现场开展多重交流，与此同时还开展了微信同步交流。之后，我们还会征集大家的学习体会，开展成效评价，并进行基于本次活动的专题资源开发。

我们认为，一个人的教学成功有四门必修课程：一是学术性课程，主要是基于相对系统的专业知识学习；二是实践类课程，把所学专业知识与自身工作实际相结合，并从中逐步积累行之有效的教学方法和理念；三是人际交往课程，主要取决于我们是否在同行之间善于倾听，善于交流，善于合作。四是研究性课程，把知识学习、实践学习、人际交往学习以研究成果的方式，言之成理地表达出来。

学科带头人体验研修的力量评估报告

TEACHERS' INTERACTIVE LEARNING 2.0:
Concepts, Approaches and
Strategies

多年以来，我和许多志同道合的同事在筹划和实践教师研修过程中，一直围绕实践探索带给我们的困惑、启迪和感悟开展交流切磋。

特别是 2013 年使用微信工具以来，我开始将那些即兴的感悟和想法与各位同事分享或作为笔记留存。

没想到，几年下来居然积累了十多万字。回头再看，其中也不乏值得重温的点点滴滴，于是便选取了其中一些汇成这份工作札记。权当是自己在从事教师研修实践探索过程中的独特对话吧。①

---

① 说明：筛选编辑过程中，在尽量保持原貌前提下，也对先前即兴形成的文字做了必要的修订。

成人学习与成长

学习与人的成长

每个人儿时懵懂，离不开父母呵护，"听话"便成为规范我们行为的遵循；进入正规学校教育阶段，我们开始系统接受体现社会期待行为及主流价值观的影响与规范。长大成人进入社会后，善恶美丑杂陈的现实生活，为我们每个人呈现出丰富的却没有现成答案的人生课程。在这种情况下，我们如果没有自己的理想追求，没有自己的价值判断和取舍标准，没有自主的学习与行为能力，就难以获得自立、利人、造福社会所需要的能力成长。而这些恰恰是成人教育最能够有所作为的事业天地。如果一味地追求基于知识学习的所谓学历教育，或许会远离"成人教育"本身所具有的成就丰富人生的初衷。

家庭教育主要靠亲子互动影响孩子的行为，学校教育靠相对统一规范的系统知识教学打下基础，成人教育则靠每个人沉浸其中的特定社会生活熏陶、相互影响并逐渐自悟。按照联合国教科文组织的划分，学习包括基于家庭生活和工作场所的非正规学习（non-formal learning）、基于学校教育的正规学习（formal learning）和基于个人社会生活的非正式学习（informal learning）。实际上，上述三种学习方式不可能截然分开，而是相互融通的，只不过每种学习方式体现出显著的阶段性而已。事实上，一个人的学习能力越成熟，越能够兼容多种学习并从中受益。

(2015 年 2 月 21 日)

学习与能力成长

学习就是人作为个体，对于自身发展的一种能力发展诉求以及为实现这种诉求而不懈努力的过程。人的发展，除了先天遗传之外，主要还是依赖持续一生学习的结果。这里所说的学习，不仅是传统意义的课堂学习，还包括社会生活中的人际交往、实际生活中的问题解决、任务驱动性学习与创造性实践等。在很大程度上，每个人的社会价值就是上述学习的努力及其成效的结果。作为以教育为职业的专业人员，我们必须关注人（即服务对象）的发展需求与学习活动，开展促进其学习的实践探索，从中积累形成借助有意义学习丰富其职业发展的有效能力。

在此过程中，我们实际上不知不觉地开始进入学习科学领域。无论是少年儿童还是中青年甚至老年人，只不过是在知识技能习得、方法积累和价值观完善的方式方面各有不同而已。由此可见，学习科学及其实践是任何教学工作者助力他人发展、实现自身社会价值的一条主线。在此基础上，学校教育及其他任何形式的教育活动，无非都是在人的学习与发展进程中扮演一个促进者的角色而已。换句话说就是，任何教育机构、任何教育者都应该在促进学习者发展方面找到自己合适的位置和作为的方式，并由此获得属于自己的成就体验。

（2016 年 4 月 30 日）

知识分类与能力发展

世间有三类知识：理论知识、实践知识和方法论知识。它们之间具有十分密切的关系。理论知识通常来自教科书和教授或专家，实践知识大都来自人的社会阅历、社会实践及由此产生的经验与认识，而方法论知识实际上是一种衔接理论与实践的中介性知识。

理论应用有了方法论支持就能有效指导实践，实践经验借助方法论也有可能升华为理论。所谓"事半功倍"往往得益于有合适的方法。而方法论知识的学习则需要每个人在理论学习和实践体验过程中进行有意识的反思总结，并从中逐渐悟出规律来。(见下图)

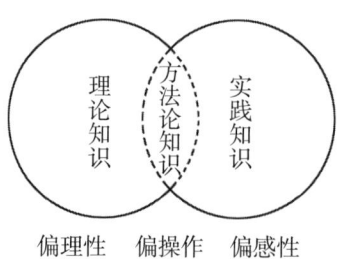

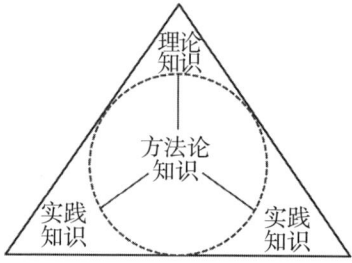

由此想到，真正的好学校、好老师所能带给学生持久受益的就是方法论的培养。而一个学生在确立了自己的理想并愿意努力前提下，最具决定性的就是"有方法"。有了方法论知识，就获得了理论与实践有机结合并实现发展的目的。

（2020 年 8 月 3 日）

解读成人教育学

我对于成人教育学最简单的理解就是三句话：每位成人都有程度不同的知识积累和实践经验，也有进一步学习的需求；成人通常不善于主动开展横向交流和深度分享；所以，成人教育者的专业价值就在于根据学习者的重要关切，确定有意义的主题，设计参与式学习过程，创建平等的互动交流氛围，并引导参与者获得分享各自经验、共创集体学习经验以及引导新的实践探索这样一种令人愉悦而有成就感的学习历程。

（2017 年 9 月 12 日）

关于教师专业学习的基本认识

在职教师的有价值学习，可以从分享同行成功经验，借助科学理论和他人经验反思自身教学实践，解决自身教学面临实际问题过程中逐步获得的。因此，有意义的教师在职学习除了常规的专家讲座和名师示范之外，主要依赖基于自身经验的学习，基于经验分享的同伴学习，基于共同创建新的群体（或团队）经验的学习，以及主动应用所学改进自身实践的拓展性学习。要促进这样的学习，就需要确定注重教师专业学习的支持机制，解决基层教师面临的实际教学困难和问题，发展以教师专业实践能力为主旨的服务，运用一切学习方式、学习情景、学习条件，以支持教师能力发展的需要。

实践表明，单一独自摸索、单一知识讲授、单一经验展示、都不能够毕其功于一役。许多成功经验也表明，凡是善于整合各种学习的人进步就快，而只局限单一学习方式的人，往往难以获得能力发展的结果。

（2018 年 6 月 18 日）

🏷 关于教师能力发展的几点认识

第一，探索有效的教师能力发展最基本的在于对教师的认识。当前，我们的在职和职前教师培训的最大的弊端在于忽视（甚至无视）教师的既有知识经验，通常都采取满堂灌的讲授或示范方法，而不给对象群体以交流分享的机会，不善于把大家的实践经验纳入教学过程并形成有意义的结果。

第二，教师专业培训（研修）应当聚焦专业能力发展。不然，我们就不可能帮助他们去发现更理想的、更有成就感的自己。因此，无论是探究问题、总结经验还是开发资源，都应以能力发展为旨向。

第三，能力成长是多种学习方式综合作用的结果，包括新知识的讲解、成功经验的分享、新实践的规划与实践、应用信息技术的交流以及成功实践经验的文本化和制度化等。也就是说，能力发展是多重学习相互强化、持续作用的结果。所以说教师业务能力的发展离不开学习共同体和学习连续体的交替作用。

第四，教师培训（研修）的成效最终应该体现在所教学生的学习得到显著改善。任何一位教师参加专业学习的最终成效只有一个标准，那就是你的学生因此获得了更高质量的教学服务。

（2018 年 7 月 11 日）

🏷 能力金字塔

假如我们把一个人的能力结构比作一个金字塔，那么塔基就是个人禀赋、家庭教育和学校教育（基本学习）；其上是社会实践（"事本"学习）；再上是围绕一定主题与人交流分享（"话本"学习）；再上就是将自己的努力过程及其成效以文字方式整理和呈现出来（文本转化）。当然，能力发展最终还是取决于贯穿其中的"人本"学习，即学习者自身的努力程度及是否善于向他人学习，是否勇于在实践中重塑自我。

（2017 年 11 月 1 日）

🏷 关于能力发展的层次

能力发展的基础来自"做出来"（获得直接体验），"讲出来"（加工梳理已有体验），"写出来"（经验的条理化、严谨性），再"带别人做出来"（在输出中验证并推广），并将这种经验转化为专题、制度及标准……。虽然我们所做的努力不见得都能够善始善终，但有了这样一个愿景和路径，就能激励自己不敢懈怠地追求并享受这样一个能力发展的过程。

（2020 年 4 月 30 日）

🧭 关于专业能力

一个人只有历经履行重要职责的过程历练（例如养育孩子，在一个陌生环境落脚，胜任一个岗位，赢得新群体的认可等），才能从中发展自己的责任意识与实际能力。然而，这种常识却往往被所谓"知识教育"机构所忽略，更缺乏对于学生和新人实践意识的引导和机会提供，其"专业证书"所代表的也只是科目知识，一般也不涉及实践能力培养（自主承担的作业或研究本来有助于构建理论与实际的链接，但又因为缺乏常识和方法往往导致机械记忆甚至资料堆积）。

这种知行分离的教育弊端其实也人人皆知，但至今仍然缺乏关于能力培养的教育理念、方法及成效评价。

在现实生活中，凡是有作为的人大都是不满足于知识积累和证书获得的，他们积极努力，躬身实践，逐渐磨砺自己的专业本领，最后达到自我救赎、惠及他人、造福社会的目的。

由此可见，弥补知识学习和专业能力的鸿沟，就是要开展有意识的专业实践。舍此，没有别的捷径。同时，这也为我们研究探索以专业能力发展为取向的活动设计、实施过程与成效评价提供了创新的空间。

（2019 年春节）

🧭 关于能力发展学习

回顾总结我自己与众多合作者，多年以来针对基层校长和教师专业发展需求开展的众多特色实践，初步就能力发展所需要的学习方式及其相互作用做了以下图示，希望借此可以说明我们对于能力发展所需要的主要学习方式，并以

此作为研修课程定制与成效评估的参考。(见下图)

从知识学习到实践作为

我们都曾不容置疑地信奉：知识就是力量。实际上，我们历来十分看重的考试成绩，充其量也只是人的专业知识基础而已。进入职场后才明白，只有善于学习、勇于实践、敢于创新，才能从亲身体验中发展能力，树立自信，并由此逐步确立自己的社会价值。

（2015 年 1 月 23 日）

做自己发展的主人

凡是有志向、有毅力的人一般都无暇怨天尤人、消极等待。挑战和困境往往能够激发他们加倍的努力。因为，他们深知从来就没有救世主，不奋斗就什么都不会有；理想的未来、社会的认可还得靠自己不懈努力去创造！

（2016 年 2 月 27 日）

关于竞争力

任何人要想自立于社会，就必须具备核心竞争力。所谓核心竞争力，就是坚持做自己感兴趣的、社会需要的事，努力做成事，并以自身的学识、技能和人格与工作业绩赢得他人和社会的认可。

核心竞争力作为社会稀缺资源，只属于那些有理想、爱学习、勇实践、会合作、善总结的人。我们心无旁骛地热忱投入貌似没有经济收益的劳作和付出，其实所获得的或许就是这种稀缺能力。

（2016 年 3 月 16 日）

创新带来职业幸福的内在动力

一个念想、一次努力、一次改变、一项成绩……也许算不了什么，但把这无数个微不足道的"一"连在一起，克服无法回避的磨难和挫折，持之以恒不懈努力，就一定能够走出一条通向成功的道路！

社会始终需要应用理论知识（或学习）开展实践创新，并借助创新不断完善理论的探索者。只有拥有了这些探索体验，我们才能不断积累实践自信和理论自信。所谓自信，不是因为我们有了多少骄人的成绩，而是因为我们还能不断创新！创新，是一种超越功利并能带给人职业幸福的内在动力。

（2019 年 4 月 25 日）

体验经过加工才能深化

凡事经过体验，就可能变成我们的深刻记忆；任何工作与生活体验，只有经过反思和加工，才有可能成为我们对于事物的认识。个人反思、同伴交流、跨界切磋和研究性写作，无疑都是促进对于既有经历有效加工的方法。在这里，并不需要（也不可能）我们事事都有亲身经历，而在于我们是否善于就自己或他人的既有经验进行反思加工和分析，并进行有价值的建构。

（2015 年 3 月 7 日）

🖋 主持高端论坛的意义

2019 年 7 月 2 日上午，本人应老领导——北京市教委原副主任李观政邀请，主持北京市家庭教育与家风建设专家论坛。莅临论坛的有六位专家，包括教育部基础教育司原副司长朱慕菊（主持全国课程改革）、《人民教育》原总编辑傅国亮（中国家庭教育学会副会长）、中国公安大学王大伟教授（中国青少年犯罪研究会常务理事）、中国科学院科技战略咨询研究院康小明博士、北京师范大学刘文利教授（认知神经科学与学习国家重点实验室，性教育领域）、北京市广渠门中学原校长吴甡（德育特级教师）。六位专家分别就家庭教育的政策、制度与组织、少年儿童的社会能力、青春期的性教育、自主性培养以及学校如何服务家庭教育等角度做了专题交流。他们的发言为下一步家庭教育、家风建设项目深化实施提供了难得的专业视角。

作为论坛主持人，我认真倾听每位专家的发言，判明其中最有价值的观点，并努力将六个专题汇集成一个相互联系的整体。由此建构了"家庭教育非常 6+1"现场。从大家反馈看，效果还不错。会后，还与组织者黄和平老师商议如何加工文本和视频专题资料。

由此认识到，每个人都希望自身的价值及努力得到他人认可和被赏识；同时，不同视角之间如果能够呼应互补，就有可能创建一个更有价值的团队话语。前者似乎是解构，而后者则需要建构。

这似乎也是一种团队学习（或众筹学习）的方式。即将社会现象或个体实践专题化，再将来自不同专题的知识结构化、功能化，由此连点成线、成结构、有功能，并促进实践的专业化发展。

回顾这次不期而遇的主持经历，再次体会到，当我们身处某个有意义的场景时，我们往往对其价值及其意义缺少把握。实践表明，有意识地反思和进行深度讨论（甚至文本化）十分有益于加工升华这种经历。

对于自己而言，主持本次高端论坛则促使我更深刻地体会了建构和解构及其相互印证方法对于有效学习的价值。由此看来，解构，有助于把一件平常的事说得有条理、可操作；建构，则可以把似乎独立的、不同方式表达的事物进行有意义的整合，实现 1+1>2 的倍增学习的结果。

（2019 年 7 月 3 日）

教学能力发展

关于教学主张

　　教学，就其内涵而言，所涉及的要素主要有：课程（特定学科或主题）、教学目标（通过教学要实现的结果）、教师（专业素质与教学能力）、学生（需求及学习过程）、教学过程（教学结构及其推进）、教学环境（教室条件与教学氛围）、教学设备与技术（有助于促进教学的手段与方法）、教学成效（教学目标达成情况）等。教学有方的教师往往会在实践中有意无意积累自己对于上述要素的体验，并引导学生去达成良好的教学成效。

　　对于教学经验的反思凝练过程，也成为优秀教师在实践经验基础上开展教学知识建构、提升自身教学境界并逐步形成自己"教学主张"的功课。因此，教学主张往往都是一位资深教师对于自身成功教学经验的反思性成果，也能在一定程度上揭示教学的本质属性及其规律。

（2018 年 11 月 6 日）

译作《教学的基本策略》

关于探究式教学

　　探究式教学实际上是针对灌输式教学而言的。它主张学习者在老师的指导下自主去发现并解决问题，从中完成一定程度的知识建构，并借此学会独立学习或合作学习。由此可见，探究式学习就是我们所说的从实践中学习的方法。它既有学习者的自主努力，又不能缺少教师的指导和引领。回想我们的成长，都是在解决一个个实际问题中实现的，只不过有时候能得到他人指导，更多时候则需要自己边探索边进步。

（2017 年 10 月 9 日）

教师能力发展的几个境界

最近结合学习许多教育家的成功经验，对于教师的专业发展方式又有一点心得：一位教师或校长应该努力实践"学出来"（获取专业知识）、"做出来"（积累成功实践经验）、"讲出来"（善于交流分享）、"写出来"（把感性经验理性化）、"帮助他人做出来"（专业引导力）这样五个境界的学习。若能坚持上述实践，就能不断与时俱进并从中享受丰富自身、成就他人的职业幸福。因此，追求自身社会专业价值的人都无一例外地将"学习—实践—改进"作为自觉修炼的路径，并从中积累行之有效的实践能力。

（2017 年 9 月 25 日）

关于教育主张

教育家或学科教学专家往往都在借助自身多年成功教育实践和研究基础上，逐渐形成自己独有的教育理想、实践成效与实践智慧的"教育主张"。从教育主张的表达上，首先应该是基于教育对象的实际问题与需求；其次是自己对于问题发生的原因分析及解决假设；再次就是自己多年实践探索及反思总结沉淀后逐步形成的具有实效、体现规律并具有普遍指导价值的认识，即实践知识（expertise）。

有了借助多年实践与研究逐渐积累的具有上述特点的教育主张，我们就能够从"感性"的认识，逐步达到"理性"的认识，因而也就可以为更多教育同行提供具有相对普适价值的专业资源了。由上可见，对于教育主张的不懈探究也可以成为驱动我们专业修炼的力量。

（2018 年 11 月 3 日）

📝 教师培养： 职前与职后

　　如果说师范院校为大学生提供了一定领域的专业知识学习，教研机构或进修学校则负责提升或促进在职教师教学专业实践能力的发展。能力发展必然需要相应的理念、课程规划、学习方式、成效产出和教师（机构）角色，以及学习质量保障等一系列区别于知识学习和大学生特点的教学。只有这些问题解决了，才能够成就教师群体的实践能力发展。

（2018 年 7 月 15 日）

📝 教师研修与教师教育

　　在多年探索和充分体验教师研修理念、方法与成效过程中，我一方面深受鼓舞，另一方面也不断告诫自己不要过于夸大教师研修的价值。教师的教学能力主要还是来自他们亲身经历的岗位实践积累和各种形式的专业学习（包括自主进行的经验总结、专业阅读和课题研究）。此外，还受益于专家报告、名师指导等。

　　教师研修所追求的，仅仅是帮助教师群体开展经验分享、同伴交流、共识建构，实践有目的的实践改进，并从中获得更有效的教学行为优化与更大的职业成就感。因此，教师教育的百花园里也就有了教师研修存在的价值。

（2020 年 8 月 15 日）

📝 关于研究 1

　　研究就是人对于客观事物本质及其规律的渐进性认识过程，其目的在于增强实践的有效性。只有借助丰富多样互补印证的方法及其体验，从事研究活动的人才能获得真实可靠的资料数据，才能做到言之成理、行之有效。同时，具有发展导向价值追求的研究还是一种对于更为理想的客观现实的预设、探索和完善过程。在我看来，前者努力要说清楚，后者则追求要做出来。兼有二者的优势，就能使得研究者不仅可以揭示现象，还能创建现实，并从中找到自己工作的价值和自信。

因此，研究不仅能够带给研究者以深刻的学习、有效的实践，还能彰显其对于相关各方人员能力赋予的价值。从这个意义上讲，一项有价值的研究成果不是终结，而是对更有价值的发展的一种探寻。

（2015 年 2 月 23 日）

🧭 关于研究 2

研究还是解决问题或实践创新的探索过程，即做前人没有做完或没有做过的工作。这就需要开展需求调查、既有相关文献和实践研究和问题分析，制订工作方案，开展具体实施，评价进展成效，在考察目标是否达成的前提下总结经验与教训，并以此为日后更多实践提供专业支持。

（2017 年 11 月 2 日）

🧭 关于研究方法的体验

多年前我开始学习写学术论文。导师强调，没有出处的事实、数据及观点不能写在论文里，援引他人的资料必须详细标明出处，还要求论文必须有方法论专章。于是，我便硬着头皮学习最基本的学术规范及定性与定量方法。后来，又发现原来每位成熟的学者都有自己的方法论积累，发现他们居然就是靠方法论指导研究生，而不是靠自身专业知识。

如今想来，一个人的专业知识与实践之所以能够不断精进，重要的一点还在于是否得法，即对于拟探究的问题（或承担的任务）所需要的事实、前人既有经验、相关的研究成果，以及自己独有的一手资料，有没有可靠的路径与方法去获得。

（2018 年 7 月 16 日）

面向基层学校发展的教育研究[①]

1. 关于研究。什么是研究？我们为什么做研究？我们怎样做研究？怎样体现研究的价值？这些都是我们在为基层学校服务过程中需要回答的问题。我在实践中逐渐明白，我们面向基层所做的研究服务就是对于一线学校的变革发展与教学实践专业化进程的促进过程。研究应有助于引导实践者实现由感性经验到理性认识的跨越（例如特定成功教育活动的要素、结构、机制、成效指标及其普适价值等）。研究也应该有助于促使来自专题实践经验与成果获得深化发展和普遍推广。因此，研究就其价值而言，就是对于教育实践行为的解构与引领。当然，研究更是一种实践者（或研究者）拓展自身专业学习与能力的发展机制。

2. 研究实践。回顾自身多年实践，我深切感到：研究的着力点可以细化为"发展需求、问题解决、资源建设、能力建设、构建朋友圈"等。实践表明，研究能够带给人以更有价值的知识建构、专业自信和专业成就感。决定研究指向及其成效的要素（或实践领域的要素）包括：对象需求及其体验、问题解决设计与实施、介入情境的意识与能力（contextualization）、最佳实践（案例）与同行评议（归类比较）（best practices and bench-marking）等。

3. 研究者：研究者应善于聚焦对象群体及其学习体验、教学者及其教学方式、学校及其变革与发展（校长领导力及其实践）。最实用的研究能力在于需求判断、问题聚焦、实践创意、过程实施、成效评价、经验总结、知识呈现与传播，以及运用外语、技术手段作为获取信息和表达的能力。

为此，研究者需要自觉践行"输入性学习+输出性学习"（即内化与外化相结合）。当前基层教师、校长急需借助研究者帮助（或研究机制）来梳理、总结、提炼他们的实践经验并以专业方式加以呈现、传播。研究者的职业成就感往往更为实在地来自对象群体的获得感（"人成事，事成人"）。他们善于以案例或故事形式及借助技术手段进行专题交流；善于与对象及同事合作，具有谋求双赢（或多赢）结果的意识与能力。

4. 研究机构：一个研究机构的社会价值不在于它的级别和规模，而在于它

[①] 根据本人 2018 年 12 月 27 日参加北京市东城区教育研修学院年会及同年 12 月 28 日下午与西北师范大学教育学院部分师生所做的专题分享整理。

能否以特色项目或品牌优势赢得基层教师和学校的认可，并借助业绩彰显自身价值。未来研究机构应两个平台并举（现场+网络，即 onsite+online）；借助实战及其工作业绩进行全员能力建设；应确立学习型组织的机构文化（如同伴分享、互为资源、团队意识、道德准则、互济共赢）。

5. 社会需求：研究者（或研究机构）需要认识对象需求及其情境，关注学校、区域、社会及时代发展需求之间的互动关系。研究团队应善于"走进"情境（学习、建设性、发现），善于"超越"情境（总结、升华），善于"引导"实践（迭代发展）。

总之，面向基层服务的教育研究应该以学习为主旨，以回应对象群体的实际关切、促进对象发展为追求，在成就对象群体发展过程中积累并彰显自身的专业能力与社会价值。

（2018 年 12 月 29 日）

学术、 实践与专业实践（acadamics，practices and practicum）

巴西教育家保罗·弗莱雷在其面向大众扫盲教育实践基础上完成的《被压迫者教育学》一书中提到 "practicum"（可以理解为 "教育实践学" 或 "实践哲学"。其所体现的是理论与实践结合生发出的更高层次的专业实践智慧）。我深切感到，当我们能从平常事物中看到不平常，把大家司空见惯的平常实践做得不平常的时候，或许也就可以借此预示创新的端倪，体现我们自身的价值。

从事教育专业实践，通常人们有两条道路，即一条是学术道路（积累知识、创建和传播知识），另一条是实践道路（在日常工作中探索如何做得更有效更持久）。二者之间彼此不可分割，但往往难以有效互济融合。还有一条道路，就是行走在实践和学术之间（主要是各级教研和教师进修机构），努力借助理论解读和实践指导，同时也借助实践创新丰富、验证和升华学术。

多年以来，我们因为职业关系不知不觉走上第三条道路。虽然时常也面临来自学术和实践两方面的质疑甚至不认可，但因为看到现实需要而一直不改初衷，而且越走越坚定，并日益从中获得丰富的价值体验。

此番情景，让我又一次想到："把体验的功夫做足！""世上原本没有路，来回摸索走得多了，也就有了路。"

（2019 年 7 月 1 日）

关于赋能

做教育工作的本能价值就是成就对象群体（empowerment），因为只有成就了学习者的进步和成功的需要，才能彰显教育者自己的专业价值。成就他人，还能体现我们的社会存在价值，并从中结识志同道合的朋友。问题在于，我们是否愿意，以及有没有能力成就他人……

（2018 年 6 月 8 日）

实践经验的"五本"学习①

这里所说的"五本"转化主要是指，我们作为在职教育工作者既要充实知识，更要注重实践应用、同伴交流、经验总结，以及贯穿始终的对于他人和自我的认知这样一些旨在胜任工作要求和自身专业发展需求的综合性学习方式。实践显示，处于实践创新一线的校长和教师大都愿意埋头做事，并结合工作和自身兴趣看书学习，然而许多同志却无暇关注他人，不善于与同行交流，不习惯于专题写作，也缺乏吸纳他人经验与成果的意识。实际上，在职人员与同行开展深度业务交流的过程，对于自身所做的事情的不断认识也是一种由感性体验到理性认识的梳理，也有助于与同行结成互为资源、共同发展的业务伙伴关系。而后，把自身实践探索及同伴交流形成的共识加工成文字，则更是一种实践出真知、建构集体智慧的知识化学习过程。

要做到这一点，就需要把我们那些感性的、零星的、缺乏逻辑的、难以言之成理的认识梳理和提炼。做得久了，我们的表达能力（无论是口头还是笔头）就会渐渐成熟起来，也可以从中积累实践知识和专业资源，这样我们认识和表达事物的能力也就增强了。

（2017 年 11 月 1 日）

---

① 本文系 2017 年 11 月本人应保定市吴甡校长工作室讨论过程中与当地校长所做的交流要点。原为"四本"后发展为"五本"，主要指"书本、事本、话本、文本、人本"，分别代表"知识学习、个人实践、同伴分享、书面表达与认识他人和自我"。

关于教师研修的基本认识

✏ 成人学习视角的教师研修

　　教师研修，是一个以众多学科知识与教学实践为基础，以具有一定专业知识与教学经验的教师为对象群体，以增强他们的教学能力、提升他们的职业境界为价值取向的一个全新成人学习领域。"andragogy"（成人学习理论）与"pedagogy"（儿童学习理论）是支撑人类教育实践的两类理论基础。而"andragogy"则是更为古老的教育理论（能够诠释孔子、柏拉图的教育实践以及现实社会的成人学习活动），也是统领人类非正规教育与非正式学习的皈依。反观现实，当下教师培训实践面临的众多弊端其实都是我们忽视教师作为成人学习者的基本特点及学习方式而导致的。因此，如何深刻认识教师的学习需求并寻求相应的能力发展方式，就成为我们实践教师研修的突破口。

（2017 年 9 月 27 日）

译作《儿童如何学习》

✏ 基于成人学习特点促进有效学习

　　我们在许多教师研修现场遇到的这一切，都显示成人学习的基本特点。那就是：起点不同，需求与参与动机各异，学习方式不尽统一，学习结果也迥然不同。于是，我们便需要学会及时回应学习者的差异性，提供有适切性的服务，引导参与者相互倾听、互补借鉴，追求双赢或多赢的学习成效。只有激发教师参与学习的积极性，并促使那些真心愿意学习的人切实获益，才能彰显教师学习的价值。其中，作为设计者、组织者和资源加工者（当然也是后续实践引导者），我们应该是在促进他人学习过程中自己也受益的人。为此，承担学习促进者角色的人，必须首先是真诚的、高效率的学习者。

（2017 年 6 月 26 日）

资源建设与实践能力发展

教师教育实践离不开专家指导和资源支持。出于这一认识，行政部门投资建资源；公司及技术部门追着专家名师录音录像做资源；平台及传媒人士以资源拥有量做实力；营销机构更是竭力借助多媒体推销资源……。但是，怎样切合基层校长和教师的实际问题与需求，把来自专家名师的专业资源落地？如何利用既有资源激发实践者的学习与实践主动性，并在自主应用中创建更接地气的实践？这方面的专业实践能力建设一直没有得到相应发展。

基层教育工作者最看重的教育资源往往是来自实践者自身通过教学生成的成功经验与案例故事。因为这是属于他们亲身探索体验的、曾经带给他们纠结焦虑、情感投入和实践成功的结晶。因此，我们作为教师发展促进者，不仅要重视来自专家的资源，更不能忽视来自对象群体的资源贡献。

（2018 年 3 月 31 日）

资源并不在于拥有

当我们深入中小学现场，常常发现校长与教师创造的优质资源并不少，缺的反而是利用优质资源建构高质量学习过程的能力。在我看来，借助教学加工资源、创生资源，是当下社会极其需要的，甚至比拥有优质资源更有价值。多年实践昭示我们，正是有了这种资源利用意识和实践能力，才可以在助人成功中不断进取，并从中赢得他人的认可。

（2019 年 4 月 25 日）

关于教师能力发展

第一，有效的教师能力发展的关键在于对教师及其学习特点的认识。教师是有一定教学经验同时也有学习需求的专业群体。但是，我们的在职教师培训机构工作的最大误区在于忽视（甚至无视）教师的既有知识经验，通常都采取满堂灌的讲授或示范方法，而不给对象群体以交流分享各自实践经验的机会，也没有将大家的实践经验纳入教学过程并形成有意义的教学知识。

第二，教师专题培训（研修）应当聚焦专业能力发展目标。否则，我们就不可能帮助他们去发现更理想的、更有成就感的自己。因此，无论是探究问题、总结经验还是开发资源，都应该以发展对象群体的能力为旨向。

第三，能力成长是多种学习方式综合作用的结果，包括新知识的讲解、成功经验的分享、新实践的规划与实践、应用信息技术的交流以及成功经验的文本化和制度化等。也就是说，能力发展是多重学习方式相互强化并不断持续的结果。所以说，教师业务能力的发展是"学习共同体"（全员参与）和"学习连续体"（学用结合）交替作用的结果。

第四，教师培训（研修）的成效最终应该体现为所教学生的学习得到显著改善。1999 年我曾经翻译了国际社会的教师学习与专业发展领域的创新实践。其中一个最基本的观点就是，任何教师参加专业学习最终成效只有一个标准，那就是他们的学生是否因此获得了更高质量的教学服务。[①]

（2018 年 7 月 11 日）

译作《教师的专业学习与发展》

对教师研修基本实践的反思

反思本人对在职教师（校长）专业发展多年的实践探索，我觉得开展有效的教师研修需要考虑以下要则。

---

① 参见：蒂姆勃雷. 促进教师专业学习与发展的十条原则［J］. 张铁道，译. 教育研究，2009（8）：55-62. 可用微信扫描二维码了解更多。

1. 参与动机：教师参与研修活动的动机主要取决于自身发展需求（兴趣、志向或者特定目的）。因此，不能回应对象群体的实际需求，就难以祈求学习者发自内心的持久参与。

2. 具有实质意义的教师研修总要涉及不同程度的知识更新、技能习得和价值观养成（情感、态度与成就感体验）。三者彼此融合、共同驱动的学习行为更有可能发生与延续。

3. 教师研修常常以非正规、非正式或个性化的方式发生。有意义的教师研修往往围绕参与者面临的现实问题或肩负的任务展开，其形式大都兼蓄专题报告、个人实践、专题阅读、同伴切磋、网络技术应用、岗位实践与经验总结等多种方式（亦可称之为"混合学习方式"）。

4. 有组织的教师研修规划需要回应对象需求或任务主题，设计互为资源的互动学习过程，创设平等友善的人际关系（氛围），追求多赢互济可持续的成效。

5. 为保障研修过程获得预期成效，应当坚持以下核心要素与流程，即确立有价值的主题或任务，分析对象群体的实际需求与客观条件后，实践"巧在前期设计，重在现场实施，落在资源开发，成在后续实践……"等连贯一体的支撑教学实践能力发展的全过程。实践也表明，有效的教师研修应能促使参与者不断实现"书本"（知识学习）、"事本"（个人实践）、"话本"（同伴分享）、"文本"（书面表达）、"人本"（认识他人和自我）等形态之间的相互转换，进而实现由感性认识到理性认识的升华，并从中获得归属感、成就感和自信心。

6. 教师研修的意识与行为容易受到组织者创设的文化价值影响。注重营造相互尊重、积极期待、互为资源、共同发展的人际氛围，往往能够激发学习者的积极参与和合作，并愿意尝试做出相应努力与改变。

7. 教师研修的上述特点与需求及其实践探索，对于建构教师专业发展乃至成人学习的理论与实践策略，都具有极为丰富的资源价值。需要我们在开展大量实践中积累案例经验，提炼实践策略，创建具有普适意义的理论与制度。

8. 有意义的教师研修活动往往以项目方式进行。对于实践者的项目规划与实施能力提出专业化要求。他们不仅要善于根据需求设计方案，还要善于激发学习者的主动参与，引领共识建构，指导资源开发和后续实践。

9. 在教育活动与学习生活日益受到新技术变革影响下，教师研修活动将越来越多地需要借助数字化与融媒体技术获取（或提供资源），进行跨学科、跨地域、跨文化交流，并有效实现个体学习、同伴互动、跨时空交流与岗位实践应用等方式有机融合，共同支撑教师专业发展所需要的"团队学习共同体"与"能力成长连续体"的统一。

因此，承担上述教师研修的专业人员就需要具备较为全面的专业素养和良好的人格品质。而这种素养不可能仅靠学历教育获得，而必须经过长期实践历练来逐步积累。因此，教师研修专业人员的角色更多的是学习活动的设计者、引导者、成果分享者，更是有效的学习者。

总之，上述特征的教师研修的本质在于促进对象群体的能力发展与学习能力培养。因此，相比知识传授的传统角色而言，开展教师研修面临更大的挑战性，其成功实践也更能带给学习者特殊的成就体验。

（2019 年 6 月 26 日）

关于专业实践能力发展

作为行为变革的倡导者和推动者，我们之所以愿意废寝忘食不计名利，主要出于一种"在成就对象群体前提下实现自我社会价值"的善愿。为此，我们的角色已经不再局限于帮助者、领导者、讲课者、研究者，而是一个发展促进者。努力履行这一善愿也给我们提出了更高要求，带给我们超越所谓功利、学术或专业的持久的激励。这就需要我们探索如何尊重对象的既有需求与经验，激发他们参与共识建构和进行实践改进的潜力，并借此获得维系持续努力的成就体验。

为此，我们不仅应该成为导人成功的指导者（mentor），还应成为指导团队或机构发展的咨询者（organizational development consultant）。在我看来，做好这项专业（无论称谓是什么），都应遵循以下本质属性。

第一，它的基本价值追求在于"赋能"（empowerment），即促使对象群体获得能力发展体验（当然也包括实践者自身成长）；

第二，这种学习更多发生在具有一定知识经验的、有发展需求的成人之间，其过程围绕"反思、分享、升华、创新"等展开；

第三，这种促进"个人发展"或"组织变革"的学习过程，不仅需要激发对象群体的学习与改善动机，还主要依赖于对象自身的变革意愿与自觉自愿的持续努力；

第四，作为促进者（facilitators），自身必须具备与人为善的基本价值观、量身定制发展项目的专业能力、与时俱进的实践创新意识，并能借助研究不断建构专业知识的能力。

（2020 年 8 月 24 日）

引导者角色

我在实践中日益体会到，真正的引领是"不着痕迹"的。参与者往往会在享受学习的过程中忽略快乐的缘由。这种情形就犹如我们享受了一次美食体验，根本没人会想厨师是怎样做的，餐馆是如何服务的。所以，作为培训者或引导者，一定要让对象有"成就感"，而不是首先追求个人的成就感。

突出引导者或讲授者的做法，究其原因，还是名利心在作祟。真正的教育者的成就感是建立在追求对象群体获得成就感的前提下才有的。

（2020 年 3 月 6 日）

对引导者角色的反思

杨咏梅老师是来自贵州省的一位深受基层教师欢迎的引导师。她的实践对于我们实现"引导促进变革"的愿景具有方法论及理念指导价值。她让我意识到，一位引导师之所以能够激活许多教师原本被抑制的热情和才智，可能至少有以下几个原因。

一是对象群体的每个人都有不同程度的实践经验，但缺乏有效沟通的机会和有助于实践改进与能力成长的引导；

二是我们作为教师研修活动的组织者，能够真诚地尊重每个人及其经验的价值，努力创设机会让他们展示自己的经验并获得同伴的认可和赞赏；

三是引导他们学会赞赏他人的努力与经验，并建立互为资源的合作关系；

四是引导大家开展共识建构和改进实践的行动计划，并提供后续支持；

五是我们自身作为学习促进者的专业精神和实际表现的感召及示范作用。

(2020 年 7 月 14 日)

教师研修的规划与实施

开展教师研修最为核心的专业能力，并不是学术水平有多高，也不是教学实践能力有多强，而是依据成人学习规律和能力成长规律开展课程定制和学习过程引导的能力。我们通常在研修现场接触的要么是一流学科专家或优秀教研员，要么是来自一线的优秀教师。他们的优势在于提供高质量的学术指引或成功实践经验，但要获得有效的内化和实践能力还必须借助我们依据对象群体实践能力发展的目标而设计的课程架构与研修过程才能实现，因此教师研修的项目规划与过程实施也是一项具有很高专业含量的业务工作。

(2014 年 12 月 18 日)

教师研修的要素与方法

关于深度的体验式学习

尝试做事，身处现场，与当事人对话，阅读原著，研究实践……都属于一个人想获得自主的"体认性实践"的方式，是任何间接知识传承不可能替代的。由此联想，英语"originality"的本意既是"初始"又是"原创"，都在于实践者需要直接感知事物的鲜活及其生成变化。这或许也就是人，尤其是成人，为什么要"在现场"才更有可能获得有意义学习的一个重要原因。

上述鲜活的学习体验，不仅能够促使我们直接感受一定的结果（或表现），还能获得实践经验知识化加工的方法与能力。而这却是听讲、看书、上网之类的"接受性学习"难以企及的。更具发展意义的实践性学习、社会性学习，能更有效地将自身的成长与变化中的事物联系在一起。

（2015 年 1 月 15 日）

混合学习实践探索

为什么培养专业实践能力需要采用混合教学的方式来实现？一是因为只有一种方式不能适应学习者多样化的学习目标，也不能够满足对象群体丰富各异的个性化学习需求，更重要的是，我们追求的能力发展教学目标不可能仅靠单一传授或独自埋头实践方式来达成，而只有借助各种方法互补强化，才能为有效实现能力发展目标提供所需要的习得过程。换句话说，采用多样化、多途径、有延续的学习方法及亲身实践过程，才能支撑能力成长的过程。

（2017 年 12 月 9 日）

暖心给力的学习

美好的成人学习是一种自然的、积极的、情感相互交融的过程。在这种情境中，学习者之间源于实践、发自内心、充满成就感、互通有无的分享……就成为当今社会最为稀缺的学习体验。

我们在实践中发现：决定参与者学习体验的关键包括学习者需求、主题选择、课程规划、教学设计、导学服务、作业及岗位实践成效评价、网络及移动技术支持等专业要素。这些要素组合形成了一个有机的全方位学习环境，把各种似乎彼此不关联的因素连成一个结构化的经验分享与共识建构过程。从课程规划者、培训者或者在线教育技术人员视角看，在这看似自然的两个小时微信平台的分享交流中，学习者都十分享受，只会觉得讲课人及其创设的互动学习情境真好，甚至乐在其中却不知所以，因为这一切来得是那么自然。我们的亲身实践表明：课程规划、教学过程促进和技术保障，是确保对象群体获得高质量学习体验的核心竞争力！

（2016 年 6 月 9 日）

📝 社会需要的能力

未来社会对人的学习能力、社会交往与合作能力、问题解决能力、技术应用能力、实践创新能力，特别是综合性的人文素养的需求将日益增强。社会发展对于未来人才核心能力的需求将势必挑战现行以知识传承为主要特征，以学业成绩为主要评价标准的学校教育和成人培训。以能力发展为宗旨的教育改革取向，势必引发培养目标、课程结构、教学空间、教与学方式、师资专业标准及评价标准等方面的变革，势必要求学校教育、家庭教育与社会实践、正规教学与学生自主学习、合作学习与社会实践诸方面的兼收并蓄。

因此，未来学校的现代化发展，除了需要回应社会对于高素质人才的需求外，还应及时了解国内外有哪些创新实践可以用来有效实现上述教育目标的达成。其中，借助信息技术将国内外在线课程（包括日益丰富便捷的移动学习资源）有选择地纳入各科学习，鼓励和认可学习者有价值的、个性化学习经历及其成果的学习成就评价和未来教师职能的拓展及其教学角色，都是需要探索的领域。

（2016 年 3 月 28 日）

📝 能力成长的课程建设探索

近年来，我们对促进教师专业成长追求至少在以下几个方面做出了努力：第一，从目标价值定位上坚持聚焦基层教师最为急需的教学实践能力培养；第二，我们创设了有助于实践能力成长的课程规划与学习制度；第三，组建有实践经验的优秀导学团队，创建了丰富的课程资源，并借助每次主题互动活动不断创建并丰富特色资源；第四，充分利用现代网络与移动技术，最大限度地方便一线教师和导师开展不受时空的教学活动；第五，编制有价值的作业制度和学习成效评估制度；第六，努力唤起学习者参与上述学习过程的积极性并能分享自身实践经验与学习心得；第七，争取教师研修项目相关各方（如所在学校、基层教研部门与教育行政部门）的资源支持和配合。

（2016 年 1 月 10 日）

📝 彰显机会所具有的学习价值

所谓"机会"两个字，本身就蕴含着很多发展资源。但是这种资源却被大量地浪费了。同样的机会，为什么换了一个人就大不一样了呢？其实，这就取决于我们是否善于用专业的视角去发现机会，去制造机会，去彰显机会内在的资源价值。这就需要我们努力去收集一个个有意义的场景和对话并加以分类梳理，做成一个个案例，进而开展案例教学、专题分析、后续实践改进……。于是，机会便有可能成为激发个人或团队能力发展过程的契机。

(2016 年 4 月 15 日)

📝 教育引导的几点心得

1. 一个真实的值得讨论的好问题，需要根据对象群体面临的实际问题及其可行性提出。不切实际的问题，不仅难以唤起参与者的参与，也不会形成有意义的结果。

2. 群体开展头脑风暴产生的结果，需要经过分类梳理，使之成为简明、有主题、有结构、有具体内容的集体共识，还应为后续研讨或实践提供有益的线索。否则，头脑风暴方法就难以带给参与者成就体验。

3. 团队互动研修，实质上就是推动感性体验理性化及实践经验知识化的加工升华过程。

4. 作为引导者，我们更多地需要坚持尊重对象、恪守原则、灵活应标、追求实效的要求，努力把自身能够把握的环节或事项做好做实，并以此带给所有参与者以高质量的学习体验。

(2018 年 7 月 16 日)

📝 教学经验的升华

探索、积累行之有效的成功教学实践经验，是每一位老师谋求职业成就感的主动行为。而教研机构所承担的重要任务就是，引导教师从既有实践经验中提炼成功教学实践所需要的关键要素、教学流程、评价指标及教师所应具备的专业素养和人格境界。虽然有一些优秀教师能自觉借助研究完成自身教学经验的升华，并借此成为学科教学领军人物甚至教育家，但基层大多数教师，特别是在他们执教生涯初期阶段，仍然迫切需要教研机构和教师培训者提供的教学专业化发展服务。

（2019 年 7 月 22 日）

关于教师研修的认识与实践

如果我们把教师研修专业简单描述为"围绕一定主题或任务的脚手架设计+教师引领+学习者投入性的参与体验＝有成效的能力成长"这样一个认识——虽然只是一句话，也无甚新奇，对于大多数人也就是一听而已，但只要在不同情境下针对不同需求群体，认真做一个又一个鲜活又有成效的互动学习故事，那就可以获得感染人，甚至改变人的话语力量。

（2018 年 8 月 28 日）

关于教师研修的新视角

几年来，我们的教师研修的视野伴随实践的不断深入也在逐步扩大。主要表现在：

1. 我们越来越聚焦于教师的专题学习与能力成长主线及其所需要的教育服务；

2. 在职教师的能力发展要求教与学的有机融合及必要持续，这就需要课程构建与教学质量保障制度的全程规划与服务；

3. 新时期的能力发展教学课程必然是实现能力发展目标的众多学习方式的整合与相互强化，其中技术手段起着支撑、强化、个性化与规模化等方面的作用；

4. 上述教育任务需要一个由专业知识、实践技能、学习引导与技术服务等方面组成的学习混编团队方能担当；

5. 许多部门或个人都在探索能够有效支撑能力发展的方式与理念，提供者应该博采众长，开展基于项目的创新探索，并逐步积累行之有效的课程与教学模式；

6. 上述学习能否奏效从根本上取决于学习者的积极努力程度和实践应用情况；

7. 上述教育活动的发展还受到社会发展对于专业人才的需求、社会对于专业资格的认定；

8. 更重要的还在于，学习者能够借助自身学习及实践获得相应的个人成就体验；

9. 对于实践创新的案例总结与专题研究将有助于教师研修的成效与延续。

(2017 年 11 月 13 日)

🧭 教师研修与成果推广

教学经验总结及成果推广是在职教师培训与教研工作的一项重要任务。目前，这类任务大都以"集中学习""现场活动"或时下风靡的"优质资源推送"来实现。但这些方式因为时间限制或制度设计原因，普遍都是单一向度的传递或展示，缺乏对象群体的深度参与，其结果往往是"消费大于消化"，实践改进的成效如何，则完全取决于参与者个人的自觉与努力程度。

因此，借助教师研修理念与机制，我们就可以整合上述各类学习资源，帮助基层教师围绕一定主题，开展同伴交流和进行相互切磋，形成共识和改进自身实践的可行措施，进而达到促进教师之间的教学经验总结与成功实践推广的目的。

(2020 年 9 月 26 日)

教师研修工作建议

🔵 关于开发情境教学教师研修课程的建议①

我国知名教育家李吉林老师历经 40 年教学实践与不懈研究，创建了情境教育理论与实践体系，于 2014 年荣获首届基础教育国家级教学成果奖特等奖。为此，中国教育学会还专门设立了情境教育推广中心。

在此，我想结合我们近年来在北京开展小学数学和幼儿园教师两类群体的教学实践技能培养的成功经验，聚焦实践技能培养所需要的课程与教学制度构建，提出几点具体建议。

近期，需要先请李吉林老师及其团队明确实施情境教育教学需要哪几项关键知识与技能及基本内容，由此构成基本学习模块；技能模块课程原则上与教育行政部门规定的继续教育学时相呼应。委托单位或学习者可以根据需要有一定自主选择，以适应差异化需求。技能模块课程将为学习者提供有指导的自主学习、线上线下的学习服务与岗位实践等方式。课程应该回应技能习得需要综合安排核心知识讲授、基本知识自学、自主实践体验、同行交流分享、实践案例作业等学习方式，并合理安排相应学时和学习情况、实践能力考核标准与资格证书等要素在内的学习及其质量保障制度。此外，还应组织主讲教师和导学教师队伍，建立相应聘任、使用与业绩评估及突出贡献激励机制。完善网络与移动教学技术支持体系，并积累支持混合学习的相应技术保障制度与资源库。课程立项与运行拟采取项目机制，探索市场化推广的专业化社会服务。

---

① 1996 年以来，本人有幸成为全国教育科学规划领导小组基础教育学科组成员，便有机会结识了李吉林老师。2014 年，李吉林老师的实践成果获得基础教育国家级教学成果奖特等奖之后，她主动给我打电话。我谈到需要开发情境教育教师研修课程。随后，她便邀请我前去她的团队进行专题讨论。2015 年 4 月，中国教育学会为了推广李吉林老师创立的情境教育理论与实践成立了专家工作组，并确定由我和任友群教授（时任华东师范大学副校长）担任组长。为此，本人拟订了本方案提交李吉林老师和教育科学出版社有关领导审议。但最终因故未能付诸实施。

无论怎样，我们的技能模块课程的主要目标是确保学员能够通过学习达到"围绕所学技能做到认识清楚、规范实践、成效明显"（即知识、技能、胜任维度），把"知识传承为本"的教学拓展为"以岗位实践关键技能发展为本"的教学，是我们借助本项探索需要解决的问题。

　　事实证明，我们不仅要聚焦关键技能，还要提供深度体验，这样才能取得实际效果。至于学习量问题，我觉得对于关键技能，我们可以根据各层次教师的急需情况及时间确定若干技能模块，允许老师有选修。

（2017 年 5 月 27 日）

🖊 关于利用微信平台改进教学的建议

　　信息技术对于教师改进自身教学的价值而言，第一是扩大参考资源，促进了解教学主题相关知识，知晓其他同行的实践经验与教学方法，由此形成兼容多种体验的教学设计方案；第二是结合教学需要，应用技术手段强化内容呈现，促进多重互动，记录学习进展，汇集教学成果，并借此优化教学过程；第三，设计作业任务，驱动学生借助信息技术课后拓展所学，并开展移动交流分享个性化成果，最后评价学生学习收获；第四，借助信息技术记录和反思自身教学实践过程，并开展同伴相互比较与交流，用来不断提高自身专业水平；第五，利用移动信息技术（目前最便捷的就是微信）开展个别化教学，对于学习困难生或超常学生都可以进行个别化辅导（当然也可以把面授辅导借助微信进行强化）；第六，与志同道合的同伴开展跨学科跨校交流，形成自己独有的专业社群；第七，有条件有人气的话，还可以创建专题性的资源性公众号；第八，借助各种 APP（手机应用软件）工具，应用微信，开展各种调查与统计并呈现结果。

（2017 年 3 月 11 日）

⬤ 关于规划校长课程领导力培训的初步构想①

1. 校长课程领导力培训资源拟在高中课程改革基地学校的实践探索与成功经验基础上逐步构建。

2. 首期培训拟采用系列主题工作坊方式进行。主要业务活动有三次，结合新课程实施进程安排。2018 年 6 月末用 4—5 天时间深入若干基地学校调研，就新课程实施开展的准备情况、校本规划编制及培训需求等问题，组织基地学校领导和部分教师交流研讨（1 天）；随后，对第一次校长培训工作坊进行详细规划与业务准备（2 天）；7 月中旬（放暑假前后），邀集基地学校校长以新课程实施准备为主线，开展首次高中校长课程领导力工作坊（30—50 人）。在完成上述活动基础上，编辑整理《新课程规划与实施校长工作手册》。

3. 2019 年元月寒假期间，举办以"新课程实施进展：经验、问题与对策"为主题的基地学校校长工作坊；收集来自基地学校的成功案例，归纳校长课程领导力的核心指标与绩效评价机制，并初步形成系列资源，创建校长课程领导力培训课程资源。

4. 2019 年 6 月前，出版《普通高中新课程改革的校本规划与实施：校长工作手册》，并吸纳优秀校长组成培训团队。

5. 2019 年 7 月，开始举办高中校长课程领导力系列培训。

6. 需要的支持：包括争取立项并投入所需经费和人力支持；协调考察及座谈会涉及基地学校名单及通知；全程提供上述业务的管理与保障以及成果出版业务；组织培训，提高参与程度及服务质量等。

（2018 年 1 月 3 日）

---

① 2018 年，本人应教育部普通高中课程标准研制专家组朱慕菊老师委托，与龚璐璐、曲艳霞、杨咏梅三位同志研制高中校长课程领导力研修课程。在上述实践工作基础上设立的首期"培训者培训研修班"于 2018 年 3 月在南京成功举办。

后　记

承蒙教育科学出版社的厚爱，我在《教师研修：国际视野下的本土实践》问世五年之后又获得一次将自身研究成果迭代升级的重要机会。经过一年多"朝思暮想"的努力和无数次的打磨，《教师研修 2.0：理念、路径与方法》（简称《教师研修 2.0》）终于要交付印刷了。欣慰之余，心中不由还是涌现出许许多多萦绕在心头的感念。

首先，还是要由衷感谢原中央教育科学研究所所长卓晴君、北京教育科学研究院原副院长文喆两位学术前辈，北京教育科学研究院原院长季明明、原甘肃省教育委员会副主任马培芳、北京市教育委员会原副主任李观政、北京教育学院原院长李方、甘肃省教育厅师范处原处长白克利、北京市海淀区中关村第一小学校长刘畅、北京市朝阳区实验小学教育集团总校校长陈立华、北京市门头沟区大峪中学校长曹彦彦等多位我由衷敬佩的教育界领导和优秀校长，还有我探索教师研修的同路人吴正宪、王能智、周卫、罗滨、梁雅珠、陈雨亭、齐渝华、杨咏梅、张秋爽等多位特级教师和专家，他们为这本书拟写的序言或推荐语字字珠玑。我深知大家的鼓励和赞许其实也是对于我们之间专业情谊的纪念和对于我的鼓励。

让我倍感荣幸的是，本书入列《新时代教师培训丛书》，并得到中国教育学会名誉会长顾明远教授和北京市海淀区教师进修学校罗滨博士的热忱鼓励。

特别需要鸣谢的是，2015 年以来的新实践和新成果得到了许多朋友的无私帮助。我昔日的小同事张晓老师，在多次研修现场及后续文档加工特别是研修札记整理过程中，都不遗余力地全程配合。李瑾瑜师兄在繁忙教学间隙花了大量时间审读我的总论文稿，并提供了建设性的学术指导。本书策划编辑刘灿主任和责任编辑郑莉老师以极大的热忱和追求至善的职业精神，全程跟进和支持我无休止的修改创作。他们帮助我攀登上一个新的台阶。

我还要再次申明，教师研修作为团队合作、共同体验的结果，根本离不开众多志同道合朋友的无私的专业帮助。许多案例都得益于我许许多多的合作者，其中有吴正宪、吴云、罗滨、张晓、王玉萍、吴甡、郑瑞芳、乔树平、苏纾、武维民、刘芳、刘文美、肖俊泉、李咏梅、王雪莉、钱丽欣、段福生、罗英、张晋、林斌、布鲁斯、雷雅舒、徐海陆、彭海蕾、高勤丽、柯小卫、吴华英、刘灿、付琪等。在一定程度上，这本《教师研修 2.0》也是我与众多同志深度合作的结晶。

最后，我要再次感谢我的家人多年来对我始终如一的支持。有了他们的理解和宽容，我才得以心无旁骛地将自己热爱的事业做到善始善终。

由衷希望自己还能够在这条道路上继续前行，也殷切期待能够得到教师教育界同行的批评指正。期待和更多读者朋友在读者圈分享研修故事，交流如何顺应成人学习特点，开展更有效的教师研修。

2020 年 12 月

出 版 人 李 东
责任编辑 郑 莉
版式设计 宗沅书装 沈晓萌
责任校对 贾静芳
责任印制 叶小峰

图书在版编目（CIP）数据

教师研修 2.0：理念、路径与方法／张铁道著. —
北京：教育科学出版社，2021.3（2021.9 重印）
（新时代教师培训丛书／罗滨主编）
ISBN 978-7-5191-2517-2

Ⅰ.①教…　Ⅱ.①张…　Ⅲ.①教师培训-研究　Ⅳ.
①G451.2

中国版本图书馆 CIP 数据核字（2021）第 011545 号

教师研修 2.0：理念、路径与方法

JIAOSHI YANXIU 2.0：LINIAN、LUJING YU FANGFA

出 版 发 行	教育科学出版社			
社　　　址	北京·朝阳区安慧北里安园甲 9 号	邮　　　编	100101	
总编室电话	010-64981290	编辑部电话	010-64981357	
出版部电话	010-64989487	市场部电话	010-64989009	
传　　　真	010-64891796	网　　　址	http：//www.esph.com.cn	
经　　　销	各地新华书店			
制　　　作	北京金奥都图文制作中心			
印　　　刷	三河市兴达印务有限公司			
开　　　本	720 毫米×1020 毫米　1/16	版　　　次	2021 年 3 月第 1 版	
印　　　张	19.75	印　　　次	2021 年 9 月第 2 次印刷	
字　　　数	258 千	定　　　价	65.00 元	

图书出现印装质量问题，本社负责调换。